"十二五"经济管理类课程系列规划教材

# 财务管理

忻冬梅 黄海珍 主 编

Financial Management

经济管理出版社
ECONOMY & MANAGEMENT PUBLISHING HOUSE

图书在版编目（CIP）数据

财务管理/忻冬梅，黄海珍主编.—北京：经济管理出版社，2015.3
ISBN 978-7-5096-3439-4

Ⅰ.①财… Ⅱ.①忻…②黄… Ⅲ.①财务管理—教材 Ⅳ.①F275

中国版本图书馆 CIP 数据核字（2014）第 242995 号

组稿编辑：王光艳
责任编辑：王光艳
责任印制：司东翔
责任校对：超　凡

出版发行：经济管理出版社
　　　　　（北京市海淀区北蜂窝8号中雅大厦A座11层　100038）
网　　址：www.E-mp.com.cn
电　　话：（010）51915602
印　　刷：北京银祥印刷厂
经　　销：新华书店
开　　本：720mm×1000mm/16
印　　张：17.75
字　　数：338千字
版　　次：2015年3月第1版　2015年3月第1次印刷
书　　号：ISBN 978-7-5096-3439-4
定　　价：48.00元

·版权所有　翻印必究·
凡购本社图书，如有印装错误，由本社读者服务部负责调换。
联系地址：北京阜外月坛北小街2号
电话：（010）68022974　　邮编：100836

# 前　　言

　　财务管理是现代企业管理非常重要的一部分，不仅涉及企业资金如何筹集、投放、运用与分配，而且涉及如何处理企业各种财务关系。因此，财务管理学是一门实用性很强的学科。本书是在参考了国内外大量相关教材的基础上，结合作者本人多年教学经验以及实践的需要，深入浅出地介绍了财务管理学的基本概念、基本原理与基本业务。

## 一、本书主要特点

本书主要特点如下：

1. 与实际接轨。

　　本书理论结合实际。通常，在校学生理论较强，但缺乏实务经验，因此对有些知识点很难真正理解；而在职人员有较强的实务经验，但往往缺乏相关理论知识，因此虽有经验，却往往不知原理。为了解决这个脱节带来的矛盾，本书在写作中，既考虑在校生的需要，也考虑在职人员的需要，在内容上尽可能地深入浅出，并注意理论与实际的结合。例如，在每章开始时安排了章首案例，使学生知道为什么要学习本章，与实务有什么联系；在每章内容中，尽可能不用高深难懂的学术用词，尽可能用通俗易懂的用词，使学生既学得轻松，又便于理解；在最后又结合实际进行案例分析，从而进一步掌握所学知识。因此，本书既适合在校本科、专科学生作为教学用书，也适合从事财务管理、会计、金融、证券等在职人员的培训用书。

2. 与会计师资格考试教材内容接轨。

　　作者在多年的教学实践中，发现有很多财会类的学生毕业后需要参加由国家统一组织的会计师资格考试甚至是CPA考试，通常，这两类考试都需要考生重新看书，因为学校所学的内容或教材与考试内容通常会有很大的不同。因此，本书为了解决这个问题，所用符号均与会计师资格考试《财务管理》中的符号一致，免得今后考试学习中混淆；同时除了个别章节，本书的主要内容也尽可能与会计师资格考试教材《财务管理》保持一致，但在具体写作上，更多考虑通俗易懂及与实际接轨的需要。

3. 与管理内容接轨。

本书不仅注意内容的实用性，而且在内容的安排上，也注意内容的内在逻辑性。例如，从资金运用的角度来看，企业需要先有资金，才能进行资金的投放运用与分配等，因此需要先进行资金的筹集。但是，由于财务管理属于企业管理的职能管理之一，具有管理的共性，即符合"管理的过程就是决策的过程"的特点，因此，从决策角度来看，应当先进行投资决策，然后才进行筹资决策、股利分配决策等。因而，从决策逻辑来看，当然是先理解有关投资决策的相关内容，然后学习筹资决策、股利分配决策等内容。

4. 每章案例与练习等均与其内容接轨。

每章开始都有章首案例及本章学习目标，每章最后都有本章小结、思考题、练习计算题及综合案例分析题等，这样可以帮助学生牢牢掌握所学知识点。

**二、本教材的结构体系**

第一章和第二章是现代财务管理中的基本概念与基本原理部分，是以后各章节内容的基础；第三章至第七章是基本业务部分，是现代财务管理学或实务的主要内容；第八章和第九章是相关业务内容，可以根据需要酌情讲解；第十章是特殊业务部分，可以作为高级财务管理学学习的铺垫。

总之，本书在编写过程中，既考虑了在校学生学习的特点，也考虑了实务界考职称的有些需要；既有理论上的铺垫，也有实务上的引导；既考虑了"教"的特点，也考虑了"学"的特点。

因此，本书既适合作为在校本科生的学习与教学用书，也适用于实务界相关工作人员的培训用书；既适合于财务管理学专业的本科用书，也适合于其他管理类、经济类等本科专业用书，如会计学、金融学、企业管理、市场营销、银行、证券、保险等专业教材的用书。

本书由忻冬梅、黄海珍主编，其他参编人员包括何勇及向天必等。具体编写分工如下：第一章、第二章、第七章、第八章由黄海珍完成；第六章、第九章由何勇完成；第十章由向天必完成；第三章至第五章由忻冬梅完成。

本书的编写得到了经济管理出版社的大力支持，并参考引用了许多相关文献资料，在此一并表示感谢。

由于编者水平有限，书中难免有疏漏、错误与不足之处，恳请广大读者批评指正。

# 目 录

## 第一章 财务管理总论 … 1

### 第一节 财务管理理论的产生与发展 … 2
一、财务管理理论的产生与发展 … 2
二、财务管理发展的阶段 … 2

### 第二节 财务管理的内容 … 4
一、财务活动 … 5
二、财务关系 … 6

### 第三节 财务管理的环境 … 7
一、经济环境 … 7
二、法律环境 … 9
三、金融市场环境 … 11
四、社会文化环境 … 13

### 第四节 财务管理的目标 … 13
一、利润最大化 … 13
二、每股收益最大化 … 14
三、企业价值最大化 … 14

## 第二章 货币时间价值与风险价值 … 17

### 第一节 货币时间价值 … 18
一、货币时间价值的概念 … 18
二、货币时间价值的意义 … 19
三、货币时间价值的计算 … 19
四、年金终值和现值 … 22

### 第二节 风险价值 … 27

一、风险的概念及其特征 ……………………………………… 27
　　二、风险的类别 ………………………………………………… 28
　　三、风险价值 …………………………………………………… 30

## 第三章　投资决策——项目投资 …………………………………… 35

### 第一节　投资概述 ……………………………………………… 36
　　一、投资的定义及分类 ………………………………………… 36
　　二、投资决策的一般程序 ……………………………………… 37

### 第二节　投资项目现金流量分析 ……………………………… 38
　　一、现金流量的概念 …………………………………………… 38
　　二、估算现金流量应注意的问题 ……………………………… 38
　　三、不同阶段现金流量的计算 ………………………………… 40

### 第三节　项目投资决策基本方法 ……………………………… 43
　　一、静态评价法 ………………………………………………… 44
　　二、动态评价法 ………………………………………………… 46

### 第四节　投资决策评价指标的比较研究 ……………………… 50
　　一、动态指标与静态指标的比较 ……………………………… 50
　　二、净现值指标与内部报酬率之间的比较 …………………… 51

### 第五节　投资决策评价方法的应用——各类方案的评价与决策 …… 53
　　一、独立常规方案的评价与决策 ……………………………… 53
　　二、互斥常规方案的选优 ……………………………………… 54
　　三、非常规方案的选优 ………………………………………… 59
　　四、多方案组合的投资决策 …………………………………… 59

### 第六节　投资项目的风险分析 ………………………………… 61
　　一、风险调整贴现率法 ………………………………………… 61
　　二、肯定当量法 ………………………………………………… 64

## 第四章　投资决策——证券投资 …………………………………… 68

### 第一节　证券投资概述 ………………………………………… 69
　　一、证券投资的种类 …………………………………………… 69
　　二、证券投资特征及基本程序 ………………………………… 70
　　三、影响证券投资决策的因素分析 …………………………… 71

### 第二节　股票投资 ……………………………………………… 73
　　一、股票及股票投资的特点 …………………………………… 73

二、与股票投资相关的概念 …………………………………… 73
　　三、股票内在价值分析——股利估价模型 …………………… 74
　　四、股票内在价值分析——非股利估价模型 ………………… 77
第三节　债券投资 …………………………………………………… 78
　　一、债券及债券投资的特点 …………………………………… 78
　　二、债券投资与债券估价 ……………………………………… 79
　　三、债券投资收益与债券投资风险 …………………………… 80
第四节　基金投资 …………………………………………………… 82
　　一、投资基金的种类 …………………………………………… 82
　　二、投资基金的特点 …………………………………………… 84
　　三、投资基金价格的确定 ……………………………………… 84
第五节　证券投资组合 ……………………………………………… 85
　　一、证券投资组合的风险 ……………………………………… 85
　　二、证券投资组合的风险收益 ………………………………… 86
　　三、风险和收益的关系 ………………………………………… 87

## 第五章　筹资方式 …………………………………………………… 92

第一节　公司筹资概述 ……………………………………………… 93
　　一、资本金制度 ………………………………………………… 93
　　二、筹资渠道与筹资方式 ……………………………………… 95
　　三、筹资原则 …………………………………………………… 97
　　四、筹资数量的预测 …………………………………………… 97
第二节　股权资本筹集 ……………………………………………… 100
　　一、吸收直接投资 ……………………………………………… 100
　　二、发行股票 …………………………………………………… 102
第三节　负债资本筹资 ……………………………………………… 107
　　一、长期借款 …………………………………………………… 107
　　二、长期债券 …………………………………………………… 110
　　三、融资租赁 …………………………………………………… 114
　　四、商业信用 …………………………………………………… 117
第四节　混合资本筹集 ……………………………………………… 119
　　一、可转换债券 ………………………………………………… 119
　　二、认股权证 …………………………………………………… 121

## 第六章 资本结构决策 …………………………………………………… 126

### 第一节 资本成本 …………………………………………………… 127
一、资本成本 …………………………………………………… 127
二、个别资本成本 ……………………………………………… 129
三、综合资本成本 ……………………………………………… 132
四、边际资本成本 ……………………………………………… 133

### 第二节 杠杆原理 …………………………………………………… 135
一、经营杠杆 …………………………………………………… 135
二、财务杠杆 …………………………………………………… 137
三、复合杠杆 …………………………………………………… 138

### 第三节 资本结构决策 ……………………………………………… 139
一、资本结构的含义 …………………………………………… 139
二、资本结构理论 ……………………………………………… 140
三、影响资本结构的主要因素 ………………………………… 141
四、资本结构决策 ……………………………………………… 142

## 第七章 股利分配决策 …………………………………………………… 154

### 第一节 资本收益分配概述 ………………………………………… 155
一、资本收益分配的基本原则 ………………………………… 155
二、资本收益的基本形式 ……………………………………… 156
三、股利理论 …………………………………………………… 156

### 第二节 股利政策 …………………………………………………… 159
一、股利政策的类型 …………………………………………… 159
二、股利政策的限制因素 ……………………………………… 161

### 第三节 股利分配程序和种类 ……………………………………… 163
一、股利分配程序 ……………………………………………… 163
二、股利支付形式 ……………………………………………… 164
三、发放股利的标准程序 ……………………………………… 165

### 第四节 其他股利分配形式 ………………………………………… 166
一、股票分割 …………………………………………………… 166
二、股票回购 …………………………………………………… 167

## 第八章 营运资本管理 …………………………………………………… 171

### 第一节 营运资本的含义与特点 …………………………………… 172

一、营运资本的含义 …………………………………………………………… 172
　　二、营运资本的特点 …………………………………………………………… 172
　　三、运营资本管理具有重要性的原因 ………………………………………… 173
第二节　现金管理 ……………………………………………………………………… 174
　　一、现金的持有动机与现金成本 ……………………………………………… 174
　　二、最佳现金持有量的确定 …………………………………………………… 176
　　三、现金的日常管理 …………………………………………………………… 180
第三节　应收账款管理 ………………………………………………………………… 181
　　一、企业持有应收账款的原因 ………………………………………………… 181
　　二、应收账款的成本 …………………………………………………………… 182
　　三、应收账款信用政策的构成要素 …………………………………………… 183
　　四、应收账款日常管理 ………………………………………………………… 188
第四节　存货管理 ……………………………………………………………………… 189
　　一、存货的储备功能 …………………………………………………………… 189
　　二、存货储备的成本 …………………………………………………………… 190
　　三、存货管理的方法 …………………………………………………………… 190

# 第九章　财务分析 …………………………………………………………………… 201
第一节　财务分析概述 ………………………………………………………………… 202
　　一、财务分析的含义 …………………………………………………………… 202
　　二、财务分析的内容 …………………………………………………………… 203
　　三、财务分析的步骤 …………………………………………………………… 204
　　四、财务报表 …………………………………………………………………… 206
第二节　偿债能力分析 ………………………………………………………………… 211
　　一、短期偿债能力分析 ………………………………………………………… 211
　　二、长期偿债能力分析 ………………………………………………………… 213
第三节　资产营运能力分析 …………………………………………………………… 216
　　一、存货周转率 ………………………………………………………………… 216
　　二、应收账款周转率 …………………………………………………………… 217
　　三、流动资产周转率 …………………………………………………………… 218
　　四、固定资产周转率 …………………………………………………………… 218
　　五、总资产周转率 ……………………………………………………………… 219
第四节　盈利能力分析 ………………………………………………………………… 220
　　一、企业盈利能力一般分析 …………………………………………………… 220

二、股份公司盈利能力分析 ·················· 222
　第五节　比较分析和趋势分析 ···················· 223
　　一、比较分析 ······························ 223
　　二、趋势分析 ······························ 226
　第六节　杜邦分析体系 ···························· 227

# 第十章　财务管理专题 ···························· 238
　第一节　企业并购 ································ 239
　　一、企业并购概述 ·························· 239
　　二、企业并购的财务分析 ·················· 242
　　三、企业反并购策略 ······················· 251
　第二节　企业清算 ································ 254
　　一、企业清算的种类 ······················· 254
　　二、企业解散清算的程序 ·················· 255
　　三、企业破产清算及程序 ·················· 257
　第三节　跨国公司财务管理 ······················ 261
　　一、跨国公司财务管理概述 ··············· 261
　　二、跨国公司的筹资管理 ·················· 262
　　三、跨国公司的投资管理 ·················· 264
　　四、外汇风险管理 ·························· 266

# 第一章　财务管理总论

【本章学习目标】
- 了解财务管理的产生与发展
- 明确财务管理的内容
- 了解财务管理的环境
- 明确财务管理的目标

【章首案例】
　　日前，有消息称由于业务越来越不景气，索尼计划从中国市场撤退。业内人士认为，如果索尼退出中国市场，这将是索尼历史上的一次分水岭事件，意味着索尼或将淡出全球消费电子市场。尽管索尼公司否认退出中国市场，但亏损多年的索尼已不堪重负。2013年，索尼净亏损1 284亿日元（约12.5亿美元），公司预测2014年最大亏损有可能扩大到2 300亿日元（约21亿美元）。虽然索尼不愿意放弃中国市场，但市场份额逐步下降已是不争的事实。家电行业某观察家认为，"索尼在中国市场的衰败与产业的大生态背景息息相关，随着中国家电品牌的崛起，索尼品牌优势逐渐丧失。索尼在中国市场有着服务不足、缺乏创新的短板"。拖累索尼深陷亏损泥沼的正是其昔日引以为傲的核心业务消费电子。2012年，索尼电视机业务亏损696亿日元（约6.5亿美元），连续九年亏损。中国家电营销委员会副理事长洪仕斌表示："索尼、松下等日企业绩下滑，与日元升值、日本人口老龄化、人工成本高都有关系，激烈竞争的消费电子业不适合缺乏创新意识的企业生存。"①

---

① 索尼频变卖家底仍难止亏　日企渐失家电品牌优势．企业新闻 http：//www.zgqynews.co 2014 - 10 - 20 10：50：13．

**【问题思考】**

面对竞争激烈的市场，如果一个企业缺乏创新意识，忽视财务管理环境的重要性，其在竞争中必将被淘汰。相反，如果一个企业能重视财务管理的重要性，能够审时度势地分析财务环境，高瞻远瞩地制定财务战略，周密详实地编制财务计划，英明果断地进行财务决策，就会尽可能地避免损失，并使企业的理财目标最大化。

## 第一节 财务管理理论的产生与发展

财务管理是研究企业在经营中所需经济资源的使用与获取活动的一门管理学科。通过学习财务管理理论的产生与发展，可以进一步了解财务管理研究的目标及方向。

### 一、财务管理理论的产生与发展

财务管理在现代企业管理中变得越来越重要，但它并非从一开始就像现在这样被重视，财务管理作为一项独立的业务工作形成较晚。长期以来，财务管理学都从属于其他学科，直到进入20世纪后，财务管理学才逐渐成为一门独立的经济管理学科。[①]

### 二、财务管理发展的阶段

财务管理的发展大体经历了以下几个阶段：

1. 筹集资金阶段

15~16世纪，地中海沿岸一带的商业蓬勃发展，出现了许多商业组织，这在客观上要求企业合理预测资本需求量，有效筹集资本。当时资本的需求量虽然不是很大，筹资渠道、方式等都比较简单，没有形成独立的财务管理职能，但此时财务管理思想却开始了萌芽。随着工业革命的成功，企业的组织形式发生了变化，股份制企业迅速发展起来，引发了资金需求量的扩大，筹资方式、渠道等得

---

① 王庆华，王化成. 西方财务管理. 北京：中国人民大学出版社，1993.

到了发展。如何筹集资金、扩大经营成为许多企业关注的焦点,许多企业开始纷纷建立财务管理部门,并形成一项独立的管理职能。

美国著名财务管理学者托马斯·格林纳(Thomas Greene)于1897年出版了《公司财务》①一书,这是最早的财务管理学方面的著作。在该书中,格林纳探讨了大型私人企业筹资等问题。

2. 内部控制财务管理阶段

20世纪30年代,世界爆发了严重的经济危机。经济危机让人们认识到,企业财务管理不应仅仅围绕筹资来进行,还应进行财务控制,编制反映企业财务状况和其他情况的财务说明书,以及有效利用资金并了解、控制企业的财务风险,只有这样,企业才能走出经济危机的困境。因此,在这一阶段,企业内部控制财务管理理论得以发展。

1934年,史蒂文森(Stevens)出版了《财务组织和管理》②一书,详细阐述了企业内部控制的管理相关理论,如预算控制、销售预测、资产和费用的财务控制以及财务管理的协调问题。1953年,彼昂和米勒出版了《企业财务基础》③一书,提出了现金管理中的风险问题。

3. 投资财务管理阶段

第二次世界大战后,世界经济得以迅速发展,日新月异的科学技术大规模应用于生产。资本进一步集中,从而使企业规模日益扩大,市场竞争更加激烈,同时投资风险也在不断加大,投资活动成为企业财务管理的重点。在这一阶段,企业财务管理着重研究应该如何实施有效的投资决策,在风险一定的情况下使投资报酬率达到最大。

1951年,迪安(Joel Dean)出版了《资本预算:固定资产与生产发展的最优策略》④一书,该书提出了固定资产投资决策的基本理论与方法。1952年,马科维茨(Markowitz)发表了著名的《证券组合选择》一文,提出了证券组合投资的基本理论。在这篇文章的基础上,他于1959年又出版了《证券组合:有效的分散化》⑤一书,系统论述了投资组合理论,从而奠定了这一理论的基础。

1958年,米勒和莫迪利安尼(Modigliani)发表了《资本成本、公司理财和投资理论》一文,文中对公司资本结构和公司市场价值进行了阐述,这就是著名

---

① Thomas Greene. Corporation finance. New York: G. P. Putnams' Sons, 1897.
② Mackenzie Stevens W. Financial organization and administration. New York: The American Book Company, 1934.
③ Howard B Bion, Upton Miller. Introduction to business finance. New York: McGraw-Hill. 1953.
④ Joel Dean. Capital budgeting: top management policy on plant, equipment, and product development. New York: Columbia University Press, 1951.
⑤ Markowitz H M. Portfolio selection. The Journal of Finance, 1952, March.

的 MM 理论。1963 年，两人又将所得税的影响考虑进去，进一步拓展了 MM 理论，使之成为现代公司融资理论的基石。

4. 现代企业理财阶段

20 世纪以来，随着科学技术的发展和市场竞争的加剧，财务管理的重点由筹集资金转向对内财务管理，又转向风险条件下的投资决策。随着财务管理理论的迅速发展，财务管理理论也进入现代企业理财阶段。

在这一阶段，随着资本市场的不断发展，企业的经营环境更加开放，跨国公司如雨后春笋，面对复杂的市场环境，资金运用也更加复杂，这就需要企业运用更加现代的财务管理手段进行筹资、投资等决策。因此，在这一阶段，资本运作被视为财务管理的中心。夏普（Sharpe）1964 年发表的《资本资产定价：一个风险条件下的市场均衡理论》[1] 一文，提出了财务管理理论最经典的模型之一，即"资本资产定价模型"，其将风险与报酬的关系用非常简单的公式描述出来，被认为是现代金融理论的基石。1970 年法玛（Fama）在《有效资本市场：理论与经验的回顾》一文中，提出了重要的有效市场假说[2]。该假说后来成为一系列以股价作为企业业绩指标的假设基础。1972 年，法玛与米勒的《财务管理》[3] 一书，集西方财务理论之大成，标志着西方财务管理理论进入了成熟阶段。之后，布莱克（Black）与斯科尔斯（Scholes）的期权定价理论、套利定价理论以及资本结构方面的理论相继问世，使财务管理进入了一个新篇章。

## 第二节 财务管理的内容

财务管理是企业组织财务活动、处理财务关系的一项综合性的重要工作。财务管理是基于企业在生产过程中客观存在的财务活动和财务关系而产生的，是企业组织财务活动、处理财务关系的一项价值管理工作。企业在生产经营过程中，不断地发生资金的收入与支出，形成经济活动的一个独立方面，并具有自己的运动规律，这些财务活动构成了财务管理的内容。

---

[1] William F Sharpe. Capital asset prices: a theory of market equilibrium under conditions of risk, Journal of Finance, 1964, September.

[2] Eugene Fama. Efficient capital market: a review of theory and empirical work. Journal of Finance 1970, June.

[3] Fama E, Miller M H. The theory of finance. New York: Dryden Press, 1972.

**一、财务活动**

企业的财务活动包括以下四个方面:

1. 筹资活动

筹资是企业为了满足投资和生产经营的需要,筹集所需资金的行为。

在筹资活动中,企业需要解决筹资规模、筹资渠道、筹资方式和筹资结构,以降低筹资成本和风险,提高企业价值。例如,企业是通过发行股票还是通过发行债券筹集所需资金,两种资金的比例各为多少,等等。企业在面对筹资中的问题时,一方面要保证筹集的资金能满足生产经营与投资的需要,另一方面还要使筹资风险降到最低,使得企业面对外界的变化能够及时地做出应对策略。

2. 投资活动

企业筹集资金的目的是为了把资金用于生产经营活动以便获得盈利。企业投资可分为广义投资和狭义投资。广义投资包括对外投资(如企业投资购买其他公司股票、债券,与其他企业联营或投资于外部项目等)和内部使用资金(如企业内部用于购置固定资产、无形资产等)。狭义投资仅指对外投资。

由于企业的资金是有限的,在进行投资活动时,一方面要考虑投资规模,为了确保最佳的投资收益,要确认投入资金的数额;另一方面要考虑投资的风险因素,一个新的投资项目可能成功,也可能失败,因此,企业需要找到一种方法对该风险因素加以计量,从而判断选择哪个方案,放弃哪个方案,或者将哪些方案进行组合,等等。

3. 资金营运活动

企业在日常的经营过程中,会发生一系列资金收付行为,称为资金营运活动。

在资金营运活动中,企业要采购原材料或商品,以便从事生产或销售活动;企业还要支付工资和其他营业费用;企业最后还要销售商品以实现收入,收回资金。如果企业资金短缺,还要通过商业信用方式来筹集所需资金等等,上述各种活动都会产生企业资金的收支,属于由企业经营引起的财务活动,即企业的资金营运活动。

4. 分配活动

企业通过投资和资金的营运活动可以取得相应的收入,并实现资金的增值。企业取得的各种收入在补偿成本、缴纳税金后,还应依据有关法律对剩余收益进行分配。广义的分配是企业对各种收入进行分割和分派的过程,包括税收缴纳、利息支付、薪酬分配,等等;狭义的分配仅指对企业净利润的分配。

在分配活动中,企业需要合理确定分配规模和分配方式,即多大比例的税后利润用来支付给投资人，多大比例的税后利润留存企业。

上述四个方面的财务活动，既是相互联系、相互依存的，又是有区别的。正是上述互相联系而又有一定区别的四项活动，构成了完整的企业财务活动，对这四个方面财务活动的管理组成了财务管理的基本内容：筹资管理、投资管理、资金营运管理和分配管理。

## 二、财务关系

企业资金投放在筹资活动、资金运营活动、投资活动和分配活动中，必然与有关各方发生涉及资金往来的财务关系。这些财务关系主要包括以下几个方面：

1. 企业与投资者之间的财务关系

企业的投资者以所有者身份向企业投入资金，企业向其投资者支付投资报酬所形成的经济关系，这是企业最根本的财务关系。

2. 企业与债权人之间的财务关系

企业以不同的方式向债权人借入资金，并按合同的规定支付利息和归还本金所形成的经济关系。企业与债权人的财务关系在性质上属于债务与债权关系。

3. 企业与受资者之间的财务关系

企业以购买股票或直接投资的形式向其他企业投资所形成的经济关系。为了获利或实现经营目标，按约定履行出资义务，依据出资份额参与受资者经营管理和利润分配的投资与受资关系。

4. 企业与债务人之间的财务关系

企业用其闲置资金以购买债券、提供借款或商业信用等形式出借给其他单位所形成的经济关系。企业与债务人的财务关系在性质上属于债权与债务关系。

5. 企业与政府之间的财务关系

政府作为社会管理者有权无偿参与企业的利润分配，通过收缴各种税款的方式与企业形成的经济关系。这种关系体现一种无偿性和强制性的分配关系。

6. 企业内部各单位之间的财务关系

企业内部各单位之间在生产经营各环节中互相提供产品或劳务所形成的经济关系。这种企业内部形成的资金结算关系体现了各单位之间的利益关系。

7. 企业与职工之间的财务关系

企业以取得的收入向职工支付劳动报酬所形成的经济利益关系。这种关系体现了企业与职工在劳动成果上的分配关系。

根据以上分析，财务管理就是在企业的再生产过程中，对企业的财务活动及其所体现的财务关系进行的管理。财务活动是指资金的筹集、投放、使用、收回及分配等系列活动。包括筹资活动、资金营运活动、投资活动和分配活动，以及由此而形成的各种相互联系、相互依存的财务关系。

## 第三节 财务管理的环境

财务管理的环境又称理财环境，是指对企业财务活动和财务管理产生影响作用的企业内外部各种条件的统称。对财务管理环境的研究，有助于增强企业所处环境变化的适应能力，从而实现企业的财务管理目标，提高财务管理的效率。

财务管理的环境涉及的范围很广，比如国家的政治、经济形势，国家经济法规的完善程度，企业所面临的市场状况，企业的生产条件等。本节主要讨论对企业财务管理影响比较大的几种重要环境，即经济环境、法律环境、金融环境和社会文化环境。

### 一、经济环境

财务管理的经济环境是影响企业财务管理的各种经济因素，如经济周期、经济发展水平、通货膨胀状况、宏观经济政策等。

1. 经济周期

在市场经济条件下，经济发展带有一定的波动性，大体上经历了复苏、繁荣、衰退、萧条几个阶段的循环，这种循环叫做经济周期。

经济周期是客观存在的一种现象，它对每个企业的影响方式不同。由于经济周期影响的重要性，财务学者探讨了企业在不同经济周期中的经营理财策略，见表1-1。

表1-1 企业在经济周期中的经营理财策略

| 复 苏 | 繁 荣 | 衰 退 | 萧 条 |
| --- | --- | --- | --- |
| 1. 增加厂房设备 | 1. 扩充厂房设备 | 1. 停止扩张 | 1. 建立投资标准 |
| 2. 实行长期租赁 | 2. 继续建立存货 | 2. 出售多余设备 | 2. 保持市场份额 |
| 3. 建立存货 | 3. 提高产品价格 | 3. 停产不利产品 | 3. 压缩管理费用 |
| 4. 开发新产品 | 4. 开展营销规划 | 4. 停止长期采购 | 4. 放弃次要利益 |
| 5. 增加劳动力 | 5. 增加劳动力 | 5. 削减存货 | 5. 削减存货 |
|  |  | 6. 停止扩招雇员 | 6. 裁减雇员 |

我国的经济发展与运行也呈现出周期特征，带有一定的波动性。过去曾多次出现经济上的超高速增长，发展过快，不得不进行治理整顿或宏观调控的情况。经济周期性对企业理财有重要影响，在不同的经济周期阶段，企业的应对策略也是不同的。总之，面对周期性波动，财务人员必须掌握在经济发展中的理财本领，适当调整财务政策。

2. 经济发展水平

由于各个国家所处的经济发展阶段及其所处的经济发展水平不同，所以，我们不能一概而论。我们知道发达国家经历了较长时间的经济发展历程，资本的集中和垄断已达到了相当高的程度，经济发展水平在世界处于领先地位，这些国家的财务管理水平比较高。而发展中国家的经济发展水平不是很高，但都在想方设法地加快经济发展，这给企业扩大规模、调整方向、打开市场以及拓宽财务活动的领域带来了机遇；发展中国家的资金短缺将长期存在，给企业财务管理带来严峻的挑战。同时，我们也看到，财务管理实践中还有一些企业存在着财务目标不明、财务管理方法落后等不尽如人意之处。不发达国家是经济发展水平很低的那一部分国家，这些国家的企业财务管理呈现水平很低、发展较慢、作用不能很好发挥等特征。

3. 通货膨胀状况

通货膨胀是困扰管理人员的一个重要因素。通货膨胀不仅降低了消费者的购买力，也给企业理财带来了很大困难。通货膨胀对企业财务活动的影响通常表现在以下几个方面：①引起资金占用的大量增加，从而增加企业资金需求；②引起有价证券价格下跌；③引起利率上升，加大企业的资金成本；④引起企业利润虚增；⑤引起资金供应紧张，增加企业的筹资困难。

为了减轻通货膨胀对企业造成的不利影响，财务人员需要分析通货膨胀对资金成本的影响以及对投资报酬率的影响，并采取措施予以防范。为了实现预期的报酬率，企业应该调整收入和成本。同时，企业要调整财务政策，防止和减少企业资本流失，等等。

4. 宏观经济政策

一个国家的宏观经济政策对企业的理财活动有重大影响。顺应经济政策的导向，就会给企业带来一些经济上的利益，反之，就会导致企业遭受损失。财务人员应该随时掌握政府的经济政策，按照政策导向行事，这样就能够趋利除弊。当然，政府的经济政策可能会因经济状况的变化而变化，企业在进行财务决策时，也要考虑到这种可能性，灵活地制定财务决策，这样才能更好地实现企业的理财目标。

**二、法律环境**

市场经济的重要特征就在于它是以法律规范和市场规则为特征的经济制度。法律和政府法规为企业经营活动规定了活动空间，也为企业在相应空间内自由经营提供了法律上和制度上的保护。财务管理的法律环境主要包括企业组织形式、财务法规以及税收法规。

1. 企业组织形式

企业是市场经济的主体，不同类型的企业在所适用的法律方面有所不同。了解企业的组织形式，有助于企业财务管理活动的开展。按其组织形式不同，可将企业分为个体业主制、合伙制和公司制。

（1）个体业主制。个体业主制是指依法设立，由一个自然人投资，财产为投资人个人所有，投资人以其个人财产对公司债务承担无限责任的经营实体。一般而言，个体业主制企业并不作为企业所得税的纳税主体，其收益纳入所有者的其他收益一并计算缴纳个人所得税。个体业主制筹集的权益资本仅限于业主本人的财富，企业存续期受制于业主本人的生命期。

（2）合伙制。合伙制企业是依法设立，由各合伙人订立合伙协议，共同出资，合伙经营，共享收益，共担风险，并对合伙企业债务承担无限连带责任的营利组织。合伙制企业的最主要优点是创办费用低，开办容易。其存在的三个缺点是无限责任、有限的企业生命和产权转让困难，因此合伙制企业要筹集大量的资金非常困难。

（3）公司制。公司是指依照公司法登记设立，以其全部法人财产，依法自主经营、自负盈亏的企业法人。公司制是一个独立的法人。公司享有由股东投资形成的全部法人财产权，依法享有民事权利，承担民事责任。公司股东作为出资者享有资产收益、参与重大决策和选择管理者等权利，并以其出资额或所持股份为限对公司承担有限责任。我国公司法所称公司指有限责任公司和股份有限公司。公司制具有永恒存续期，股东个人不承担公司的债务。股份可以上市交易，根据投票权选举董事会和表决重大事项。公司制双重征税，公司收入缴纳公司所得税，股东所获股利缴纳个人所得税。

2. 财务法规

财务法规主要包括《企业财务通则》和分行业的财务制度。企业财务通则是各类企业进行财务活动、实施财务管理的基本规范。我国第一个《企业财务通则》于1994年7月1日起施行。随着市场的不断发展，2005年我国重新修订了财务通则，新的《企业财务通则》于2007年1月1日开始实施。新的《企业财务通则》围绕企业财务管理环节，明确了资金筹集、资产营运、成本控制、收益分配、信息管理、财务监督等六大财务管理要素,并结合不同财务管理要素,对财务管理方法和政策要求作出了规范。

除了上述法规外,与企业财务管理有关的经济法规还包括证券法规、结算法规等。财务人员应在遵守财务法规的前提下来实现企业的理财目标。

3. 税法

税法是由国家机关制定的调整税收征纳关系及其管理关系的法律规范的总称。税收是国家为了实现其职能,按照法律预先规定的标准,凭借政治权力,强制地、无偿地征收货币或实物的一种经济活动,也是国家参与国民收入分配和再分配的一种方法,税收是国家参与经济管理、实行宏观调控的重要手段之一。税收具有强制性、无偿性和固定性三个显著特征。

国家财政收入的主要来源是企业所缴纳的税金,而国家财政状况和财政政策,对于企业资金供应和税收有重要影响。税法是国家法律的重要组成部分,是保障国家和纳税人合法权益的法律规范。

(1) 我国税法的构成要素。我国税法的构成要素主要包括以下 11 项内容:

1) 征税人。征税人是指代表国家行使征税职责的国家税务机关,包括国家各级税务机关、海关和财政机关。

2) 纳税义务人。纳税义务人也称纳税人或纳税主体,指税法上规定的直接负有纳税义务的单位和个人。纳税义务人可以是个人(自然人)、法人、非法人的企业和单位,这些个人、法人、单位既可以是本国人,也可以是外国人。

3) 课税对象。课税对象即课税客体,它是指税法针对什么征税。课税对象是区别不同税种的重要依据和标志。课税对象按其课税范围划分为:以应税产品的增值额为对象进行课征;以应税货物经营收入为对象进行课征;以提供劳务取得的收入为对象进行课征;以特定的应税行为为对象进行课征;以应税财产为对象进行课征;以应税资源为对象进行课征。

4) 税目。税目亦称课税税目,指某一税种的具体征税项目。它具体反映某一单行税法的适用范围。

5) 税率。税率是应纳税额与课税对象之间的数量关系或比例关系。它是计算税额的尺度,是税法中的核心要素。我国现行税率主要有比例税率、定额税率和累进税率三种。

6) 纳税环节。纳税环节是税法对商品从生产到消费的整个过程所选择、规定的应纳税环节。

7) 计税依据。计税依据指计算应纳税额的根据。计税依据是课税对象的量的表现。

8) 纳税期限。纳税期限指纳税人按税法规定在发生纳税义务后,应当向国家缴纳税款的时限。

9）纳税地点。纳税地点是指缴纳税款的地方。纳税地点一般为纳税人的住所地，也有规定在营业地、财产所在地或特定行为发生地。纳税地点关系到税收管辖权和是否便利纳税等问题，在税法中明确规定纳税地点有助于防止漏征或重复征税。

10）减税免税。这是指税法对特定的纳税人或征税对象给予鼓励和照顾的一种优待性规定。我国税法的减免税内容主要有以下三种：起征点、免征额和减免规定。

11）法律责任。是指纳税人存在违反税法行为所应承担的法律责任，包括由税务机关或司法机关所采取的惩罚措施。

（2）税收类型。税收按不同的标准，有以下几种类型：①按征税对象的不同，分为流转税类、收益税（所得税）类、财产税类、资源税类和行为税类等；②按中央和地方政府对税收的管辖不同，分为中央税（或叫国家税）、地方税、中央与地方共享税三类；③按税收负担能否转嫁，分为直接税和间接税；④按征收的实体来划分，分为货币税和实物税。

### 三、金融市场环境

金融市场是指资金供应者和资金需求者双方通过金融工具进行交易的场所。金融市场可以是有形的市场，如银行、证券交易所等；也可以是无形的市场，如利用电脑、电传、电话等设施通过经纪人进行资金融通活动。企业总是需要资金从事投资和经营活动，而资金的取得，除了自有资金外，主要是从金融机构和金融市场取得。金融政策的变化必然影响企业的筹资、投资和资金营运活动。所以，金融市场环境是企业最为主要的环境因素之一。

1. 金融市场与企业理财

金融市场对企业财务活动的影响主要体现在以下几个方面：

（1）为企业筹资和投资提供场所。企业需要资金时，可以到金融市场上选择合适的筹资方式筹集所需资金，以保证生产经营的顺利进行。当企业有多余的资金时，又可以到金融市场选择灵活多样的投资方式，以获取短期的投资收益。

（2）企业可通过金融市场实现长短期资金的互相转化。当企业持有的是长期债券和股票等长期资产时，如果此时需要资金，可以在金融市场转手变现，成为短期资金，而远期票据也可以通过贴现变为现金；与此相反，短期资金也可以在金融市场上转变为股票和长期债券等长期资产。

（3）金融市场为企业财务管理提供了一张晴雨表。金融市场的利率变动和各种金融性资产的价格变动，都反映了资金的供求状况、宏观经济状况和发行股票及债券的公司的经营状况和盈利水平。这些信息是企业进行财务管理的重要依据，财务人员应随时关注。

2. 利率的影响因素

利率也称利息率，是利息占本金的百分比指标，实质上是资金的交易价格。从资金的借贷关系来看，利率是一定时期内运用资金资源的交易价格。资金作为一种特殊商品，以利率为价格标准进行交易，实质上是资金通过利率实行的再分配。因此，利率在资金分配及企业财务决策中起着重要作用。

利率的一般计算公式可表示如下：

利率 = 纯利率 + 通货膨胀补偿率 + 风险收益率

纯利率是指在没有风险和通货膨胀情况下的社会平均资金利润率。通货膨胀补偿率是指由于持续的通货膨胀会不断降低货币的实际购买力，为补偿其购买力损失而要求提高的利率。风险收益率是指由投资者承担风险而额外要求的风险补偿率，由违约风险收益率、流动性风险收益率、期限风险收益率构成。违约风险收益率是指为了弥补因债务人无法按时还本付息而带来的风险，由债权人要求提高的利率；流动性风险收益率是指为了弥补因债务人资产流动性不好而带来的风险，由债权人要求提高的利率；期限风险收益率是指为了弥补因偿债期长而带来的风险，由债权人要求提高的利率。

利率按照不同的标准进行分类，有以下几类：

（1）按利率之间的变动关系，分为基准利率和套算利率。基准利率又称基本利率，是指在多种利率并存的条件下起决定作用的利率。这种利率变动，其他利率也相应变动。因此，了解基准利率水平的变化趋势，就可了解全部利率的变化趋势。基准利率在我国是中国人民银行对商业银行贷款的利率，在西方国家通常是中央银行的再贴现率。

套算利率是指在基准利率确定后，各金融机构根据基准利率和借贷款项的特点而换算出的利率。比如，贷款 AAA 级、AA 级、A 级企业的利率，可分别在基准利率基础上加 0.5%、1%、1.5%，加总计算所得的利率便是套算利率。

（2）按利率形成机制不同，分为市场利率和法定利率。市场利率是指根据资金市场上的供求关系，随着市场变化而自由变动的利率。法定利率是指由政府金融管理部门或者中央银行确定的利率。

（3）按利率与市场资金供求情况的关系，分为固定利率和浮动利率。固定利率是指在借贷期内固定不变的利率。受通货膨胀的影响，实行固定利率会使债权人利益受到损害。浮动利率是指在借贷期内可以调整的利率。在通货膨胀条件下，采用浮动利率可使债权人减少损失。

### 四、社会文化环境

社会文化环境包括教育、科学、文学、艺术、新闻出版、广播电视、卫生体育以及同社会制度相适应的权利义务观念、道德观念、组织纪律观念、价值观念、劳动态度等。企业的财务活动无法不受社会文化环境的影响。随着跨国公司的出现，社会文化环境对企业的影响越来越重要了，在不同的文化背景中经营的公司，不仅需要对员工进行文化差异方面的培训，而且企业也要制定适应不同文化背景的财务管理策略。如果忽视社会文化对企业财务活动的影响，那么将会给企业的财务管理带来严重问题。

## 第四节 财务管理的目标

财务管理的目标是企业理财活动所希望实现的结果，是评价企业理财活动是否合理的基本标准。财务管理的目标是财务管理理论体系中的基本要素和行为导向，是财务人员工作实践中进行财务决策的出发点和归宿。在理论界，关于财务管理的目标主要有以下几种代表性的模式。

### 一、利润最大化

利润最大化目标就是假定在投资预期收益确定的情况下，财务管理行为将朝着有利于企业利润最大化的方向发展。企业经营的目标就是追求利润最大化，在市场经济中，利润是考核企业经营情况的首要指标，企业发展同企业实现利润的多少紧密地联系在一起，这就使得利润成为企业财务管理的主要目标。

以利润最大化作为财务管理的目标，既有合理的一面，也有不合理的一面。追求利润最大化，就必须讲求经济核算，加强管理，改进技术，提高劳动生产率，降低产品成本。这些措施都有利于资源的合理配置，有利于经济效益的提高。但是，以利润最大化作为财务管理目标存在以下问题：

第一，这里的利润是指企业一定时期实现的税后净利润，没有考虑资金的时间价值。例如有甲、乙两个企业，其利润都是200万元，这时无法判断哪一个企业的理财目标实现得更好。但是如果甲企业的200万元利润是去年取得的，而乙企业的200万元利润是今年才取得的，显然甲企业的200万元实现得更早一些，因此也更有价值。由此，以利润最大化为目标，往往会使财务决策带有短期行为的倾向，即只顾实现目前的最大利润，而与企业的长远发展目标背道而驰。

第二，没能有效地考虑风险因素，高额利润往往要承担过大的风险。有时候财务人员可能不顾风险大小去追求最多的利润。仍以上面的两个企业为例，假设甲、乙两个企业都在今年赚取了 200 万元的利润，但甲企业的利润全部为现金收入，而乙企业的利润全部是应收账款。由于乙企业的应收账款存在着不能收回的风险，因此，甲企业的目标实现得更好一些。显然，如果只是通过利润这个指标，很难得出这样的结论。

第三，没有反映创造的利润与投入资本之间的关系。假设上面的甲、乙两个企业，今年都赚取了 200 万元利润，并且取得的都是现金收入。那么两个企业哪一个的目标实现得较好呢？恐怕很难回答。如果已知甲企业的投资额为 200 万元，而乙企业的投资额为 400 万元，只能说甲企业的目标实现得更好一些。单从利润指标就得不出这样的结论。

应该看到，将利润最大化作为公司财务管理的目标，也存在一定的片面性，所以，现代财务管理理论认为，利润最大化并不是财务管理的最优目标。

### 二、每股收益最大化

所有者作为企业的投资者，其投资目标是取得资本收益，具体表现为净利润与出资额或股份数（普通股）的对比关系，这种关系可以用每股收益这一指标来反映。每股收益是指归属于普通股东的净利润与发行在外的普通股股数的比值，它的大小反映了投资者投入资本获得回报的能力。

每股收益最大化的目标将企业实现的利润额同投入的资本或股本数进行对比，能够说明企业的盈利水平，可以在不同资本规模的企业或同一企业不同期间进行比较，揭示其盈利水平的差异。与利润最大化目标一样，该指标仍然没有考虑资金时间价值和风险因素，也不能避免企业的短期行为，可能会导致与企业的战略目标相背离。

### 三、企业价值最大化

投资者建立企业的重要目的，在于创造尽可能多的财富。这种财富首先表现为企业的价值。企业价值就是企业的市场价值，是企业所能创造的预计未来现金流量的现值，反映了企业潜在的或预期的获利能力和成长能力。未来现金流量的现值这一概念，包含了资金的时间价值和风险价值两个方面的因素。因为未来现金流量的预测包含了不确定性和风险因素，而现金流量的现值是以资金的时间价值为基础对现金流量进行折现计算得出的。

1. 以企业价值最大化为目标的优点

以企业价值最大化作为财务管理的目标，其优点主要表现在：

（1）该目标考虑了资金的时间价值和风险价值，在市场机制的作用下，股东财富增加与履行社会责任趋于一致。

（2）该目标反映了对企业资产保值增值的要求，从某种意义上说，股东财富越多，企业市场价值就越大，追求股东财富最大化的结果可促使企业资产保值或增值。

（3）该目标有利于克服管理上的片面性和短期行为。

（4）该目标有利于社会资源合理配置。社会资金通常流向企业价值最大化或股东财富最大化的企业或行业，有利于实现社会效益最大化。

2. 以企业价值最大化为目标的缺点

以企业价值最大化作为财务管理的目标也存在以下问题：

（1）对于股票上市企业，股票价格的变动在一定程度上揭示了企业价值的变化，但是股价是受多种因素影响的结果，有时企业经营者会蓄意向金融市场发出有关企业的误导性信息，使股票市价偏离其真实价值。

（2）对于非股票上市企业，只有对企业进行专门的评估才能真正确定其价值。而在评估企业的资产时，由于受评估标准和评估方式的影响，这种估价不易做到客观和准确，这也导致企业价值确定的困难。

（3）为了控股或稳定购销关系，现代企业不少采用环形持股的方式，相互持股。法人股东对股票市价的敏感程度远不及个人股东。

# 复习思考题

## 一、简答题

1. 财务管理理论的发展过程是怎样的？
2. 举例说明你对财务管理内容的理解。
3. 你怎样理解财务管理目标？
4. 财务管理的环境对企业财务管理产生怎样的影响？

## 二、案例分析题

1972年，几个企业家共同创办了一家名为PLM的企业。PLM是一家合伙制企业，1986年税制改革法颁布前，它已经成为美国最大的设备租赁公司之一，它的巨大成功取决于其通过加速折旧产生避税的现金流量，以及充分利用投资税收抵免政策。由于合伙制企业不同于公司，不需要征收公司所得税，但是 1986 年的税制改革法取消了投资税收抵免，从根本上降低了个人所得税，缩短了折旧年限，这对有限合伙制企业的避税产生了破坏性的影响。1987 年，PLM 结束了合伙制，并于 1988 年 2 月 2 日在美国证券交易所交易其普通股，每股价格约为 8 美元。虽然 PLM 已转变为股份公司，但它的业绩并不好。1997 年 10 月 1 日，其股票交易价格仅为每股 5 美元。

**结合案例，请思考如下问题：**

1. 企业组织形式不同，法律对其有什么不同的要求？
2. 公司制企业的财务管理目标是什么？在实施这一目标过程中，可能遇到的问题有哪些，应如何解决？
3. 从"合伙制的 PLM"到"PLM 国际有限公司"，该企业的财务环境发生了什么变化？

# 第二章　货币时间价值与风险价值

【本章学习目标】
□ 掌握单利、复利下现值和终值的计算
□ 掌握普通年金现值和终值的计算
□ 掌握名义利率和实际利率的转化
□ 了解递延年金和永续年金
□ 了解风险报酬的相关计算

【章首案例】

面对经济增速放缓的挑战，到底应该如何理财？美国耶鲁大学管理学院金融经济学教授陈志武在论坛上给出的建议就是要分散投资，淡化在房地产的投资。从2007年底到2010年底，美国中等收入家庭的财富平均缩水40%，相对而言，最富的1/10的美国家庭财富则平均增长了2%。陈志武指出，"其中一个最主要的原因就是美国中产阶级家庭几乎把所有的财富都放在房地产上了，而且几乎都进行了按揭，尽管从2007年到2010年美国的房价并没有下跌40%，只是下跌了20%多一点，但是因为这些中产阶级家庭一般都有杠杆、都有按揭，所以房价跌了25%，就变成了他们的平均财富缩水40%"。

"与此形成对比的是，美国最富的1/10家庭，除了投资房地产以外，更多的是投到股票、投到债券，特别是固定收益的债券，也投资了各种基金，包括很多对冲基金，这种分散投资比较客观，风险比较低，多样化的投资配置安排，使得这些最富的美国家庭不仅财富没有缩水，平均计算还有一些增长。"

世界经济进入深度转型调整期，中国经济也进入了中速增长时代。在经济下行、社会老龄化等诸多不确定性因素并存的环境下，真正能够做到风险规避，同时跑赢通胀，挑战越来越大。银行钱荒、股市暴跌、市场底部难测、经济低迷等成为经济形势的主线。收益和风险是并存的,而且在很多情况下,高风险、高回报未必成立。①

**【问题思考】**

1. 中国日益壮大的大众富裕阶层如何在经济形势的变化中实现财富保值增值?

2. 根据收益和风险的并存关系,为什么在很多情况下,高风险、高回报未必成立?

财务管理的目标是实现企业价值的最大化,此目标的实现需要企业的每一项决策都有助于增加企业的价值。要判断每项决策是否有价值,就必须进行价值计量。货币的时间价值和风险价值是影响企业财务决策的重要因素,离开了这两个因素,企业就无法作出正确的财务决策。同时,风险与收益是财务管理过程中一对不可避免的矛盾,要想正确解决这一对矛盾,企业就要深入研究风险价值的问题。

## 第一节 货币时间价值

金钱的意义不在于拥有而在于运用,"现在的钱不如前几年的钱实诚了",也就是说货币的购买力下降了。换句话说,昨天的钱与今天的钱的购买力是不同的。只有在社会物价的水平保持不变的情况下,货币的购买力才会保持不变。

### 一、货币时间价值的概念

货币时间价值(time value),是指一定量的资金在不同的时点上的价值量差额。它是资金随时间的推移所发生的增值,时间越长,增值越多,价值量的差额也就越大。假如将 10 000 元存入银行,利率为 6%,一年以后你将得到 10 600 元,其中 10 000 元是本金,600 元是货币的时间价值。资金的时间价值是资金进入社会再生产过程中的价值增值,通常情况下,它相当于零风险和零通胀情况下的社会平均利润率。

---

① 当前经济环境下应如何理财? 新闻来源:热点资讯网 http://www.zgrdnews.com/info/43905.html. 2013 - 08 - 01.

## 二、货币时间价值的意义

货币时间价值是在没有风险和没有通货膨胀前提下的社会平均利润率,是企业资本利润率的最低限度,是衡量一个企业经营成果的重要依据。在企业筹资、投资决策、生产经营中有重要的意义。

1. 货币时间价值是进行筹资决策的重要标准

筹资是资本运动的起点。在筹资过程中,受筹资环境等因素的影响,企业筹资时间和投资时间有时并不完全一致,考虑时间价值这一标准,企业应使投资时间和筹资时间尽量保持一致,避免资本的闲置浪费。

2. 货币时间价值是评价投资方案的重要标准

从货币时间价值角度出发,作为一个投资人,选择的投资方案至少应取得社会平均资金利润率水平,否则项目是不可行的。

3. 货币时间价值是评价生产经营决策的重要标准

货币时间价值对于企业的生产经营决策具有重要影响,如分期付款销售的定价决策、流动资本周转速度的决策,都要考虑货币时间价值。

## 三、货币时间价值的计算

货币时间价值是以利息为计算依据的,利息的计算可以分为单利制和复利制两种。反映货币时间价值的指标,一般用现值和终值两种形式来表示。现值就是在一定的利率水平下未来年份一定额度资金折算到现在的价值(通常记作 $P$);终值又称将来值,就是在一定利率水平下一定额度资金若干时间后的未来价值(通常记作 $F$),也称本利和,即本金与利息之和。

为了计算方便,我们将本章有关字母定义如下:$I$ 为利息;$F$ 为终值;$P$ 为现值;$i$ 为利率(折现率);$n$ 为计算利息的期数。

1. 单利的计算

单利是指不论时间长短,只按本金计算利息,本期的利息不计入下期的本金,计息的基础不变,从而各期的利息保持不变,即本金能生利,利不能生利。

(1) 单利终值的计算。

$$F = P + I$$
$$\phantom{F} = P + P \times i \times n$$
$$\phantom{F} = P(1 + i \times n)$$

式中,$(1 + i \times n)$ 为单利终值系数,即现在的一元钱在利息率为 $i$ 下,$n$ 年后的终值为 $(1 + i \times n)$ 元。

【例 2-1】某人将 1 000 元存入银行,年利率 2%,求 5 年后的终值。

解答：$F = P(1+i\times n)$
$\qquad = 1\,000\times(1+2\%\times5)$
$\qquad = 1\,100$（元）

(2) 单利现值的计算。

$$P = \frac{F}{(1+n\times i)}$$

式中，$\frac{1}{(1+n\times i)}$为单利现值系数，即在$i$的折现率下，$n$年以后一元钱现在的价值为$\frac{1}{(1+n\times i)}$元。

【例2-2】某人为了5年后能够获得5 000元，在年利率是2%的情况下，现在应该存入银行多少钱？

解答：$P = \dfrac{F}{(1+n\times i)} = \dfrac{5\,000}{(1+5\times 2\%)} = 4\,545\times 45$（元）

结论：①单利的终值和单利的现值互为逆运算；②单利终值系数和单利现值系数互为倒数。

2. 复利的计算

复利是指本期的利息计入下期的本金，改变计息基础，使每期的利息额度递增。即本金能生利，利也能生利，也就是民间所说的"利滚利"。

(1) 复利终值的计算。

【例2-3】某人将1 000元借给他人，双方约定年复利率为10%，问三年后的终值是多少？

第一年的终值：$F = 1\,000\times(1+10\%) = 1\,100$（元）

第二年的终值：$F = 1\,100\times(1+10\%) = 1\,000\times(1+10\%)^2$
$\qquad\qquad\qquad = 1\,210$（元）

第三年的终值：$F = 1\,210\times(1+10\%) = 1\,000\times(1+10\%)^3$
$\qquad\qquad\qquad = 1\,331$（元）

依上例题类推……

第$n$年的终值：$F = 1\,000\times(1+10\%)^n$

由此可得，复利终值的计算公式为：

$F = P(1+i)^n$

式中，$(1+i)^n$为复利终值系数，即在复利率为$i$下，一元钱$n$年后的终值为$(1+i)^n$。记作$(F/P, i, n)$，可查阅复利终值系数表。利用复利终值系数表不但可以在$P$，$i$，$n$已知的情况下求出终值，也可以在知道其中任何两者的情况下，求出第三者。

【例 2-4】某人有 20 万元,投资报酬率为 10%,经过多少年可以使现有资金增加 3 倍?

$F = P(1+i)^n$

$60 = 20 \times (1+10\%)^n$

$3 = (1+10\%)^n$

查复利终值系数表可知:

$(F/P, 3\%, 11) = 2.853$

$(F/P, 3\%, 12) = 3.138$

根据插值法原理可知:

$$\frac{n-11}{12-11} = \frac{3-2.853}{3.138-2.853}$$

解得:$n = 11.52$

即经过 11.52 年可以使现有资金增加 3 倍。

【例 2-5】某企业有 20 000 元,想在 10 年后增值 4 倍,可接受的最低报酬率为多少?

$F = 20\,000 \times 4 = 80\,000$(元)

$F = P(1+i)^n$

$80\,000 = 20\,000 \times (1+i)^{10}$

$4 = (1+i)^{10}$

$(F/P, i, 10) = 4$

查复利终值系数表可知:

$(F/P, 14\%, 10) = 3.707\,2$

$(F/P, 15\%, 10) = 4.045\,6$

根据插值法原理可知:

$$\frac{i-0.14}{0.15-0.14} = \frac{4-3.707\,2}{4.045\,6-3.707\,2}$$

解得:$i = 0.148\,6$

即最低报酬率为 $i = 14.86\%$ 时,才可以使 20 000 元在 10 年内增值 4 倍。

(2)复利现值的计算。

$$P = \frac{F}{(1+i)^n}$$

$$= F \times \frac{1}{(1+i)^n}$$

$$= F \times (1+i)^{-n}$$

式中 $1(1+i)^n$ 为复利现值系数,记为 $(P/F, i, n)$,即在复利率为 $i$ 下,

$n$ 年后的一元钱现值,记作 $(P/F, i, n)$,可查阅现值系数表。

结论:①复利终值和复利现值互为逆运算;②复利终值系数 $(1+i)^n$ 和复利现值系数 $1/(1+i)^n$ 互为倒数。

【例 2-6】某企业计划 5 年后获得 200 万元,假设投资报酬率为 10%,现在应该投入多少资金?

$P = 200 \times (P/F, 10\%, 5) = 200 \times 0.6139 = 122.78(万元)$

(3)名义利率和实际利率。在现实生活中,复利的计息期不一定是一年,有时也可以是一季、一个月或一周。也可以按双方商定的计息期来计算。当每年复利次数超过一次时,给定的年利率叫做名义利率,而每年只复利一次的利率才是实际利率。

【例 2-7】本金 20 万元,投资 3 年,年利率为 4%,每季度复利一次,则终值是多少?

每季度利率为:$\dfrac{4\%}{4} = 1\%$

复利次数为:$3 \times 4 = 12$

$F_1 = 20 \times (1+1\%)^{12} = 20 \times 1.126 = 22.52(万元)$

如果每年复利一次

$F_2 = 20 \times (1+4\%)^3 = 20 \times 1.124 = 22.48(万元)$

$F_2 - F_1 = 0.004(万元)$

从本题可以看出,实际得到的利息要比按名义利率计算的利息高 0.004 万元,因此,实际利率要比名义利率高。

实际利率与名义利率的关系是:

$$1 + i_{eff} = \left(1 + \dfrac{i_{nom}}{m}\right)^m$$

$$i_{eff} = \left(1 + \dfrac{i_{nom}}{m}\right)^m - 1$$

式中:$i_{eff}$ 为实际利率;$i_{nom}$ 为名义利率;$m$ 为每年复利次数。

### 四、年金终值和现值

年金是指一定时期内每期金额相等的系列收付款项。如果每次收付的金额相等,这样的系列收付款项便称为年金,通常记为 A。

等额分期付款或收款、养老金、租金、折旧费、保险费、税金、零存整取或整存零取、分期支付工程款项等,都属于年金收付形式。

年金按每次收付时点的不同,分为普通年金(后付年金),先付年金(即付年金)、递延年金和永续年金。

## 1. 普通年金终值与现值的计算

普通年金是指在一定时期内，每期期末等额收付的系列款项，又称后付年金。

（1）普通年金终值的计算。普通年金终值是指一定时期内每期期末系列收付款项的复利终值之和。

普通年金的终值计算公式为：

$$F = A + A(1+i) + A(1+i)^2 + A(1+i)^3 + \cdots + A(1+i)^{n-1}$$

整理得：

$$F = A \cdot \frac{(1+i)^n - 1}{i} = A \cdot (F/A, i, n)$$

式中，$\frac{(1+i)^n - 1}{i}$ 称为"年金终值系数"，记作 $(F/A, i, n)$，可直接查阅"年金终值系数表"。$F$ 为终值，$A$ 为年金，$i$ 为利率，$n$ 为期间。

【例2-8】某人在3年内每年年末存入银行10 000元，年利率为6%，3年后的终值是多少？

$$F = 10\ 000 \times (F/A, 6\%, 3)$$
$$= 10\ 000 \times 3.18360 = 31\ 836(元)$$

（2）年偿债基金的计算。偿债基金是指为了使年金终值达到既定的金额，每期期末需要支付的年金数额。偿债基金的计算实际上就是年金终值的逆运算。其计算公式为：

$$A = F \cdot \frac{i}{(1+i)^n - 1}$$

式中，$\frac{i}{(1+i)^n - 1}$ 称为"偿债基金系数"，记作 $(A/F, i, n)$，可查阅"年金终值系数表"，并求其倒数推算出来。

结论：①普通年金的终值和偿债基金互为逆运算；②普通年金终值系数和偿债基金系数互为倒数。

【例2-9】某企业想在5年以后还清10 000元债务，从现在起每年年末等额存入银行一笔款项。假设银行的存款利息率为10%，每年需要存入银行多少元？

$$A = F \cdot \frac{i}{(1+i)^n - 1}$$
$$= 10\ 000 \times \frac{10\%}{(1+10\%)^5 - 1}$$
$$= 10\ 000 \times (A/F, 10\%, 5) = 10\ 000 \times 0.1638$$
$$= 1\ 638(元)$$

(3) 普通年金的现值的计算。普通年金的现值是指一定时期内每期期末系列收付款项的复利现值之和。

普通年金的现值计算公式为：

$$P = A(1+i)^{-1} + A(1+i)^{-2} + A(1+i)^{-3} + \cdots + A(1+i)^{-n}$$

整理得：

$$P = A \cdot \frac{1-(1+i)^{-n}}{i} = A(P/A, i, n)$$

式中，$\frac{1-(1+i)^{-n}}{i}$ 称为"年金现值系数"，记作 $(P/A, i, n)$，可直接查阅"年金现值系数表"。

【例 2-10】某公司要扩大生产，购买了一套设备，共花费 40 000 元，商定每年付款 10 000 元。假设银行利率为 10%，公司现在要存入多少钱，才能保证及时付款？

$P = A(P/A, i, n)$
  $= 10\ 000 \times 3.169\ 9$
  $= 31\ 699(元)$

(4) 年资本回收额的计算。年资本回收额是指为使年金现值达到既定金额，每年年末应收付的年金数额。

年资本回收额的计算公式为：

$$A = P \cdot \frac{i}{1-(1+i)^{-n}}$$

式中，$\frac{i}{1-(1+i)^{-n}}$ 称为"资本回收系数"，记作 $(A/P, i, n)$，可查阅"年金现值系数表"，并求其倒数推算出来。

结论：①普通年金的现值和年资本回收额互为逆运算；②普通年金现值系数和年资本回收系数互为倒数。

【例 2-11】某企业花费 300 万元购置一台设备，预计使用 5 年。假设利润率为 10%，则该设备应该给企业每年至少带来多少收入？

$$A = P \cdot \frac{i}{1-(1+i)^{-n}} = 300 \times \frac{1}{3.790\ 8} = 79.14（万元）$$

2. 先付年金的计算

先付年金也称为即付年金、预付年金，是指在一定的时期内，每期期初等额收付的系列款项。它与普通年金的区别在于收付款的时间不同，先付年金在期初，普通年金在期末。

(1) 先付年金终值的计算。先付年金的终值是各期收付款项的复利终值之和，是其最后一期期末的本利和。

先付年金终值的计算公式为：

$$F = A(1+i) + A(1+i)^2 + A(1+i)^3 + A(1+i)^4 + \cdots + A(1+i)^n$$

整理得：

$$F = A \cdot \frac{(1+i)^n - 1}{i} \cdot (1+i)$$

$$= A \left[ \frac{(1+i)^{n+1} - 1}{i} - 1 \right]$$

$$= A[(F/A, i, n+1) - 1]$$

式中，$\frac{(1+i)^n - 1}{i} \cdot (1+i)$ 称为"先付年金终值系数"，记作 $[(F/A, i, n+1) - 1]$。

先付年金终值系数和普通年金终值系数 $(F/A, i, n)$ 相比可得出以下结论：先付年金终值系数是普通年金终值系数期数加1，查表后系数减1的结果。

【例2-12】某公司连续5年每年年初存入银行2 000万元，银行存款利率为10%，则该公司5年后能一次取出的本利和是多少？

$$F = A[(F/A, i, n+1) - 1]$$
$$= 2\,000 \times [(F/A, 10\%, 6) - 1]$$
$$= 2\,000 \times (7.716 - 1)$$
$$= 13\,438(万元)$$

(2) 先付年金现值的计算。先付年金的现值是指一定时期内每期期初收付款项的复利现值之和。

先付年金现值的计算公式为：

$$P = A \cdot \frac{1 - (1+i)^{-n}}{i} \cdot (1+i)$$

$$= A \left[ \frac{1 - (1+i)^{-n}}{i} + 1 \right]$$

$$= A[(P/A, i, n-1) + 1]$$

式中，$\frac{1 - (1+i)^{-n}}{i} + 1$ 称为"先付年金现值系数"，记作 $[(P/A, i, n-1) + 1]$。

先付年金现值系数和普通年金现值系数相比可得出以下结论：先付年金现值系数是在普通年金现值系数基础上，期数减1，查表后系数加1所得的结果。

【例2-13】李先生分期付款购买了一套住房，每年期初付款20 000元，分15年支付，利率8%，那么这些资金的现值是多少？

$$P = A[(P/A, i, n-1) + 1]$$

$= 20\ 000 \times [(P/A, 8\%, 14) + 1]$

$= 20\ 000 \times (8.244\ 2 + 1)$

$= 184\ 884(元)$

3. 递延年金

递延年金是普通年金的特例，它是指第一次收付发生在第二期或以后各期的年金。凡不是从第一期开始的普通年金都是递延年金。

很显然，递延年金的终值与递延期数无关，只需要注意期数，其计算方法与普通年金终值相同。

计算递延年金现值一般有三种方法：

计算方法一：先将递延年金视为普通年金，求出在 m 期普通年金现值，然后再折算成第一期期初的现值。

$P = A \times (P/A, i, n) \times (P/F, i, m)$

式中，$m$ 为递延期，$n$ 为连续收支期数，前者按普通年金现值（$n$ 期）计算，后者按复利现值（$m$ 期）计算。

计算方法二：假设在递延期内也有年金收付，先求出（$m+n$）期内的年金现值，然后再减去递延期（$m$ 期）的年金现值。

$P = A \times [(P/A, i, m+n) - (P/A, i, m)]$

计算方法三：先把递延年金视为普通年金，求出其终值，再将其终值换算为第一期期初的现值。前者按普通年金现值（$n$ 期）计算，后者按复利现值（$m+n$ 期）计算。

$P = A \times (F/A, i, n) \times (P/F, i, m+n)$

【例 2-14】某企业从银行获得一笔贷款，双方约定 5 年内不用还本付息，利率为 8%。但从第 6 年到第 8 年每年偿付本息 20 000 元，该笔贷款的现值是多少？

用第一种方法计算如下：

$P = A \times (P/A, i, n) \times (P/F, i, m)$

$= 20\ 000 \times (P/A, 8\%, 3) \times (P/F, 8\%, 5)$

$= 20\ 000 \times 2.577 \times 0.681$

$= 35\ 098.74(元)$

用第二种方法计算如下：

$P = A \times [(P/A, i, m+n) - (P/A, i, m)]$

$= 20\ 000 \times [(P/A, 8\%, 8) - (P/A, 8\%, 5)]$

$= 20\ 000 \times [5.747 - 3.993]$

$= 35\ 080(元)$

用第三种方法计算如下：

$P = A \times (F/A, i, n) \times (P/F, i, m+n)$
$= 20\,000 \times (F/A, 8\%, 3) \times (P/F, 8\%, 8)$
$= 20\,000 \times 3.246 \times 0.540$
$= 35\,056.8(元)$

以上三种方法所出现的差额是由于小数点的尾数造成的。

4. 永续年金的计算

永续年金是指无限期等额收付的特种年金。永续年金的期数是无限的，没有终止的时间，因而也就没有终值。在实际生活中的存本取息、无限期债券、奖励基金、优先股股利都可以视为永续年金。

永续年金的现值计算公式为：

$$P = A \times \frac{1 - (1+i)^{-n}}{i}$$

当 $n \to \infty$ 时，$\frac{1}{(1+i)^n} \to 0$

上式可以改写为：

$$P = \frac{A}{i}$$

【例2-15】某企业想在一所大学设立一个永久性的奖学金，以帮助那些贫困生，每年计划颁发200 000元奖金，假设年利率为8%，则现在应存入多少？

$P = \frac{A}{i} = 200\,000 \times 1/8\% = 2\,500\,000$（元）

## 第二节 风险价值

在日益激烈的市场竞争中，企业作为市场竞争中的独立经济主体，其所面临的风险在不断加剧。企业进行投资并获得报酬，就必然要承担与之相对应的风险。如何最大限度降低风险，已成为每个企业在竞争中求得生存与发展必须考虑的因素。

一、风险的概念及其特征

企业的经营活动大部分都是在风险不确定的情况下进行的，风险存在于企业的每一项财务活动中，对企业实现其财务目标有着重要的影响。

1. 风险的概念

风险指某一行动的后果所具有的不确定性。如果某一行为的结果是确定的,就意味着没有风险。风险和不确定性严格来说是有区别的,在投掷硬币的游戏中,硬币落地时可能会正面朝上也可能会反面朝上,这两个结果的概率各是50%,风险是事先可以知道某一行动所有可能出现的结果,以及每一种结果出现的概率,不确定事件是不知道某一事件的结果,或者知道结果而不知道每一结果所发生的概率。在购买股票时,是无法确定每一个报酬率所出现的概率的,对于这种不确定的事件,只能依靠过去的历史资料,或自己的直觉把不确定性事件转化为确定事件。在财务管理中,对风险与不确定性并不作严格区分,当谈到风险时,可能本身就是风险,更可能是不确定性。

2. 风险的特征

风险具有以下四个方面的特征:

(1) 风险是客观存在的。风险是事物本身所具有的属性,是客观存在,不以人的意志为转移。风险的客观性主要基于以下两点:①管理者在做决策时缺乏充分的信息。可能是信息无法取得,或者是取得信息的成本太高。②决策者不能预测或者控制事物的发展方向。如市场供需关系的变化,国家相关政策的出台等。

(2) 风险的大小与时间具有密切的关系。风险的大小与时间的长短是正相关的。时间越长,风险越大,时间越短,风险越小。例如,长期贷款的风险要比短期贷款的风险大。

(3) 风险与收益的大小具有密切的关系。收益越高,风险越大,二者也是正相关的。例如,对于以一年为期的贷款,银行发放 5 000 万元的贷款要比发放 50 万元的风险大很多。

(4) 风险具有不确定性。风险是不确定的,它既能给企业带来损失,也能给企业带来收益。一般来说,管理者对风险的关注要大于对收益的关注。

二、风险的类别

风险可以从不同的角度进行分类,主要有以下几种:

1. 从资产本身特性及其关系来分

风险从资产本身特性及其关系来分,可以分为系统风险和非系统风险。

(1) 系统风险。系统风险反映资产之间相互关系,共同运动,无法最终消除的风险被称为系统风险。系统风险又被称为市场风险或不可分散风险,是影响所有资产的、不能通过风险分散而消除的风险。这部分风险是由那些影响整个市场的风险因素所引起的。这些因素包括:宏观经济形势的变动、企业会计准则变革、世界能源状况、国家经济政策的变化、税制改革、政治因素,等等。

(2) 非系统风险。非系统风险只反映资产本身特性,可通过增加组合中资产的数目而最终消除的风险被称为非系统风险。非系统风险又被称为企业特有风险或可分散风险,是可以通过资产组合而分散掉的风险。它是指由于某种特定原因,对某特定资产收益率造成影响的可能性,与政治、经济和其他影响所有资产的市场因素无关。企业特有风险可进一步分为经营风险和财务风险。

经营风险也叫商业风险,是指由于生产经营上的原因带来的收益不确定性。造成经营风险的原因是企业内部生产经营管理方面的因素,如企业的生产经营方向、成本水平、生产技术状况、供产销条件等。例如,企业可能出现的产品质量问题、由于销售决策失误带来的销售方面的风险、新的替代产品的出现等,这些都不容易预见,从而产生风险。

财务风险又称筹资风险,是指由于举债而给企业目标带来的可能影响,它是负债筹资带来的收益不确定性。企业的借入资金需要还本付息,在企业资金紧张时,偿还债务很容易使企业资金链断裂,从而陷入财务危机。筹资的时间、筹资的数额、筹资的方式是影响筹资风险的重要因素。

2. 从财务管理的角度来分

风险从财务管理的角度来分,可分为筹资风险、投资风险、外汇风险和收益分配风险。

(1) 筹资风险。筹资风险是指企业在筹措企业所需资金中的不确定性。从筹资时间来看,筹资时间越长,不确定因素就越多,筹资风险就越大;筹资数额越大,筹资风险也就越大;每一种不同筹资方式也会给企业带来不同的筹资风险。

(2) 投资风险。投资风险是指企业将资金投向某一经营活动所具有的风险。投资风险主要取决于投资的行业、投资的时间。从投资的行业来看,投资新型行业要比投资传统行业风险大得多;从投资的时间来看,投资时间越长风险就越大。

(3) 外汇风险。外汇风险是指企业在进行对外贸易时因外汇汇率的变动所造成的风险。由于外汇的变动是不确定的,其可能造成企业支出的增加,发生损失;也可能造成企业支出的减少,形成收益。

(4) 收益分配风险。收益分配风险是企业在收益的形成、分配时所具有的不确定性。当期多计收益或多计成本,均可影响企业的利润,从而产生风险。再者,如果企业对投资者收益分配不当,也会产生风险,资金紧张时期还以现金形式分配收益,势必降低企业的偿债能力。

## 三、风险价值

风险价值又称为风险报酬,是指企业承担风险从事投资活动所获得的超过货币时间价值的额外收益,一般用风险报酬率来表示。假设通货膨胀率为零的前提下,投资报酬率等于时间价值率(最低报酬率)与风险报酬率之和。

由于风险和概率有着直接的联系,所以用概率的方法来计算风险报酬。

1. 确定概率的分布

概率表示某一结果发生的可能性的大小,记为 $P_i$,概率分布必须符合以下两个要求:

(1)必然事件的概率为1,不可能事件的概率为0;所有的概率($P_i$)都在0和1之间,即 $0 \leq P_i \leq 1$。

(2)所有结果的概率之和应等于1,即 $\sum_{i=1}^{n} P_i = 1$,$n$ 为可能出现的结果的个数。

【例2-16】某企业有三个项目的投资机会,其报酬率及其概率分布如表2-1所示:

表2-1 三个投资项目在不同情况下报酬率及其概率

| 未来情况 | 发生概率 | 项目1 | 项目2 | 项目3 |
|---|---|---|---|---|
| 繁荣 | 0.2 | 10% | 25% | 30% |
| 正常 | 0.6 | 10% | 15% | 15% |
| 衰退 | 0.2 | 10% | 5% | 0 |

2. 计算期望报酬率

期望报酬率是指各种可能结果报酬率按其概率的加权之和。它表示在一定风险条件下,期望得到的平均报酬率。其计算公式为:

$$E(R) = \sum_{i=1}^{n} p_i r_i$$

式中,$E(R)$ 为期望报酬率;$p$ 为第 $i$ 种结果出现的概率;$r$ 为第 $i$ 种结果的报酬率;$n$ 为所有可能结果的数目。

表2-1中各项目的期望报酬率为:

项目1:$E(R) = 10\% \times 0.2 + 10\% \times 0.6 + 10\% \times 0.2 = 10\%$

项目2:$E(R) = 25\% \times 0.2 + 15\% \times 0.6 + 5\% \times 0.2 = 15\%$

项目3:$E(R) = 30\% \times 0.2 + 15\% \times 0.6 + 0 \times 0.2 = 15\%$

从以上计算结果可以发现：①项目1的期望报酬率小于项目2和项目3；②项目2和项目3的期望报酬率相等。

当两个项目的期望报酬率相等时，该选择哪个项目呢？项目2和项目3的期望报酬率相等，但相比之下，项目2在不同经济情况下的期望报酬率相对集中，而项目3的期望报酬率却相对比较分散。这意味着项目2的风险较小，而项目3的风险较大。

概率分布越集中，风险就越小；概率分布越分散，风险就越大。我们采用方差和标准离差来衡量概率分布的集中程度。

3. 计算方差和标准离差

方差是变量与期望值偏差平方和的加权之和，它是测定离散程度的一种统计量。方差和标准离差越小，风险就越低；反之，风险就越高。

方差的公式为：

$$\sigma^2 = \sum_{i=1}^{n} [R - E(R)]^2 \times P_i$$

标准离差的公式为：

$$\sigma = \sqrt{\sum_{i=1}^{n} [R_i - E(R)]^2 \times P_i}$$

式中，$E(R)$表示资产的预期收益率，可用公式$E(R) = \sum_{i=1}^{n} P_i R_i$来计算；$P_i$是第$i$种可能情况发生的概率；$R_i$是在第$i$种可能情况下该资产的收益率。

方差和标准离差都是以绝对数来衡量某投资行为的全部风险，由于方差和标准离差指标衡量的是风险的绝对数大小，因而不适用于比较具有不同的期望报酬率的投资行为的风险。

项目2的方差为：

$\sigma^2 = (25\% - 15\%)^2 \times 0.2 + (15\% - 15\%)^2 \times 0.6 + (5\% - 15\%)^2 \times 0.2$
$= 0.004 = 0.4\%$

标准离差为 $\sigma = \sqrt{\sigma^2} = 0.0632 = 6.32\%$

项目3的方差为：

$\sigma^2 = (30\% - 15\%)^2 \times 0.2 + (15\% - 15\%)^2 \times 0.6 + (0 - 15\%)^2 \times 0.2$
$= 0.009 = 0.9\%$

标准离差为 $\sigma = \sqrt{\sigma^2} = 0.0948 = 9.48\%$

通过上述计算发现，项目2的期望报酬率的方差和标准离差都小于项目3的期望报酬率的方差和标准离差。因此，项目2的风险小于项目3的风险。

4. 计算标准离差率（V）

标准离差率是反映变量离散程度的一个指标，也可称为变异系数。它是一个相对数，用来比较期望报酬率不相等的条件下，各项目的风险程度。标准离差率是标准离差与期望报酬率的比值。其计算公式为：

$$V = \frac{\sigma}{E(R)} \times 100\%$$

标准离差率可以用来比较具有不同预期报酬率的投资风险。一般情况下，标准离差率越大，投资的相对风险越大；反之，标准离差率越小，相对风险越小。

项目2的标准离差率：

$$V = \frac{\sigma}{E(R)} \times 100\% = \frac{6.32\%}{15\%} \times 100\% = 42.13\%$$

项目3的标准离差率：

$$V = \frac{\sigma}{E(R)} \times 100\% = \frac{9.48\%}{15\%} \times 100\% = 63.2\%$$

项目2的标准离差率小于项目3的标准离差率，所以项目2的风险小于项目3的风险。

5. 计算风险报酬率

风险报酬率是指企业在一定的风险条件下，进行筹资、投资或生产经营活动所得到的收益水平。标准离差率只表示了企业所承担的风险水平，所以要将它转化为报酬率。风险报酬率与风险水平成正比。

风险报酬率的计算公式为：$R = b \times V$

式中，$R$ 为风险报酬率；$b$ 为风险报酬系数，它通常是由企业自主确定的；$V$ 为标准离差率。

假设项目2的风险报酬系数为10%，项目3的风险报酬系数为20%，则项目2的风险报酬率为：

$R = b \cdot V = 10\% \times 42.13\% = 4.213\%$

项目3的风险报酬率为：

$R = b \cdot V = 20\% \times 63.2\% = 12.64\%$

6. 计算风险报酬额

风险报酬额（$p$）是投资总额与风险报酬率的乘积。

若该企业准备投资1 000万元，则项目2与项目3的风险报酬额分别是：

项目2的风险报酬额 $P = 1\,000 \times 4.213\% = 42.13$（万元）

项目3的风险报酬额 $P = 1\,000 \times 12.64\% = 126.4$（万元）

7. 风险的管理程序

风险管理是事先制定一系列的规章、制度，将可能导致企业利益受损的可能性降到最低，从而保证企业经营活动正常进行的管理。一般风险管理程序为：

（1）确定风险，预计可能发生风险的性质和类型，并确定风险发生的可能性。

（2）对可能发生的风险进行分析研究，设定风险管理研究目标，分析其对企业财务活动的影响程度和影响范围。

（3）制定相应的风险管理策略，保证风险管理的目标得以实现，风险管理策略应该针对风险的性质、种类及其对企业财务活动的影响，以避免可能出现的各种损失。

（4）实施评价，将制定的风险管理策略付诸实施，在实施中，对照风险管理的目标，定期或经常性进行检查，并对风险管理工作的绩效进行评价和考核。

# 复习思考题

## 一、简答题

1. 什么是货币时间价值？为什么在企业理财中必须考虑货币时间价值？
2. 什么是年金？有哪些类型？普通年金和预付年金有什么不同？
3. 什么是风险报酬率？如何计算？
4. 什么是名义利率和实际利率，两者之间存在什么关系？
5. 风险与报酬的关系是什么？

## 二、计算题

1. 某企业为了购买一个新的设备，向银行借款 200 万元，借款期 3 年，年利率 8%，到期后企业应还本付息多少元？

2. 某企业租用一台设备，计划租用 5 年，每年的租金是 10 000 元，年利率是 7%，这些租金的现值是多少？若延期两年支付，每年支付 18 000 元，租金的现值是多少？

3. 某永续年金每年的收入为 2000 元，利息率为 6%，则该项年金的现值是多少？

4. 若 A 打算 10 年后购买一套住房，这种户型的当前价格为 1000 000 元，预计房价每年上涨 5%，在年收益率为 10% 的前提下，每年年末应存入多少钱，10 年后才能买下这种户型的住房？

5. 甲企业准备投资开发新的项目，投资额为 100 万元，有 A、B 两个方案可供选择，相关资料见表 2-2，甲企业应该选择哪个项目比较好？

表2-2　A、B两项目在不同环境下的收益及其概率

| 投资环境 | 概率 | A收益 | B收益 |
| --- | --- | --- | --- |
| 良好 | 0.3 | 80 | 120 |
| 一般 | 0.5 | 60 | 40 |
| 较差 | 0.2 | 40 | -20 |

6. 某企业计划投资一项目，按计划要向银行贷款2000万元，如果分10年偿还，则每年末的还款金额为300万元；如果分15年偿还，则每年末的还款金额为230万元；如果分20年偿还，则每年末的还款金额为210万元；如果分25年偿还，则每年末的还款金额为180万元。请分析哪种方式对企业最为有利。

### 三、案例分析题

1626年，荷兰西印度公司在北美洲的殖民地——新荷兰总督Peter Minuit用60荷兰盾的小饰物从美国土著人那里购买了曼哈顿。根据当时的汇率，这60荷兰盾价值24美元，假设美国土著人将此小饰物在市场上公平出售收获24美元，并将此24美元投资于一个收益率为5%的项目（无税），在385年后的现在，这笔资金就会超过20亿美元。毫无疑问，现在曼哈顿的价值肯定不止20亿美元。

**结合案例，请思考如下问题：**

1. 如果按单利计算，这24美元按照5%的收益率投资，经过385年后是多少？

2. 如果按复利计算，这24美元以10%的收益率投资，经过385年后是多少？

3. 当今世上所有不动产的价值总和还不到72 000万亿美元，请问一个年收益超过10%，持续385年的投资项目可行吗？按照收益率10%计算，美国土著人在此交易中是否受损？

# 第三章　投资决策——项目投资

【本章学习目标】
□ 了解与投资有关的相关概念，包括投资的含义、分类以及投资决策的一般程序
□ 掌握现金流量的基本概念，在不同阶段现金流量的内容以及估算方法
□ 掌握项目投资决策常用的几种方法，并能应用在不同的项目投资决策中
□ 懂得如何分析投资项目的风险

【章首案例】
　　据石家庄广电网报道，总投资6亿元人民币的青岛啤酒项目，规划用地300亩，于2010年6月份正式开工建设，2011年6月份竣工试产，其中一期工程投资4亿元，建成后年生产能力达到20万千升，实现销售收入6亿元，新增利税1.5亿元。新工厂将突出绿色、环保、低碳、节能理念，全面引进国际一流的生产设备，在石家庄生产青岛和崂山两个品牌的啤酒。
　　项目建设同时，青岛啤酒公司还将同步建设百年历史文化、生产啤酒原料工艺、多功能体验三大游览展示区，为市民打造一个可以互动体验的工业旅游景点。
　　如此大规模的投资项目上马，绝非轻易的决定，其成败将对企业的影响深远。

【问题思考】
　　如何知道一个项目的投资是可行还是不可行？其判断、评估的标准是什么？如何进行项目的投资决策？这些都将在本章中述及。

## 第一节　投资概述

任何企业除了进行正常的生产经营外，还会出于各种具体的目的对内或对外进行投资，如购置生产设备、兴建工厂、建造新生产线、更新改造原有设备以及购买政府债券、金融债券、企业债券或股票等，这些均属于投资行为。

### 一、投资的定义及分类

投资，概括地说就是企业为了在未来获得收益而在现在付出资金的一种经济行为。投资可以按照不同的标准进行分类。

1. 按投资资金回收的时间长短不同划分

投资资金回收的时间是指，资金从投入到收回的时间，可以分成两种：

（1）长期投资。是指一年以上才能收回的投资。目的是为了长期持有。如为购买机器、厂房、设备等固定资产的投资，也包括对无形资产和长期有价证券的投资。

（2）短期投资。是指能够并且也准备在一年以内收回的投资，主要指流动资产投资，也包括短期债券投资及短期股票投资。

2. 按投资的范围不同划分

投资的范围是指，投资资金投放的是企业内部还是企业外部，可以分为两种：

（1）对内投资。是指把资金投放在企业内部的投资，即企业为购置各种生产经营用资产的投资，包括长期的、短期的投资。如固定资产投资、无形资产投资及流动资产投资等。

（2）对外投资。是指把资金投放到企业以外的其他单位的投资，包括长期的、短期的投资。如以货币资金、实物资产、无形资产等生产经营性资产向其他企业注入资金，或者购买国家及其他企业发行的有价证券等金融性资产而发生的投资。

3. 按与生产经营的关系划分

投资与生产经营的关系是指，投资资金投放的对象是生产经营性资产还是金融性资产，可以分为两种：

（1）直接投资。是指把资金投放于生产经营性资产的投资，包括对内直接投资与对外直接投资。

（2）间接投资。是指把货币资金投放于证券等金融性资产，不直接介入企业生产经营过程的投资活动，故主要为对外投资，且多属证券投资。

4. 按各个投资项目现金流量是否相关划分

投资项目现金流量是指，由投资项目本身所产生的现金流量。不同的投资项目，其现金流量有些相关，有些不相关。

（1）独立性投资。各个投资项目现金流量互不相关、互不影响的投资活动称为独立性投资。如在不考虑资金来源的情况下，企业投资购买一条生产线的决策与是否投资购买汽车的决策互不相干，没有什么联系，故互为独立性投资项目。

（2）相关性投资。各投资项目现金流量之间具有相关性的投资称为相关性投资。这种相关有正相关，也有负相关。具体包括相容性投资及非相容性（互斥）投资。如油田开发投资与输油管道建设投资为相容性投资（正相关），因为输油管道的建设投资有赖于油田的开发投资，两者是正相关的；又如企业有一笔资金可以用于购买甲设备，也可以用于购买乙设备，但购买了甲设备，就不能购买乙设备，或购买了乙设备就不能购买甲设备，即这两种投资方案是互不相容的，因此为负相关，是互斥的投资。

## 二、投资决策的一般程序

企业投资决策的程序一般包括如下内容：

1. 提出投资范围及投资对象

根据企业今后发展的方向及战略目标，结合市场的预测及分析而确定。

2. 拟定投资方案并评价各方案的财务可行性

企业在明确投资范围及投资对象之后，应结合企业自身情况拟定若干投资方案，并评价这些投资方案的财务可行性。具体步骤如下：①预测并估算各投资方案的预期现金流量；②确定各投资方案资本成本的一般水平；③计算各投资方案决策评价指标；④评价各投资方案的财务可行性。

3. 比较并选择各投资方案

在评价各投资方案财务可行性的基础上，对被选各方案进行比较，进而作出选择。

## 第二节 投资项目现金流量分析

对项目投资进行决策的方法及指标有很多,在运用这些方法及指标进行评价之前,首先应估算投资方案的预期现金流量。这在实务中是难点,也是关键点。下面详细分析现金流量的相关概念及估算的方法。

### 一、现金流量的概念

现金流量是指某一个项目在未来不同时刻的现金流入量和现金流出量的统称。它是以收付实现制为基础产生的,是计算项目投资决策评价指标的主要根据和重要信息之一。

在财务管理中,进行投资决策时所使用的现金流量与财务会计中现金流量表所使用的现金流量既有联系又有区别。从概念上看,两者都是指现金流入量和现金流出量的统称,但两者在构成内容及计算方法上均已不同。在财务会计中,现金流量表所涉及的现金流量,从内容上看,涵盖了整个企业在某个时期的现金流量总量,包括经营活动产生的现金流量、投资活动产生的现金流量及筹资活动产生的现金流量;在投资决策中,现金流量仅指该投资项目本身在未来产生的现金流量。

现金流量包括现金流入量、现金流出量和现金净流量三个具体概念。在投资项目的任何一个时点上,总有以下等式成立:

现金净流量($NCF_t$) = 现金流入量($CI_t$) − 现金流出量($CO_t$)

### 二、估算现金流量应注意的问题

在估算现金流量时,非常重要的步骤就是找出该方案的相关现金流量。企业在确定投资项目的相关现金流量时,必须遵守以下两条重要的基本原则:一是投资决策的依据必须是投资方案所产生的现金流量,而不是会计利润;二是只有增量的现金流量才算是相关现金流量。以下就这两条基本原则进行讨论:

1. 现金流量与会计利润

要理解为什么投资决策的依据必须是投资方案所产生的现金流量而不是会计利润,就必须理解现金流量与会计利润之间的区别与联系。

利润是指企业在一定时期内的经营成果在财务上的反映,是财务会计中按照权责发生制原则计算出收入和成本,并将收入扣除成本之后的收益作为其内容;

而现金流量则是按照收付实现制计算出的收入和成本,并为两者的差额。因此,项目投资以现金流量而非利润作为决策依据的原因如下:

(1) 采用现金流量作为决策的依据有利于资金时间价值的利用。由于资金时间价值是经济生活中客观存在的事实,所以面向未来的投资决策必须认真考虑资金的时间价值。这就要求在决策前一定要弄清楚每笔预期收入款项和支出款项的具体时间,因为不同时点的资金具有不同的价值。因此,在对投资项目进行选择时,应根据各投资项目寿命周期内各年的现金流量,充分考虑资金时间价值后来确定。而利润的计算,由于它是以权责发生制为基础产生的,并未考虑资金收付的时间,具体表现有以下几个方面:①购置固定资产付出大量现金时当期成本。②将固定资产的价值以折旧或损耗的形式逐期计入成本时,不需要付出现金。③计算利润时不考虑垫支的流动资产的数量和回收的时间。④只要销售行为已经确定,就计算为当期的销售收入,尽管其中有一部分并未于当期收到现金。⑤项目寿命终了时,以现金的形式回收的固定资产残值和垫支的流动资产在计算利润时得不到反映。

由此可见,若要在投资决策中考虑资金的时间价值这个事实,就必须采用现金流量来衡量项目的优劣,而不能用利润来衡量。

(2) 采用现金流量作为决策的依据更符合客观实际。在长期投资决策中,采用现金流量作为决策的依据能更科学、更客观地对投资项目进行选优,而利润则明显地存在不科学、不客观的成分。这是因为:①利润的计算没有一个统一的标准,在一定程度上要受存货估价、费用摊配和不同折旧计提方法的影响。因而,净利的计算比现金流量的计算有更大的主观随意性,作为决策的主要依据不太可靠。②利润反映的是某一会计期间"应计"的现金流量,而不是实际的现金流量。若以未实际收到的现金收入作为收益,具有较大风险,容易高估投资项目的经济效益,存在不科学、不合理的成分。

现金流量与利润的联系表现为两方面:①对一个投资项目来说,在项目整个相关计算期内,其利润总额总是等于现金流量总额——这也是为什么可以用现金流量完全代替利润作为项目投资决策依据的基础。②项目投产后,就某个经营期间来说,两者的联系通常可以用以下的等式来表明:

年营业现金净流量 = 净利润 + 折旧①

2. 增量现金流量的概念

在评估投资方案是否可被接受时,需重点关注那些直接由投资方案产生的现金流量,即与项目相关的现金流量。只有增量现金流量才是相关的现金流量,它

---

① 该等式是在假定企业的非付现成本只有折旧的前提下才成立。

们代表接受或拒绝某投资方案后，企业现金流量总量因此发生的变动。也就是说，只有那些由于采纳某个项目而引起的企业总现金流入（或总现金流出）的增加额，才是该项目的增量现金流量，或称相关现金流量。

在估算增量现金流量时，需注意区分哪些是相关成本，哪些是非相关成本。相关成本是指对决策有影响的各种形式的未来成本，如付现成本、机会成本、重置成本等；相反，那些对决策没有影响的成本，则为非相关成本，如非付现成本、沉没成本、账面成本等。

在这些成本中，沉没成本是指过去已经发生的，无法由现在或将来的任何决策所能改变的成本。通常这些成本不会影响到投资方案的取舍，故沉没成本属于无关成本。所以在进行投资决策分析时，不应包括在内。例如，某集团公司准备今年在 A 城市成立一家子公司，但去年公司已经花费 10 万元聘请了一家企业管理咨询公司做过可行性分析，以协助公司对方案的可行性进行评估。如果这笔 10 万元的支出在去年公司申报所得税时作为费用处理掉了，那么该公司在今年进行投资决策分析时，该成本为非相关成本，因为它已变成沉没成本，即不管外资公司是否接受"设立子公司"的方案，它都已无法回收。

此外，在投资方案的选择中，若选择了某一最佳方案，就必然放弃选择其他投资方案的机会，其中次优投资方案的收益是选择最佳投资方案的一种代价，此代价被称为该投资方案的机会成本。例如，前例中的某集团公司刚好在 A 城市已有一块土地，并计划在 A 城市设立子公司，需在此土地上新建大楼，作为子公司办公所用，那么在分析其可行性时，应将土地派作他用可能带来的现金流量作为机会成本考虑进去，比如出售土地 100 万元，就是设立子公司方案的机会成本。由此可见，机会成本不是我们通常意义上的"成本"，它不是一种支出或费用，而是失去的收益。这种收益不是实际发生的，而是潜在发生的。因此，机会成本总是针对具体方案的，离开了被放弃的方案就无从计量。

### 三、不同阶段现金流量的计算

按照投资项目现金流量发生的时间，现金流量可以分为投资项目初始现金流量、经营期营业现金流量和项目终止时现金流量。要计算投资项目各阶段的现金流量，就必须知道每个阶段现金流量的内容。

1. 项目建设期初始现金流量

初始现金流量是在项目完工投产前，在投资阶段或项目建设期间发生的现金流量。一般包括固定资产投资、流动资产投资、旧设备的变价收入、所得税效应及其他费用等。

2. 项目经营期营业现金流量

营业现金流量是指投资项目完工投产后，在项目寿命期内，由于生产经营所带来的现金流入量和现金流出量。这里现金流入量一般是指营业现金收入，现金流出量主要是指营业现金支出和交纳的税金。如果一个投资项目每年的销售收入等于营业现金收入，付现成本等于营业现金支出，那么，年营业现金净流量（NCF）公式推导如下：

年营业现金净流量 = 营业收入 − 付现成本 − 所得税
　　　　　　　　 = 营业收入 −（付现成本 + 折旧）+ 折旧 − 所得税
　　　　　　　　 = 营业收入 − 营业成本 − 所得税 + 折旧
　　　　　　　　 = 净利润 + 折旧

或：年营业现金净流量 = 营业利润 − 所得税 + 折旧
　　　　　　　　　　 = 营业利润(1 − 税率) + 折旧
　　　　　　　　　　 = 营业收入 ×(1 − 税率) − 付现成本 ×(1 − 税率) + 折旧 × 税率

3. 项目终止时现金流量

项目终止时的现金流量是指投资项目完结时所发生的现金流量，主要包括固定资产的残值收入或变价净收入、之前垫支的流动资金回收额及停止使用的土地的变价收入等。

【例3−1】A 企业拟购建一项固定资产，需投资 2 100 万元，按直线法计提折旧，使用寿命 10 年，期末有 100 万元净残值。在建设起点一次投入资金 2 100 万元，建设期为一年。预计投产后前 3 年每年可获净利润 200 万元，以后每年可获净利润 300 万元。

要求：试计算该投资项目每年的现金流量。

解：根据题意计算有关指标：

固定资产原值 = 2 100 万元

固定资产年折旧额 =（2 100 − 100）÷ 10 = 200（万元）

$NCF_0 = 2\,100$（万元）

$NCF_1 = 0$

$NCF_{2\sim4} = 200 + 200 = 400$（万元）

$NCF_{5\sim10} = 300 + 200 = 500$（万元）

$NCF_{11} = 200 + 200 + 100 = 600$（万元）

【例3−2】B 企业准备购入一台新设备，以扩大企业现有的生产能力。现有甲、乙两个方案可供选择。

甲方案：新设备需要投资额 20 000 元，设备的使用寿命为 5 年，企业采用直线法折旧，5 年后设备无残值。在 5 年中，每年的销售收入为 11 000 元，每年的付现成本为 3 500 元。

乙方案：新设备需要投资额24 000元，设备的使用寿命为5年，企业采用直线法折旧，5年后设备残值为2 000元。在5年中，每年的销售收入为14 000元，而在设备使用过程中，随着设备的陈旧，每年的付现成本是逐年增长的，在5年中，第一年的付现成本是5 000元，以后每年增加500元。另外，在乙方案实施过程中，还需要垫支流动资金6 000元。假定该企业的所得税税率为40%。试计算甲、乙两个方案各自的现金流量。

解：根据以上题意，可综合如表3-1所示。

表3-1　B企业购置设备的两个方案　　　　　　　　单位：元

| 项目 | 甲方案 | 乙方案 |
| --- | --- | --- |
| 设备投资额 | 20 000 | 24 000 |
| 垫支营运资金（最后一年收回） | 0 | 6 000 |
| 使用年限 | 5 | 5 |
| 期末残值 | 0 | 2 000 |
| 每年折旧 | 20 000÷5 = 4 000 | (24 000 - 2 000)÷5 = 4 400 |
| 年销售收入 | 11 000 | 14 000 |
| 年付现成本 | 3 500 | 第一年5 000，以后每年增加500 |
| 所得税税率 | 40% | 40% |

在表3-2中先计算两个方案的营业现金流量，然后在表3-3中，结合初始现金流量和终结现金流量编制两个方案的全部现金流量。

表3-2　投资项目的营业现金流量　　　　　　　　单位：元

| 年度 | 1 | 2 | 3 | 4 | 5 |
| --- | --- | --- | --- | --- | --- |
| 甲方案： | | | | | |
| 销售收入（1） | 11 000 | 11 000 | 11 000 | 11 000 | 11 000 |
| 付现成本（2） | 3 500 | 3 500 | 3 500 | 3 500 | 3 500 |
| 折旧（3） | 4 000 | 4 000 | 4 000 | 4 000 | 4 000 |
| 税前利润（4）=（1）-（2）-（3） | 3 500 | 3 500 | 3 500 | 3 500 | 3 500 |
| 所得税（5）=（4）×40% | 1 400 | 1 400 | 1 400 | 1 400 | 1 400 |
| 税后净利（6）=（4）-（5） | 2 100 | 2 100 | 2 100 | 2 100 | 2 100 |
| 营业现金流量（7）=（1）-（2）-（5） | 6 100 | 6 100 | 6 100 | 6 100 | 6 100 |

续表

| 年度 | 1 | 2 | 3 | 4 | 5 |
|---|---|---|---|---|---|
| 乙方案： | | | | | |
| 销售收入（1） | 14 000 | 14 000 | 14 000 | 14 000 | 14 000 |
| 付现成本（2） | 5 000 | 5 500 | 6 000 | 6 500 | 7 000 |
| 折旧（3） | 4 400 | 4 400 | 4 400 | 4 400 | 4 400 |
| 税前利润（4）=（1）-（2）-（3） | 4 600 | 4 100 | 3 600 | 3 100 | 2 600 |
| 所得税（5）=（4）×40% | 1 840 | 1 640 | 1 440 | 1 240 | 1 040 |
| 税后净利（6）=（4）-（5） | 2 760 | 2 460 | 2 160 | 1 860 | 1 560 |
| 营业现金流量（7）=（1）-（2）-（5） | 7 160 | 6 860 | 6 560 | 6 260 | 5 960 |

表3-3　投资项目的现金流量　　　　　　　　　　单位：元

| 年份 t | 0 | 1 | 2 | 3 | 4 | 5 |
|---|---|---|---|---|---|---|
| 甲方案： | | | | | | |
| 　固定资产投资 | -20 000 | | | | | |
| 　营业现金流量 | | 6 100 | 6 100 | 6 100 | 6 100 | 6 100 |
| 　现金流量合计 | -20 000 | 6 100 | 6 100 | 6 100 | 6 100 | 6 100 |
| 乙方案： | | | | | | |
| 　固定资产投资 | -24 000 | | | | | |
| 　营运资金垫支 | -6 000 | | | | | |
| 　营业现金流量 | | 7 160 | 6 860 | 6 560 | 6 260 | 5 960 |
| 　固定资产残值 | | | | | | 2 000 |
| 　营运资金回收 | | | | | | 6 000 |
| 　现金流量合计 | -30 000 | 7 160 | 6 680 | 6 560 | 6 260 | 1 360 |

## 第三节　项目投资决策基本方法

对项目进行投资决策时，主要根据相关的投资决策评价指标进行分析。不同的投资决策评价指标，形成不同的投资决策方法。

投资决策评价指标是指用于衡量和比较投资项目可行性的一系列量化指标。即通过这些指标可以综合反映投资效益、投入产出关系等，从而对投资方案作出决策。

从财务评价的角度,投资决策评价指标按照是否考虑资金时间价值可以分为两大类:静态指标和动态指标。由此,项目投资决策的基本方法有两大类,静态评价法和动态评价法。

## 一、静态评价法

静态评价法,主要通过计算两个静态指标进行评价。由于静态指标在计算时,不需要考虑资金时间价值,故静态指标又称非贴现指标,主要有投资收益率(会计收益率)投资回收期。

1. 投资收益率法

投资收益率,又称会计收益率或投资报酬率,其计算公式为:

$$投资收益率 = \frac{年平均净收益}{原始投资总额} \times 100\%$$

【例3-3】根据【例3-1】的数据,可计算甲、乙两个方案的投资收益率分别为:

甲方案的投资收益率 = 2 100 ÷ 20 000 = 10.5%

乙方案的投资收益率 = (2 760 + 2 460 + 2 160 + 1 860 + 1 560) ÷ 5 ÷ 30 000
= 7.2%

(1) 投资收益率法的决策标准。一般地,对于单个投资项目的决策,其投资收益率应大于无风险投资收益率才可行;同时可以与企业历史上最好水平或同行业平均水平比较进行决策;对于若干方案选优的决策,则该指标应越高越有益,因该比率越高,说明投资项目的获利能力越强。

(2) 投资收益法的优缺点。投资收益率法的优点:简单、明了、易于掌握,且不受建设期长短、投资方式、回收额有无以及净现金流量大小等条件的影响。主要缺点:首先没有考虑资金时间价值因素,从而不能正确反映建设期长短及投资方式不同对项目的影响;其次,该指标的分子、分母其时间特征不一致,分子是时期指标,分母是时点指标,因而在计算口径上可比基础较差;最后,该指标的计算无法直接利用现金净流量的信息。

(3) 适用范围。基于该指标的特点,该方法一般只适用于方案的初选以及投资后作为各项目间经济效益比较的辅助性指标。

2. 投资回收期法

投资回收期是指投资返本年限,即收回最初投资支出所需要的年数,它可以用来衡量项目收回初始投资的速度,或收回投资的能力。

投资回收期的计算,因每年的营业现金净流量是否相等而有所不同。

(1) 若每年的营业现金净流量相等。

第三章 投资决策——项目投资

$$投资回收期 = \frac{初始投资额}{年现金净流量}$$

【例3-4】根据【例3-2】的数据,可知甲方案的营业现金净流量具有此特点:

因此,甲方案的投资回收期 = 20 000 ÷ 6 100 = 3.28(年)

(2) 若每年的营业现金净流量不相等。

$$投资回收期 = 累计现金净流量出现正值年份 - 1 - \frac{上年累计现金净流量}{当年现金净流量}$$

【例3-5】根据【例3-2】的数据,可知乙方案的营业现金净流量具有此特点,则乙方案的投资回收期可计算如表3-4所示。

表3-4 乙方案投资回收期计算表  单位:元

| 年度 | 每年的NCF | 累计的NCF |
| --- | --- | --- |
| 0 | -30 000 | -30 000 |
| 1 | 7 160 | -22 840 |
| 2 | 6 860 | -15 980 |
| 3 | 6 560 | -9 420 |
| 4 | 6 260 | -3 160 |
| 5 | 13 960 | 10 800 |

$$n = 5 - 1 - \frac{(-3\ 160)}{13\ 960} = 4.23(年)$$

投资回收期的决策标准:一般来说,该指标越小则越有益。通常情况下,若投资回收期小于企业自行确定或根据行业标准确定的基准回收期时,可接受该项目;反之则应放弃。

投资回收期法的优点:①简单易算,使用起来很方便。②因回收期法可以衡量出投资方案的变现力(即投入资本的回收速度),故对资金紧张的公司来说,是一种非常有用的评估工具。投资方案的回收期越短,方案在这些资金紧张的公司心中的价值就越高。③回收期常被视为一个能显示出各方案相对风险的指标。因为就一般而言,公司预测短期事件的能力较强,而预测长期事件的能力较弱。因此,如果其他情况不变,资本回收速度快的投资方案,其风险相对就小。所以投资回收期法常作为净现值法、内部收益率法的辅助分析方法,或作为方案的风险控制手段。

投资回收期法的缺点:①未充分考虑资金时间价值;②没有考虑投资回收期后的现金流量,即投资回收期指标仅考虑了投资方案局部的现金流量,没有考虑投资方案的全部现金流量,所以该方法有较大的局限性,不利于不同方案的比较。

因此,投资回收期法只能作为辅助方法,与其他指标相结合后,综合判断方案的可行性。

### 二、动态评价法

动态评价法,主要通过计算三个动态指标进行评价。由于动态指标在计算时,需要考虑资金时间价值,故动态指标又称贴现指标,主要有净现值、现值指数、内部报酬率。

1. 净现值法

净现值(NPV)是指在项目计算期内,按行业基准收益率或其他设定贴现率计算的,各年现金净流量现值的代数和。

净现值指标的计算公式:

$$NPV = \sum_{t=0}^{n} NCF_t \cdot (P/F, i_c, t)$$

式中,$i_c$ 为该项目的行业基准贴现率;$t = 0 \sim n$。

投资项目净现值的计算包括以下步骤:①计算投资项目每年的现金净流量 $NCF_t$;②选用适当的贴现率,将投资项目各年的折现系数通过查表确定下来:$(P/F, i_c, t)$;③将各年 $NCF_t \times (P/F, i_c, t)$,求出各年 $NCF$ 的现值;④汇总求出各年的现金净流量现值的代数和,求出投资项目的 $NPV$。

【例3-6】仍然根据【例3-2】的数据,求出甲、乙两方案的 $NPV$:

假定 $i_c = 10\%$,甲方案每年 $NCF$ 相等,则:

$$NPV_甲 = \sum_{t=0}^{n} NCF_t \cdot (P/F, i_c, t)$$
$$= -20\,000 + 6\,100 \times (P/A, 10\%, 5) = 3\,125.1 \text{(元)}$$

乙方案每年的 $NCF$ 不等,则:

$$NPV_2 = -30\,000 + 7\,160 \times (P/F, 10\%, 1) + 6\,680(P/F, 10\%, 2) +$$
$$6\,560 \times (P/F, 10\%, 3) + 6\,260 \times (P/F, 10\%, 4) + 13\,960 \times$$
$$(P/F, 10\%, 5) = -102.58 \text{(元)}$$

净现值法的决策标准:①对单个投资方案的财务可行性进行决策。当 $NPV \geq 0$,方案可行;当 $NPV < 0$,方案不可行。②对多个备选的互斥方案,也可以用此指标进行选择。但由于它是一个绝对数指标,所以只有当被选方案的投资额相等,且 $NPV$ 均大于 0 时,则 $NPV$ 最大者为最优方案。

净现值法的优点:①考虑了资金时间价值,能够反映各种投资方案的净收益;②考虑了项目计算期内的全部现金净流量,故体现了流动性与收益性的统一；③考虑了投资风险性,因为贴现率的大小与风险有关,项目的风险越大,要求的回报即贴现率就越高。

该方法的缺点:①当不同投资方案的投资额不等时,仅用 NPV 法确定投资方案优劣时,可能会发生偏差;②年现金净流量的估算与贴现率的确定较困难,这将直接影响 NPV 的正确计算。

在实务中,确定项目贴现率 $i_c$ 的方法有:①以投资项目所筹集资金的资金成本作为贴现率;②以投资的机会成本作为贴现率;③以企业要求的最低资金利润率作为贴现率;④以行业平均收益率作为贴现率。

2. 现值指数法

现值指数或称获利指数(PI),是指投产后各年现金净流量的现值合计数与原始投资额的现值合计数的绝对值之比。

$$PI = \frac{\sum_{t=s+1}^{n} NCF_t(P/F, i_c, t)}{\left| \sum_{t=0}^{s} NCF_t(P/F, i_c, t) \right|}$$

【例 3-7】仍然采用【例 3-2】的数据,求出甲、乙两方案的 PI:

$$PI_A = \frac{6\ 100 \times (P/A, 10\%, 5)}{20\ 000} = \frac{23\ 125}{20\ 000} = 1.16 > 1$$

$$PI_B = \frac{7\ 160 \times (P/F, 10\%, 1) + 6\ 680 \times (P/F, 10\%, 2) + \cdots + 13\ 960 \times (P/F, 10\%, 5)}{30\ 000}$$

$$= \frac{6\ 508.44 + 5\ 517.68 + 4\ 926.56 + 4\ 275.58 + 8\ 669.16}{30\ 000}$$

$$= \frac{29\ 897.42}{30\ 000} = 0.997 < 1$$

∴ A 方案可行,B 方案不可行。

PI 法的决策标准:①对单个投资方案的财务可行性决策中,当 $PI \geq 1$ 时,方案可行;当 $PI < 1$ 时,方案不可行;②对多个备选的互斥方案决策中,应采用获利指数大于 1 最多的投资项目。如上例,应选择 A 方案。

该方法的优点:可以弥补净现值法的不足,即该方法适合在投资额不同、投资寿命期不同的各个项目间进行比较。不足之处:仍然需要设定折现率,并且该种方法的经济含义难以被一般人理解。

3. 内部报酬率法

内部报酬率(IRR),又称内含报酬率或内部收益率,是指投资方案的内在报酬率,或为能使投资方案的净现值等于零时的贴现率。

即 IRR 满足以下等式:

$$NPV = \sum_{t=0}^{n} NCF_t \cdot (P/F, IRR, t) = 0$$

式中，$t$ 指包括从项目投资初始一直到项目终止。

在特殊情况下，即满足：全部投资 $I$ 均于建设起点一次投入，且建设期为0；投产后每年现金净流量相等，即 $NCF_1 = NCF_2 = \cdots = NCF_n = NCF$，此时则有：

$$(P/A, IRR, n) = \frac{I}{NCF}$$

【例3-8】见【例3-1】中甲方案，就符合此条件，可以用插值法或相似三角形相似比例法。

根据题意：

$(P/A, IRR, 5) = 20\,000 \div 6\,100 = 3.279$

当 $n=5$ 时，与年金现值系数 3.279 相邻的两个系数分别为 3.352 与 3.274，相对应的贴现率分别为 15% 及 16%。

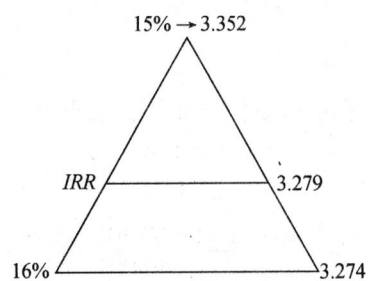

**两个相似三角形图示**

根据相似三角形相似比例法，有等式：

$$\frac{IRR - 15\%}{16\% - 15\%} = \frac{3.279 - 3.352}{3.274 - 3.352}$$

$IRR = 15.94\%$

但是，当不能满足以上条件时，即在一般情况下，尤其是每年的现金净流量不等时，则不能用以上简便算法，需按定义采用"逐次测试逼近法"（或称"试错法"）来计算 IRR，即能使 NPV=0 的贴现率。

测试方法：

首先假定一个贴现率，再用此贴现率去计算 NPV，计算结果：

若 NPV=0，则此贴现率就是要求的 IRR；

若 NPV>0，则必须提高贴现率，重新计算 NPV，直到 NPV=0；

若 NPV<0，则必须降低贴现率，重新计算 NPV，直到 NPV=0。

说明：NPV、i、IRR 的关系见图 3-1。

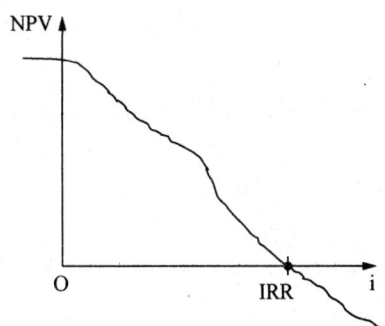

图 3-1 NPV、i、IRR 的关系图

【例 3-9】在【例 3-2】中的乙方案，由于投产后每年的 NCF 都不相等，故只能采用这种试错法来逐步测算出能使 NPV=0 时的贴现率 IRR。

先假设 $i_c=10\%$，计算 NPV 为：

$NPV_2 = -30\,000 + 7\,160 \times (P/F, 10\%, 1) + 6\,680(P/F, 10\%, 2) + 6\,560 \times (P/F, 10\%, 3) + 6\,260 \times (P/F, 10\%, 4) + 13\,960 \times (P/F, 10\%, 5) = -102.58(元) < 0$

因为当 $i_c=10\%$ 时，NPV 小于 0，为了使 NPV 趋近于 0，需要降低 $i_c$，重设为 $i_c=8\%$：

$NPV_2 = -30\,000 + 7\,160\,(P/F, 8\%, 1) + 6\,680\,(P/F, 8\%, 2) + 6\,560\,(P/F, 8\%, 3) + 6\,260\,(P/F, 8\%, 4) + 13\,960\,(P/F, 8\%, 5) = 1\,671.42(元) > 0$

从以上计算结果可见，所要求的 IRR 是在 8% 和 10% 之间。用插值法计算如下：

```
贴现率                净现值
    8% ⎫            1 671.42 ⎫
       ⎬x% ⎫           0     ⎬ -1 671.42 ⎫
    ?% ⎭   ⎬2%                          ⎬ -1 774
   10%    ⎭         -102.58             ⎭
```

由此有以下等式：

$$\frac{x}{2} = \frac{(-1671.42)}{(-1774)}$$

x = 1.884

因此，该方案的内部报酬率：8% + 1.884% = 9.884%。

通常，在最初选择贴现率时，可以先按公司自身的资金成本率测算，然后再作相应的调整。因为一般认为，只有当 IRR，即投资项目本身的报酬率大于或等于资金成本率时，才有利可图。所以并不是盲目地设置 IRR。用 IRR 法的决策标准如下：

（1）对只有一个备选方案的投资决策，可将所测算方案的内部报酬率与其资金成本进行对比。

1）若 IRR≥其资金成本，则方案可行；

2）若 IRR＜其资金成本，则方案不可行。

（2）对有若干互投资方案的选优决策，则可选择内部报酬率大于其资金成本，且 IRR 与资金成本差额最大者为最优。该方法的优点：IRR 法非常注意资金时间价值，能从动态的角度直接反映投资项目的实际收益水平，且不受行业基准收益率高低的影响，故比较客观。唯一不足就是计算过程较麻烦，尤其是像方案乙，当经营期每年的 NCF 不相等时，一般要经过多次测算才能得到最终结果。当然，随着投资决策程序的电脑化发展，此方法变得相对简单。

4. 动态指标之间的关系总结

在一般情况下，NPV、PI、IRR 三个评价指标之间存在以下的关系：

当 $NPV \geq 0$ 时，$PI \geq 1$，$IRR \geq i_c$；

当 $NPV = 0$ 时，$PI = 1$，$IRR = i_c$；

当 $NPV \leq 0$ 时，$PI \leq 1$，$IRR \leq i$。

## 第四节 投资决策评价指标的比较研究

以上介绍了长期投资决策中常用的静态指标和动态指标两大类指标，下面再进一步进行一些比较。

### 一、动态指标与静态指标的比较

在 20 世纪 50~70 年代，静态指标是企业投资决策的主要参考指标，如投资回收期指标曾一度作为评价企业投资效益的主要指标。但随着经济的不断发展，企业规模的不断扩大以及资金时间价值的广泛应用，静态指标在使用中的不足越来越明显，动态指标越来越显出其优势，最终形成了以动态指标为主，静态指标为辅的投资决策评价指标体系。

1. 是否反映现金流量发生的时点

静态指标均为非贴现指标，没有考虑资金时间价值，即在进行投资决策方案对比时,并未区分现金流入与现金流出时点的不同;而动态指标考虑了资金时间价值,即在进行投资决策方案对比时,对于现金流入与现金流出时点不同的现金流量,将其贴现到同一时点后再进行计算比较,因此,更能反映出现金流量发生的时点。故此,动态指标更能反映出不同项目的不同特点,包括现金流入与现金流出的时点不同、建设期长短的不同以及投资方式的不同等,因此更符合项目的实际情况。

2. 是否切合实际

用静态指标作出的投资决策不一定切合实际。由于静态指标没有考虑时点问题,因此,对于建设期长短不同、投资方式不同、现金流入与现金流出时点不同的项目就无法正确反映其真实的差别;用动态指标作出的投资决策更切合实际。由于动态指标考虑了时点问题,因此,更能反映出不同项目的不同特点,包括现金流入与现金流出的时点不同、建设期长短的不同以及投资方式的不同等,因而更符合项目的实际情况。

3. 是否真实地反映投资项目的收益情况

动态指标更能反映投资项目的收益情况,如净现值反映的就是投资方案贴现后的净收益;而静态指标中曾一度作为评价企业投资效益的主要指标——投资回收期指标,并不能反映实际的收益情况,只能反映投资项目的回收速度。

4. 是否考虑投资项目所有现金流量

静态指标只能反映某些点的现金流量,而不能反映方案所有现金流量,如投资回收期指标,没有能考虑投资回收期后的现金流量,仅考虑了投资方案局部的现金流量,所以有较大的局限性,不利于不同方案的比较;而动态指标则考虑了项目计算期内的所有相关现金流量,因此更方便不同方案的比较。

5. 是否为主要指标

鉴于以上的分析比较,可以看到,在实际应用时动态指标有很大的优势,因此,在项目投资决策评价指标体系中,动态指标为主要决策指标。但尽管如此,静态指标在方案初选时仍较多使用,因为,动态指标涉及的现金流量预测工作量非常大。故此,在实务中,应当以动态指标为主要决策指标,而以静态指标为辅助参考指标。

## 二、净现值指标与内部报酬率之间的比较

在实践中,净现值法与内部报酬率法是最常用也是最主要的两种投资决策评价方法。在多数情况下,尤其是在常规的独立项目决策时,内部报酬率法和净现值法得到的结论是一致的。但有时两者的决策结果往往会互相矛盾,其中的原因除了投资规模不同造成的以外,还有一个主要原因就是对方案在各年所收回的现

金净流量的再投资率有不同的假设和理解。

净现值法将各年的现金净流量按投资者要求的那个被用作贴现率的收益率作为再投资率来计算其形成的增值,即净现值法假设的再投资率就是投资者要求的收益率,这对每个投资方案来说都是相同的;而内部报酬率法则将各年的现金净流量按该项目的内部报酬率作为再投资率来计算其形成的增值,即内部报酬率法假设的再投资率为其自身的内部收益率。这就意味着,投资方案的内部报酬率高,假设的再投资率也高;投资方案的内部报酬率低,则假设的再投资率也低。也就是说,企业计算出来的内部报酬率并不能代表项目生产经营期间收回的现金净流量的再投资率。下面举例说明。

【例3-10】投资项目甲、乙为互斥常规项目,其投资规模不同。

相关数据及计算如表3-5所示。

表3-5 项目甲与项目乙相关数据表

| 指标 | 年 | 项目甲 | 项目乙 |
| --- | --- | --- | --- |
| 各年NCF | 0 | -200 000 | -21 000 |
|  | 1 | 92 000 | 11 000 |
|  | 2 | 92 000 | 11 000 |
|  | 3 | 92 000 | 11 000 |
| NPV |  | 20 984 | 5 422 |
| IRR |  | 18% | 26.58% |
| PI |  | 1.105 | 1.26 |
| $i_c$ |  | 12% | 12% |

在【例3-10】中,从表3-5可以看出,如果按内部报酬率法应选择项目乙,而非项目甲,如果应用净现值法则应选择项目甲,而非项目乙。产生上述差异的根本原因是,内部报酬率法假定项目甲前两期产生的现金净流量若进行再投资,则将产生与18%相等的报酬率,而项目乙前两期的现金净流量若进行再投资则将得到26.58%的报酬率;与此不同,净现值法假定前两期的现金净流量若进行再投资,则均为12%。如图3-2所示,本例中两个项目的净现值曲线相交于17%处,这一点称为净现值分界点。如果贴现率小于17%,则项目甲的净现值要大于项目乙,即项目甲优于项目乙;如果贴现率大于17%,从图3-1中可以看出,项目乙的净现值大于项目甲,即项目乙优于项目甲。因此,在贴现率为12%,没有资金限量的情况下,项目甲可为企业带来更多的财富,是较优的项目。而当贴现率大于17%时,不论用净现值法,还是用内部报酬率法,此时都会得出项目乙优于项目甲的结论。

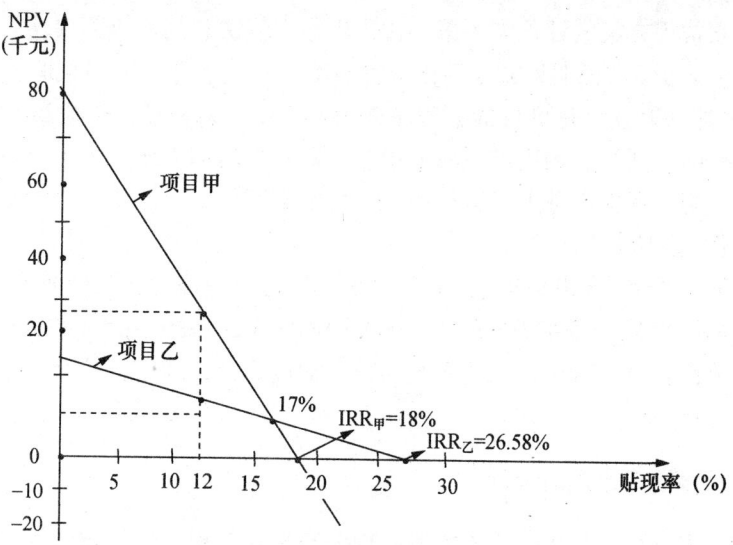

图 3-2 项目净现值与贴现率关系图

总之,从理论上来看,净现值法要优于内部报酬率法。因此,从财富最大化角度看,在企业没有资金限量的情况下,对于互斥常规的投资项目决策方法多数采纳净现值法进行选优。

# 第五节 投资决策评价方法的应用
## ——各类方案的评价与决策

在实际应用各种评价方法及评价指标这进行投资决策中,还应针对不同类型的投资方案灵活运用决策方法进行决策。

在实务中,常见的方案通常分为独立常规方案、互斥常规方案和非常规方案。

### 一、独立常规方案的评价与决策

所谓独立常规方案,是指各个投资方案的现金流量是独立的,不具有相关性,其中任一方案的采纳与否都不影响其他方案的采纳与否。即,独立方案的采纳与否与单一方案的采纳与否一样,只取决于投资方案自身的财务可行性,都是由投资决策标准来决定的。

对独立常规方案的评价与决策,常采用净现值法和内部报酬率法。当独立方案的净现值大于0,说明该方案的投资收益率大于企业要求的最低收益率(方案贴现率),即在财务上是可行的;若净现值小于0,则相反,说明该方案在财务上是不可行的。同样,用内部报酬率指标决策,当内部报酬率大于企业要求的最低收益率,则方案在财务上是可行的;反之则不可行。

在【例3-10】中,

甲方案:$NPV_甲 = 20\ 984$(元)($>0$),$IRR_甲 = 18\%$($>12\%$)

乙方案:$NPV_乙 = 5\ 422$(元)($>0$),$IRR_乙 = 26.58\%$($>12\%$)

以上数据表明,若甲、乙两方案为独立常规方案,则甲、乙两方案在财务上各自都是可行的。

### 二、互斥常规方案的选优

互斥常规方案,是指各投资方案的现金流量存在相关性,但这种相关性是属于负相关,即各投资方案之间存在着互不相容、互相排斥的关系,在几个方案中只能选取其中的一个。

企业在实际投资决策中,常常会遇到互斥常规方案的选优问题。例如,对新项目投资中所需关键性设备,既可以考虑选择现有设备的更新方案,也可以考虑重新购置新的设备;而在新购置的设备中,既可以选择国产的设备,也可以选择进口的设备。这些方案不能并存,只能选择其中之一,因而是互相排斥的方案。

在互斥常规方案中,还存在不同的类型,应分别对待。

1. 投资额相等,且项目计算期相同

当方案的投资额相等,计算期相同时,就可以直接使用净现值法进行对比选优。

【例3-11】假设某投资项目有互相排斥的丙、丁两个投资方案,其投资规模相同,相关数据及计算如表3-6所示。

表3-6 方案丙与方案丁的现金流量表

| 年 | 方案丙各年NCF | 方案丁各年NCF |
| --- | --- | --- |
| 0 | -48 000 | -48 000 |
| 1 | 20 000 | 0 |
| 2 | 20 000 | 10 000 |
| 3 | 20 000 | 30 000 |
| 4 | 20 000 | 50 000 |

假设贴现率 i = 12%

$$\begin{cases} NPV_丙 = -48\,000 + 20\,000 \times (P/A, 12\%, 4) \\ \qquad = -48\,000 + 20\,000 \times 3.07 \\ \qquad = 12\,740（元） \\ NPV_丁 = -48\,000 + 10\,000 \times (P/F, 12\%, 2) + 30\,000 \times (P/F, 12\%, 3) 50\,000 \times (P/F, 12\%, 4) \\ \qquad = -48\,000 + 10\,000 \times 0.797 + 30\,000 \times 0.712 + 50\,000 \times 0.636 \\ \qquad = 13\,130（元） \end{cases}$$

∵ $NPV_丁 > NPV_丙$，∴ 从 NPV 看，应选丁方案。

2. 投资额不等，但项目计算期相同

在这种情况下，用净现值和内部报酬率对两个互斥方案进行选优时，可能会得出互相矛盾的结论，如从【例3-10】的分析可见，若是从财富最大化角度来看，在企业没有资金限量的情况下，可以采纳净现值法进行选优；但是在企业有资金限量的情况下，且对资金有使用报酬最高化的要求时，则应使用另外的方法——差量分析法，即用差额内部收益率法进行选优。

所谓差额内部收益率，是指两个方案的现金净流量差额的现值之和等于零时的贴现率。当差额内部收益率大于或等于基准收益率或设定贴现率时，原始投资额大的方案较优；反之，则投资少的方案为优。

该法的计算过程和计算技巧同内部报酬率 IRR 的计算完全一样，只是所依据的是 ΔNCF，计算的是 ΔIRR。同时，该法适用于两个原始投资不相同，但项目计算期相同的多方案比较决策。

【例3-12】沿用【例3-10】中的数据，项目甲的原始投资额为 200 000 元，1~3 年的 NCF 为 92 000 元；项目乙的原始投资额为 21 000 元，1~3 年的 NCF 为 11 000 元。行业基准贴现率为 12%。

要求：

(1) 计算各年差量现金净流量 ΔNCF。

(2) 计算差额内部收益率 ΔIRR。

(3) 用差额内部收益率法进行选优。

解：(1) 各年差量现金净流量为：

$\Delta NCF_0 = -200\,000 - (-21\,000) = -179\,000$（元）

$\Delta NCF_{1-3} = 92\,000 - 11\,000 = 81\,000$（元）

(2) 差额内部收益率 ΔIRR 为：

$(P/A, \Delta IRR, 3) = 179\,000 \div 81\,000 = 2.21$

查表，ΔIRR = 17%

(3) 用差额内部收益率法进行选优：

因为 $\Delta IRR = 17\% > i_c = 12\%$，

所以应当选择项目甲。

在实际应用中，差额内部收益率法经常被用于更新改造项目的投资决策中，当该项目的差额内部收益率指标大于或等于基准贴现率或设定贴现率时，应当进行更新改造；反之，就不应当进行此项更新改造。

由于该法适用于两个原始投资不相同，但项目计算期相同的多方案比较决策，因此，若新旧设备对比的计算期不同，则不能用该方法进行决策，而要用下面介绍的平均年成本法。

3. 投资额不等，且项目计算期不同

在固定资产更新决策中，通常旧设备和新设备不仅投资额不等，而且两者的计算期也往往不相同，此时，可以采用平均年成本法进行决策。

所谓固定资产的平均年成本，是指该资产引起的现金流出的年平均值。若不考虑资金时间价值，它是未来使用年限的现金流出总额与使用年限的比值。若考虑资金时间价值，它是未来使用年限内现金流出总现值与年金现值系数的比值，即平均每年的现金流出。

通常，在固定资产的更新决策中，设备的更新并不改变企业的生产能力，即不会增加企业的现金流入。此时，更新决策要考虑的相关现金流量主要是现金流出，即使有少量残值变价收入，也属于支出抵减。

【例3-13】某公司有一台旧设备，现正考虑是否需要更新设备。设该公司所得税税率为40%，公司最低投资报酬率为12%，两种设备均采用直线法折旧。其他相关资料如表3-7所示。要求：请对该公司是继续使用旧设备还是更新设备进行决策。

表3-7 新旧设备有关资料　　　　　　　　　单位：元

| 项目 | 旧设备 | 新设备 |
| --- | --- | --- |
| 原价 | 7 000 | 9 000 |
| 预计使用年限 | 5 | 5 |
| 已用年限 | 2 | 0 |
| 尚可使用年限 | 3 | 5 |
| 预计最终残值变价收入 | 600 | 1 200 |
| 目前变现价值 | 2 400 | 9 000 |
| 年营运成本 | 3 000 | 2 600 |

（1）若不考虑资金时间价值。

则：旧设备平均年成本 $= \dfrac{2\,400 + 3\,000 \times 3 - 600}{3} = 3\,600$（元）

新设备平均年成本 = $\frac{9\,000 + 2\,600 \times 5 - 1\,200}{5}$ = 4 160（元）

（2）若考虑资金时间价值。

则可用两种方法计算平均年成本。

方法一：计算现金流出的总现值，然后分摊到每一年。

旧设备每年折旧额 = $\frac{7\,000 - 600}{5}$ = 1 280（元）

年折旧抵税额 = 1 280 × 40% = 512（元）

税后付现成本 = 3 000 ×（1 - 40%）= 1 800（元）

旧设备扣除年折旧抵税额后的每年税后付现成本：1 800 - 512 = 1 288（元）

新设备每年折旧额 = $\frac{9\,000 - 1\,200}{5}$ = 1560（元）

年折旧抵税额 = 1 560 × 40% = 624（元）

税后付现成本 = 2 600 ×（1 - 40%）= 1 560（元）

新设备扣除年折旧抵税额后的每年税后付现成本：1 560 - 624 = 936（元）

由于更新设备，面临卖出旧设备，而由此产生的所得税效应将增加或减少企业的现金流出量。因此：

新设备初始现金流出量 = 新设备变现价值 +（旧设备变现价值收入 - 折余价值）× 所得税率 = 9 000 +（2 400 - 1 280 × 3）× 40% = 8 424(元)

两种方案的现金流量图见图 3 - 3。

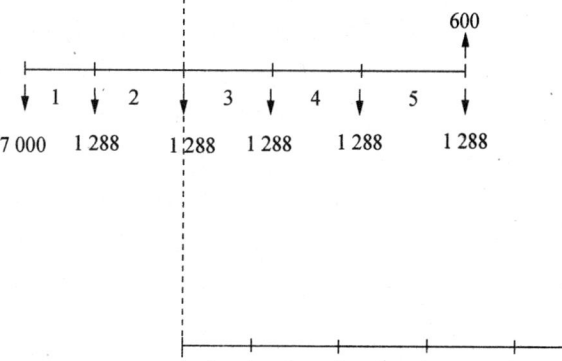

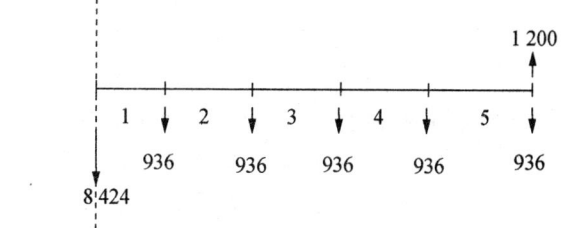

图 3 - 3　两种方案的现金流量图

旧设备现金流出总现值 = 2 400 + 1 288 × (P/A，12%，3) - 600 × (P/F，12%，3) = 5 493.78 - 427.2 = 5 066.58(元)

新设备现金流出总现值 = 8 424 - 936 × (P/A，12%，5) - 1 200 × (P/F，12%，5) = 12 079.08 - 680.4 = 11 398.68(元)

以下计算新、旧设备各自的平均年成本，其实就是相当于已知现值求年金的过程。

$$\begin{cases} \text{旧设备平均年成本} = \dfrac{5\ 066.58}{(P/A，12\%，3)} = 2\ 109.32(\text{元}) \\ \text{新设备平均年成本} = \dfrac{11\ 398.68}{(P/A，12\%，5)} = 2\ 918.99(\text{元}) \end{cases}$$

方法二：将原始投资额和残值摊销到每年，再加上每年的运行成本，就可直接计算每年的现金流出量。

平均年成本 = 投资摊销额 + 运行成本 - 残值变价收入摊销额

$$\begin{cases} \text{旧设备平均年成本} = \dfrac{2\ 400}{(P/A，12\%，3)} + 1\ 288 - \dfrac{600}{(F/A，12\%，3)} = 2\ 109.32(\text{元}) \\ \text{新设备平均年成本} = \dfrac{8\ 424}{(P/A，12\%，5)} + 936 - \dfrac{1\ 200}{(F/A，12\%，5)} = 2\ 918.99(\text{元}) \end{cases}$$

通过计算可知，旧设备的平均年成本要低于更新设备的平均年成本，所以不宜更新设备，应继续使用旧设备。

在使用平均年限法时，要注意以下几个前提条件：

(1) 应将旧设备的变现价值看成是继续使用旧设备的机会成本，而不能将它看成是购置新设备的一项现金流入。因为，在这里我们是将继续使用旧设备与更新设备看成是两个互斥的方案，而不是一个更换设备的特定方案。

(2) 该法假设将来设备再更新时，可以按原来的平均年成本找到替代的设备。也就是说，如果有明显证据表明，3 年后可替代设备平均年成本会高于当前更新设备的年成本（2 918.99 元），则需要把 3 年后更新设备的成本纳入分析范围，合并计算当前使用旧设备及 3 年后更新设备的综合平均年成本，然后与当前更新设备的平均年成本进行比较，这就会成为多阶段决策问题。由于未来数据的估计有很大主观性，且时间越长越靠不住，其实际意义并不大。

(3)【例 3 - 13】也是假定公司更新设备后不会改变公司的生产能力，即不会增加公司的现金流入。但在实际操作中，若由于更新设备而使公司的现金流入增加了，仍然可以用平均年成本法进行决策。

假设【例 3 - 13】中更新设备每年可以使公司增加现金流入 1 000 元，则新设备的平均年成本 = 2 918.99 - 1 000 = 1 918.99（元）。

可见，由于更新设备的平均年成本要低于旧设备的平均年成本（仍然是

2 109.32元），此时就应该选择更新设备的方案。

（4）从【例3-13】的计算过程可以看出，在决策中是考虑了所得税及折旧对方案的影响。即我们计算的每年NCF是指税后的NCF，此处是指税后的现金流出，因此，旧设备的税后年营运成本＝3 000×（1－40%）＝1 800元，而不是3 000元；新设备的税后年营运成本＝2 600×（1－40%）＝1 560元，而不是2 600元。另外，由于考虑折旧的节税作用，旧设备的折旧节税额＝1 280×40%＝512元，则旧设备年现金流出额应从1 800元中抵减了512元节税额＝1 800－512＝1 288元；同理，新设备的折旧抵税额＝1 560×40%＝624元，则新设备的年现金流出额＝1 560－624＝936元。

### 三、非常规方案的选优

在前面提到的所有方案通常都属于常规项目的方案，即方案的内部报酬率只有一个。但在有些情况下，会出现内部报酬率不止一个的现象，这种多个内部报酬率的出现会给决策带来困难。

当一个项目在其计算期内，若现金净流量出现至少两次改变其符号时，就会出现至少两个内部报酬率的现象。举例说明如下：

【例3-14】某公司决定投资一个项目，该项目为期两年，其每年现金净流量已预测见表3-8。

表3-8　某公司××投资项目现金净流量表　　　　　　　单位：元

| 年份 | 现金净流量 |
| --- | --- |
| 0 | －6 400 |
| 1 | 40 000 |
| 2 | －40 000 |

由 $NPV = -6\ 400 + \dfrac{40\ 000}{(1+IRR)^1} - \dfrac{40\ 000}{(1+IRR)^2}$

令 $NPV = 0$，解该方程，得 $IRR = 25\%$ 及 $400\%$。

通过计算可知，该方案有两个IRR：25%和400%，将它们代入NPV之后都能使NPV＝0。

在这种情况下，用内部报酬率法进行决策就出现很大困难。通常可以改用净现值来判断。当i＜25%及i＞400%时都会得出NPV＜0的结果；而当25%＜i＜400%时，总能使NPV＞0。因此，若用净现值法判断该方案，就要看企业所设定的基准贴现率i是多少了。

### 四、多方案组合的投资决策

在以上所有讨论的方案中，都是或属于相互独立的方案，或属于相互排斥的方案，但还有一种方案是既不属于相互独立，又不属于相互排斥，而是可以实现任意组合的方案，这种方案称为多方案组合。这种决策被称为多方案组合的投资决策。

在这类方案决策中，会出现两种情况：在资金总量不受限制的情况下，可按净现值大小排队，从而确定优先考虑的项目顺序；另外，在资金总量受到限制时，则可按净现值率的大小，结合净现值进行各种组合排序，从中选出能使 $\Sigma NPV$ 最大的最优组合。

所谓净现值率是指方案的净现值与其原始投资额之比。

净现值率（NPVR）＝净现值÷原始投资

决策的具体程序如下：

1. 计算各方案的 NPV 和 NPVR

以各方案的净现值率高低为序，逐项计算累计投资额，并与限定投资总额进行比较。

当截止到某项投资项目（假定为第 x 项）的累计投资额恰好达到限定的投资总额时，则第 1 至第 x 项的项目组合为最优的投资组合。

2. 对于在排序过程中未能直接找到最优组合的，则可按下列方法进行修正

（1）当排序中发现第 x 项的累计投资额首次超过限定投资额，而删除该项后，按顺延的项目计算的累计投资额却小于或等于限定投资额时，可将第 x 项与第（x+1）项交换位置，继续计算累计投资额。这种交换可连续进行。

（2）当排序中发现第 x 项的累计投资额首次超过限定投资额，又无法与下一项进行交换，第（x-1）项的原始投资大于第 j 项原始投资时，可将第 x 项与第（x-1）项交换位置，继续计算累计投资额。这种交换可反复进行。

（3）若经过反复交换，已不能再进行交换，仍未找到能使累计投资额恰好等于限定投资额的项目组合时，可按最后一次交换后的项目组合作为最优组合。

【例3-15】某公司现有 A、B、C、D、E 五个投资项目，已知各方案的原始投资额、净现值和净现值率，相关数据如表3-9所示。假定该公司的资金限额分别为800万元和500万元，问：该公司应如何进行多方案组合的投资决策？

表3-9 五个项目的相关原始数据

| 项目 | 原始投资（万元） | 净现值（万元） | 净现值率（%） |
| --- | --- | --- | --- |
| A | 200 | 44 | 22 |
| B | 100 | 20 | 20 |
| C | 300 | 150 | 50 |
| D | 400 | 160 | 40 |
| E | 100 | 30 | 30 |

解：首先，根据各方案的净现值率，对这五个方案重新进行排序，见表 3-10。

表 3-10 按净现值率对五个项目重新排序

| 项目 | 原始投资（万元） | 净现值（万元） | 净现值率（%） |
|---|---|---|---|
| C | 300 | 150 | 50 |
| D | 400 | 160 | 40 |
| E | 100 | 30 | 30 |
| A | 200 | 44 | 22 |
| B | 100 | 20 | 20 |

当资金限额为 800 万元时，从表 3-9 可以很容易地看出，排在最前面的三个方案 C+D+E 的投资总额刚好为 800 万元，则此时 C+D+E 就是该公司最优的投资组合方案。

当资金限额为 500 万元时，从表 3-9 可以得出，能使原始投资总额为 500 万元的项目组合有 C+A、D+E、C+E+B 等，其各自组合的净现值分别为 194 万元、190 万元、200 万元，故为使 ΣNPV 最大的最优投资方案组合为 C+E+B。

## 第六节 投资项目的风险分析

在前面几节研究的问题中，都是假定投资项目在未来的相关现金流量是确定的，即没有考虑风险对投资项目的影响。但在实际工作中，投资决策，尤其是长期投资决策，往往充满了各种不确定性或风险性。当这种风险对决策影响很小时，通常可以忽略它们对决策的影响。但当这种不确定性或风险很大，足以影响方案的选择时，我们就应在决策中对这些风险进行计量。此时的投资决策称为风险性投资决策。

在风险性投资决策中，常用的分析方法有风险调整贴现率法和肯定当量法。

### 一、风险调整贴现率法

这种方法是风险性投资分析中最常用的方法。这种方法的基本思路是，对于高风险的投资项目，采用较高的贴现率去计算净现值，对于低风险的投资项目，则采用较低的贴现率去计算净现值，最后根据净现值法的决策标准进行决策。

这种方法的关键是计算风险调整贴现率,这个指标就是第二章中提到的含有风险的投资报酬率 k,根据该指标的计算公式有:

$K = R_F + bq$

式中,K 为风险调整贴现率(或称含有风险的投资报酬率);$R_F$ 为无风险贴现率;b 为风险报酬斜率;q 为风险程度(标准离差率)。

即当企业面临风险性投资决策时,应当将含有风险的投资报酬率作为调整后的贴现率来计算净现值。因此,关键是计算 K,而 K 的计算关键是风险报酬斜率 b 和风险程度 q 的计算。

下面通过例题说明风险性投资决策相关指标的计算过程。

【例 3-16】某公司面临两个风险性投资项目的选优,已知该公司的无风险贴现率为 6%。有关资料见表 3-11。

表 3-11 两个投资方案的现金流量及概率　　　　　单位:千元

| 年份 | 甲方案 | | 乙方案 | |
|---|---|---|---|---|
| | 现金净流量 | 概率 | 现金净流量 | 概率 |
| 0 | (500) | 1 | (200) | 1 |
| 1 | 300 | 0.25 | | |
| | 200 | 0.50 | | |
| | 100 | 0.25 | | |
| 2 | 400 | 0.20 | | |
| | 300 | 0.60 | | |
| | 200 | 0.20 | | |
| 3 | 250 | 0.30 | 300 | 0.1 |
| | 200 | 0.40 | 400 | 0.8 |
| | 150 | 0.30 | 500 | 0.1 |

1. 风险程度的计算

用标准差和标准离差率(离散系数)来测量方案的风险程度。根据第二章这两个指标的计算步骤,首先计算投资方案现金净流量的期望值,再计算标准差和标准离差率。

甲方案各年现金净流量的期望值为:

$E_{甲1} = 300 \times 0.25 + 200 \times 0.5 + 100 \times 0.25 = 200$(千元)

$E_{甲2} = 400 \times 0.2 + 300 \times 0.6 + 200 \times 0.2 = 300$(千元)

$E_{甲3} = 250 \times 0.3 + 200 \times 0.4 + 150 \times 0.3 = 200$(千元)

甲方案各年现金净流量的标准差为：

$$\begin{cases} \sigma_{甲1} = \sqrt{(300-200)^2 \times 0.25 + (200-200)^2 \times 0.5 + (100-200)^2 \times 0.25} = 70.71(千元) \\ \sigma_{甲2} = \sqrt{(400-300)^2 \times 0.2 + (300-300)^2 \times 0.6 + (200-300)^2 \times 0.2} = 63.25(千元) \\ \sigma_{甲3} = \sqrt{(250-200)^2 \times 0.3 + (200-200)^2 \times 0.4 + (150-200)^2 \times 0.3} = 93.14(千元) \end{cases}$$

下面计算甲方案的综合标准差，它是甲方案各年标准差按照无风险贴现率 $R_F$ 进行计算的现值。

$$\Delta = \sqrt{\sum_{t=1}^{n} \left[ \frac{\sigma_t}{(1+R_F)^t} \right]^2}$$

式中，$\Delta$ 为综合标准差；$\sigma_t$ 为第 $t$ 期的标准差；$R_F$ 为无风险贴现率（通常也是企业设定的最低报酬率）。

$$\Delta_{甲} = \sqrt{\left[\frac{70.71}{(1+6\%)}\right]^2 + \left[\frac{63.25}{(1+6\%)}\right]^2 + \left[\frac{93.14}{(1+6\%)}\right]^2} = 117.19(千元)$$

再计算甲方案的综合离散系数 $Q$。

$$Q = \frac{\Delta}{EPV}$$

式中，$Q$ 为整个方案的标准离差率；$\Delta$ 为整个方案的综合标准差；$EPV$ 为整个方案的预期现值（是方案各年期望值的现值）。

$$EPV = \sum_{t=1}^{n} \frac{E_t}{(1+R_F)^t}$$

式中，$EPV$ 为预期现值；$E_t$ 为第 $t$ 期的期望值；$R_F$ 为无风险贴现率。

$EPV_{甲} = 200 \times (P/F, 6\%, 1) + 300 \times (P/F, 6\%, 2) + 200 \times (P/F, 6\%, 3)$
$= 188.6 + 267 + 168 = 623.6$（千元）

则：$Q_{甲} = \frac{\Delta_{甲}}{EPV_{甲}} = \frac{117.19}{623.6} = 0.19$

按照同样的方法，可计算乙方案的相关数据，只是由于乙方案只有第三年现金净流量，因此，在计算其标准离差率时，由于分子、分母同时贴现其比值不变，故无须先贴现后计算 $Q_乙$。

$E_乙 = 300 \times 0.1 + 400 \times 0.8 + 500 \times 0.1 = 400$（千元）

$$\begin{cases} \sigma_乙 = \sqrt{(300-400)^2 \times 0.1 + (400-400)^2 \times 0.8 + (500-400)^2 \times 0.1} = 44.7(千元) \\ Q_乙 = \frac{44.7}{400} = 0.11 \end{cases}$$

2. 确定风险调整贴现率（$K$）

风险报酬斜率（$b$）的高低反映风险程度变化对风险调整最低报酬率的影响

大小,其大小可以参考以下标准:①根据同类项目的有关数据确定;②由有关专家或企业管理层确定;③由国家有关部门组织专家来确定并定期公布,供投资者参考。

此外,$b$ 值的确定在很大程度上是由企业对待风险的态度决定的。一般地说,喜欢冒风险的企业通常把风险报酬率定得低些,反之则定得高些。

现假定该公司的 $b$ 为 0.1,

∵ $K = R_F + b \cdot Q$

则两个方案的风险调整贴现率分别为:

$K_甲 = 6\% + 0.1 \times 0.19 = 7.9\%$

$K_乙 = 6\% + 0.1 \times 0.11 = 7.1\%$

3. 计算净现值

$$NPV_甲 = -500 + \frac{200}{(1+7.9\%)} + \frac{300}{(1+7.9\%)^2} + \frac{200}{(1+7.9\%)^3}$$

$$= -500 + 185.36 + 257.73 + 159.24 = 102.33（千元）$$

$$NPV_乙 = -200 + \frac{400}{(1+7.9\%)^3} = 125.73（千元）$$

∵ $NPV_乙 > NPV_甲$    ∴ 选择乙方案

风险调整贴现率法在实践中得到广泛应用,有其可取之处,但这种方法也有不足,它把时间价值和风险价值一起贴现,造成的结果就是风险也随着时间的推延而人为地加大了,这有时与实际情况不符。

## 二、肯定当量法

肯定当量法是为了解决风险调整贴现率法的缺陷被提出来的。这种方法的特点是,先用一个系数把有风险的现金净流量调整为无风险的现金净流量,然后再用无风险的贴现率去计算净现值,最后按照净现值的决策标准进行取舍。

无风险的现金净流量 = 有风险的现金净流量的期望值 × $\alpha_t$

式中:无风险的现金净流量又称为肯定的现金净流量;有风险的现金净流量的期望值又称为不肯定的现金净流量的期望值;$\alpha_t$ 为第 $t$ 年现金净流量的肯定当量系数,其数值在 0~1 之间,该系数表示不肯定的 1 元现金净流量期望值相当于肯定的现金净流量的金额。

通常,投资方案的风险越小,肯定当量系数 $\alpha_t$ 就越大,当风险为零时,肯定当量系数值最大为 1。若以标准离差率 $q$ 来表示方案风险,则有标准离差率 $q$ 越小,其对应的肯定当量系数 $\alpha_t$ 越大;反之,若标准离差率 $q$ 越大,其对应的肯定当量系数 $\alpha_t$ 越小。根据两者的关系,可以得出两者相对应的经验系数值:

表 3-12  标准离差率与肯定当量系数的经验对照表

| 标准离差率 | 肯定当量系数 |
|---|---|
| 0.00~0.07 | 1 |
| 0.08~0.15 | 0.9 |
| 0.16~0.23 | 0.8 |
| 0.24~0.32 | 0.7 |
| 0.33~0.42 | 0.6 |
| 0.43~0.54 | 0.5 |
| 0.55~0.70 | 0.4 |

【例 3-17】根据【例 3-16】的数据,用肯定当量法对甲、乙两方案进行选优决策。甲方案各年的标准离差系数为:

$$\begin{cases} q_{甲1} = \dfrac{\sigma_{甲1}}{E_{甲1}} = \dfrac{70.71}{200} = 0.35 \\ q_{甲2} = \dfrac{\sigma_{甲2}}{E_{甲2}} = \dfrac{63.25}{300} = 0.21 \\ q_{甲3} = \dfrac{\sigma_{甲3}}{E_{甲3}} = \dfrac{93.14}{200} = 0.47 \end{cases}$$

查表 3-11 可知:

$\alpha_{甲1} = 0.6$

$\alpha_{甲2} = 0.8$

$\alpha_{甲3} = 0.5$

计算甲方案的 $NPV$:

$NPV_{甲} = -500 + 0.6 \times 200 \times (P/F, 6\%, 1) + 0.8 \times 300 \times (P/F, 6\%, 2) +$
$\qquad 0.5 \times 200 (P/F, 6\%, 3) = -500 + 113.16 + 213.6 + 84$
$\qquad = -89.24(千元)$

同样,计算乙方案的 $q$:

$q_{乙} = \dfrac{\sigma_{乙}}{E_{乙}} = \dfrac{44.7}{400} = 0.11$

查表 3-12 可知:

$\alpha_{乙} = 0.9$

则有：$NPV_乙 = 0.9 \times 400 \times (P/F, 6\%, 3) - 200 = 102.4$（千元）$> 0$

由此可知：乙方案要优于甲方案。

肯定当量法解决了风险调整贴现率法人为夸大远期风险的缺点，但此方法也有一个明显的不足就是如何准确、合理地确定肯定当量系数是个难题。

# 复习思考题

## 一、简答题

1. 为什么投资决策的依据是现金流量，而不是利润？两者之间有何联系与区别？

2. 投资决策的评价指标主要有哪些？每一种指标的决策标准是什么？它们是如何影响项目的取舍的？

3. 为什么净现值法与内部报酬率法决策的结果往往会出现互相矛盾的情况？净现值法有何优势？

4. 风险性投资决策的方法有哪些？这些方法是如何对风险性投资项目进行决策的？

## 二、计算题

1. 某企业拟投资一项新设备。预计建设期为1年，所需原始投资400万元均于建设起点一次投入，该设备预计使用寿命为6年，使用期满无残值。该设备投产后，每年给企业带来净利润100万元。若该设备采用直线法折旧，适用的行业基准折旧率为10%。

要求：

（1）估算该项目计算期内各年现金净流量。

（2）计算项目净现值，并判断该投资是否可行。

2. 某企业购买一台价值31 000元的设备，可用10年，无残值。其产品每年可获净利2 700元，银行利率为10%，试求该投资方案的静态投资回收期和净现值；并用净现值法判断该方案是否可行。

3. 表3-13为A、B两项目每年的现金净流量，假设贴现率为10%，试计算：

表3-13　A、B两项目每年的现金净流量　　　　　　　单位：元

| 年 | A项目 | B项目 |
|---|---|---|
| 0 | -24 000 | -18 000 |
| 1 | 8 200 | 2 400 |
| 2 | 8 200 | 12 000 |
| 3 | 8 200 | 10 000 |

（1）若两项目为独立常规方案，则计算A、B两项目的静态投资回收期和净现值，并判断两方案在财务上是否可行。

（2）若两项为互斥常规项目，则用差额内部收益率法判断，哪一方案为优选方案？

4. 某公司现正考虑引进一项新设备，以取代原有的旧设备。旧设备的原始价值为60 000元，折旧年限为6年，已经使用了3年，预计还可使用3年，期满无残值，每年的运作成本为4 000元，目前的变现价值为20 000元；若是购买新设备，需投资50 000元，折旧年限为6年，预计期满残值为2 000元，每年的运作成本为2 500元。该公司所得税率为40%，公司资金成本率为10%，两种设备均采用直线法折旧。要求：计算并分析该企业是否应该更新旧设备。

### 三、案例分析题

你是一家公司的财务经理，正在协助公司的总经理研究一个项目是否上马。在研究的过程中你发现，该公司在去年为了解市场的需求，特别做过一些市场调查，因此花费了公司115 000元的市场调研费；此外，该公司准备投资的项目将坐落在由公司拥有的一块空地上，而该空地若是转手卖出，此时正是时机，可以卖得的税后价款为400 000元。

有关该项目的其他详细资料，你看后总结如下：该项目所需的初始投入全部为设备的投入，为900 000元，投产后每年取得的收入预计为800 000元，每年的经营成本为收入的50%，预计该项目可以运行10年。估计第5年需大修一次（假定在第5年末进行），其成本为11 000元，10年结束时，估计该项目的残值为8 000元，采用直线法折旧，所得税率为40%。

**结合案例，请思考如下问题：**

1. 该项目是否有机会成本？若有，是多少？
2. 估算该项目每年的税后现金净流量。
3. 该项目的净现值是多少（该公司的资金成本率为12%）？
4. 按照净现值的计算结果判断，该项目是否应该上马？

# 第四章 投资决策——证券投资

【本章学习目标】
- □ 了解影响证券投资决策的因素有哪些
- □ 掌握股票投资价值分析的方法与应用
- □ 掌握债券投资价值分析的方法与应用
- □ 了解投资基金的相关概念及投资的特点
- □ 了解证券投资组合的原理与方法

【章首案例】

据国外媒体报道，市场研究公司私募股权数据中心（Private Equity Data Center，PEDC）称，社交网站 Facebook 身价可高达 350 亿美元。

低流动性资产交易平台 SecondMarket 上对 Facebook 普通股的估值为 160 亿美元。Facebook 身价上涨的一个重大原因是，俄罗斯投资公司 Digital Sky Technologies 正积极向 Facebook 早期投资者和员工收购股份。

分析师认为 Facebook 的利好因素包括以下：Facebook 每月独立访问用户为 4 亿，其中有一半用户每天都会访问该网站。48% 的用户每天晚上登录 Facebook。由于虚拟游戏公司频繁获得新用户以及在 Facebook 网页进行品牌推广活动，Facebook 广告业务增长非常迅速。"Pay With Facebook"（通过 Facebook 支付）功能使得 Facebook 介入虚拟商品领域，而且可能最终成为一款互联网支付工具，Facebook 现金流量为正。市场研究公司 TBI Research 预测，Facebook 今年收入将超过 10 亿美元。

PEDC 表示，Facebook 2010 年 1 月份发行的股票期权价格为 16.17 美元，如果按 80% 的贴现率计算，2009 年 5 月份发行的优先股价值将达到 83.75 美元，将这一数字乘以估计的发行股份数量就是 Facebook 的身价——近 350 亿美元。

资料来源：2010 年 3 月 26 日网易科技报道。

**【问题思考】**

影响股票等证券投资的因素有哪些？如何分析并计算其投资价值？如何降低证券投资的风险？

## 第一节 证券投资概述

按照投资与生产经营的关系可以把投资分为直接投资和间接投资，间接投资主要就是指证券投资。本章主要讨论以投资有价证券为主的证券投资及其相关内容。

### 一、证券投资的种类

证券是指一种可以有偿转让的信用凭证或金融工具，它是根据政府的有关法律法规的规定发行的，代表财产所有权或债权，并在票面载有一定金额的书面凭证。证券投资是指企业将资金投放于股票、债券、基金及金融衍生工具等证券类资产，从而获得收益的一种投资行为。

1. 证券的分类

一般来说，证券有广义和狭义之分。广义的证券是指记载并且代表一定权利的所有凭证，主要包括三类：①资本证券，如股票、债券等。②货币证券，如支票、本票、汇票等。③财物证券，如提货单、购物券等。狭义的证券仅指资本证券。《中华人民共和国证券法》规定的证券为股票、公司债券以及国务院依法认定的其他证券。本章所说的证券是指狭义的证券。

此外，证券可以按照如下标准进行分类：

（1）按证券的期限长短不同，可分为短期证券和长期证券。短期证券是指到期日短于一年的证券；长期证券是指到期日长于一年的证券。

（2）按证券发行主体不同，可分为政府证券、金融证券和公司证券。政府证券是中央政府或地方政府为筹集资金而发行的证券；金融证券是银行或其他金融机构为筹集资金而发行的证券；公司证券是公司或企业发行的证券。

（3）按证券所体现的权益关系，可分为所有权证券和债权证券。所有权证券是指证券持有人便是证券发行单位的所有者的证券，如股票；债权证券是指证券的持有人是证券发行单位的债权人的证券，如债券。

（4）按照证券收益稳定性的不同，可分为固定收益证券和变动收益证券。

固定收益证券在证券票面规定固定收益率；变动收益证券的收益情况随企业经营状况而改变。

除以上分类外，还有其他的分类：如按照募集方式不同，可分为公募证券和私募证券；按照证券收益的决定因素，可分为原生证券和衍生证券，等等。

2. 证券投资的分类

由以上证券的分类可知，证券的种类很多，其中企业可以投资的证券主要有国债、短期融资券、可转让存单、企业股票与债券、投资基金以及期货、期权等衍生类证券。具体来说，证券投资的种类主要有股票投资、债券投资、基金投资、期货投资、期权投资、证券组合投资等。

**二、证券投资特征及基本程序**

相对于直接投资而言，属于间接投资的证券投资有其自身的投资目的、投资特征及其投资的基本程序。

1. 企业进行证券投资的目的

企业进行证券投资并不是盲目的，也不是一种投机行为，通常有以下几个目的：

（1）为了充分利用企业的闲置资金来满足未来财务上的需求。

（2）满足企业由于季节性经营的原因对现金的需求。

（3）为企业增加收益、减少风险，从而更好地实现企业财务管理目标服务。

2. 证券投资的特征

相对于实物投资来说，证券投资有其自身的特征，主要表现在：

（1）流动性强。证券资产的流动性明显地高于实物资产。

（2）价格不稳定。证券相对于实物资产来说，受人为因素的影响较大，且没有相应的实物作保证，其价值受政治、经济环境等各种因素的影响较大，具有价值不稳定、投资风险较大的特点。

（3）交易成本低。证券交易过程快速、简捷，成本较低。

3. 证券投资的基本程序

证券投资，诸如股票投资、债券投资等，并不能随意进行，而是应遵守一定的程序，主要有以下四步：

（1）开户与证券经纪人的选择。投资者在进行证券投资买卖之前，首先要到证券营业部或证券登记机构开立证券账户。证券账户用来记载投资者进行证券买卖和拥有证券的数额和品种的情况。投资者在开户后，就可以选择合适的证券经纪人，如某家证券公司等，开立资金账户并签订委托其买卖证券的合同。

（2）选择投资对象并委托买卖。在进行了开户并确定了经纪人之后，企业就可以随时进行证券的买卖交易了。通常在委托买卖证券之前,企业应当进行科学的证券投资决策分析,包括基本面的经济情况分析,如宏观经济分析、行业分析及投资对象企业的分析等;另外还需进行投资价值分析、技术分析等。通过各种分析,才能选择正确的投资对象,才能使投资成功的概率率提高,降低投资可能的风险。

(3) 交割与清算。投资者委托证券经纪人买卖各种证券之后,就要及时办理证券交割。所谓证券交割,是指买入证券方交付价款领取证券、卖出证券方交出证券收取价款的收支活动。

(4) 过户。证券过户就是投资者从交易市场买进证券后,到证券发行公司办理变更持有人姓名的手续。证券过户一般只限于记名证券。办理过户的目的是为了保障投资者的权益。现在通常直接由联网的计算机完成此步骤。

### 三、影响证券投资决策的因素分析

在进行证券投资,尤其是长期证券投资前,一定要对影响证券投资决策的相关因素进行分析,这些影响因素包括以下内容:

1. 国民经济形势分析

也称宏观经济分析,是指从国民经济宏观角度,考察一些宏观经济因素的变动对证券投资的影响。这些因素包括国际经济形势、国家宏观经济政策及其一些宏观经济指标等,如国民生产总值、通货膨胀、利率等的变化。

(1) 国民生产总值分析。国民生产总值是反映一国在一定时期内经济发展状况和趋势的应用最广泛的综合性指标。一般总量呈不断增长趋势,则有利于企业进行证券投资。

(2) 通货膨胀分析。通货膨胀分析是对一个国家或一个地区进行宏观经济分析的因素之一。通货膨胀对投资决策的影响,主要表现在以下两方面:一方面,通货膨胀会降低投资者的实际收益水平。由于投资者进行投资时,考虑的是实际报酬率,而不是名义报酬率。因此,在通货膨胀下,投资者的实际报酬率应等于名义报酬率剔除通货膨胀率之后的报酬率,即由于通货膨胀的存在,使投资者的实际报酬率小于名义报酬率。另一方面,通货膨胀严重影响股票价格。一般认为,当通货膨胀率较低时,对经济危害不大,且有推动作用。但当通货膨胀持续增长时,对整个经济的影响则是负面的。

(3) 利率分析。利率是影响国民经济发展的重要因素,利率水平的高低,反映着一个国家一定时期的经济状况。一般地,当利率上升,对股市是利空消息;而当利率下降,则是利好,能刺激股市的上扬。

2. 行业分析

行业分析是在宏观经济形势分析后,对企业进行微观分析前需要进行的分析，主要是为了帮助企业选择证券投资的行业。

（1）行业的市场类型分析。通常我们将行业分为四种类型：完全竞争、不完全竞争（或垄断竞争）、寡头垄断、完全垄断。一般来说，某个行业内的竞争程度越大，则企业的产品价格和利润受供求关系的影响越大，企业倒闭或破产的可能性就越大，所以投资于该行业的证券风险越大。故此，对一般的投资者而言，在可以选择的前提下，为了降低投资风险，通常会选择完全垄断或寡头垄断的行业。

（2）行业的生命周期分析。通常一个行业，会经历从初创到成长、成熟、衰退至死亡几个阶段。故一般地，一个行业的生命周期可分为四个阶段。①初创期。在行业初创期，由于各种产品研究开发费用很高，利润较小，且风险较大，因此，通常该阶段不利于一般投资者的投资。②成长期。利润增长快，获利多，有利投资。③成熟期。利润增长速度不如成长期，但从总量看高过成长期，此时，企业占有的市场比例较稳定，故风险较小，有利稳定收益。④衰退期。随着新产品、新技术的不断问世，企业的数量下降，利润下降，市场逐步萎缩，因此一般来说不利于投资。

3. 企业经营管理情况分析

由以上分析，投资者基本上可以确定投资的行业。但接下来要确定投资该行业中的哪些企业，一般地，投资者可以对以下几个因素综合分析后，再做决定。

（1）企业的盈利能力分析。企业的盈利能力越强，其证券的报酬率越高，因此，这是证券投资必须考虑的一个影响因素。企业的盈利能力可以通过利润总额、利润增长率、销售利润率、成本费用利润率、投资报酬率等指标进行分析。

（2）企业竞争能力分析。一般地，企业的竞争能力越强，说明企业发展前途越好，企业的证券也越具吸引力。因此，企业的竞争能力是评价企业经营管理状况的一个重要标准。企业的竞争能力可以用销售额、销售额增长率、市场占有率等几个指标进行分析。

（3）企业财务状况分析。考察企业的财务状况，通常可以通过流动比率、速度比率、负债比率、存货周转率、应收账款周转率等财务指标进行分析和评价。

（4）企业的生产经营效率分析。企业的生产经营效率越高，企业越有发展前途，其证券越受欢迎。即考察企业能否充分利用生产能力，使企业生产和销售高效率进行，是衡量企业管理水平高低的一个重要方面。

## 第二节 股票投资

股票投资是证券投资中的主要对象之一。因此,下面介绍与股票投资相关的概念及投资决策的方法。

### 一、股票及股票投资的特点

股票,从理论上说,是筹资公司为筹集股权资金而签发的有价证券,是证明投资者所持股份的一种凭证。当企业用资金购买了筹资公司发行的股票后,就称为这个公司的投资者或股东。股票的种类很多,可以按照不同的标准进行分类。

股票投资,是指投资者将资金投放于股票,通过股票的买卖差价和股利收入来获取收益的投资行为。

1. 股票投资的目的

股票投资的特殊性决定了股票投资的目的主要有以下两个方面:

(1)为了获利。即作为一般的证券投资,获取股利收入及股票买卖差价。

(2)为了控股。即利用购买某一企业的大量股票,达到控制该企业的目的。

2. 股票投资特点

相对于债券投资而言,股票投资有以下特点:

(1)从投资权利来看。在各种投资方式中,由于股票是代表所有权的凭证,股票投资是权益性投资,因此股票投资者的权利最大(优先股除外),投资者作为股东有权参与企业的经营决策。

(2)从投资收益来看。股票投资的收益主要来自于公司发放的股利和股票买卖的价差收益,相对于债券投资而言,股票投资收益不能事先确定,具有较大的波动性。

(3)从投资风险来看。由于投资者购买股票后,不能要求股份公司偿还本金,只能在证券市场上转让,因此,股票投资者至少面临两方面的风险:一是股票发行公司经营不善所形成的风险;二是股票市场价格变动所形成的价差损失风险。

### 二、与股票投资相关的概念

为了更好地理解股票投资价值分析中的模型,下面先介绍一些常见的概念。①

---

① 此处所说的股票都是指普通股股票。

1. 股票的票面价值

股票的票面价值是在股票上标明的每一股的价值,它是公司在章程中规定的用于登记公司实收股本中每股的金额。在我国,有关法律规定,股票必须标明票面价值,且规定股票不得以低于票面价值的价格发行,即不得折价发行。

2. 股票的账面价值

全部普通股股票的账面价值为公司净资产总额减去优先股权益总额的差额。可以说反映的是该股票的含金量大小,是投资者在投资时应考虑的重要因素。

$$每股股票的账面价值 = \frac{公司净资产总额 - 优先股股票权益总额}{流通在外的普通股股数}$$

3. 股票的内在价值

股票的内在价值是投资者决定是否对某股票进行投资的重要参考指标,它是股票在未来不同年份预期现金净流量的现值之和。投资者可以通过该指标与股票的市场价格进行比较来决定是否投资该股票。

4. 股票的市场价格

股票的市场价格是股票在市场上买卖的价格,或称股票的交易价格。它是由股票市场的供求关系决定的,当多数投资者都看好某股票时,即出现供不应求的状况,此时股票价格就会上升;反之,出现供过于求的状况时,股票的价格就会下跌。

5. 股利

股利是公司从税后利润中支付给普通股股东的投资收益,此处是指现金股利。

### 三、股票内在价值分析——股利估价模型

在对股票投资决策时,除了对股票定性分析和技术分析外,还应对股票进行投资价值分析或称股票内在价值分析。其原理就是通过股票的内在价值与股票的市场价格进行比较,使投资者可以决定是买入、卖出还是继续持有股票。股票的内在价值分析过程就是股票的估价过程。对股票估价的方法很多,下面介绍常见的一种方法,即股利估价模型。

1. 短期持有股票、未来准备出售的股票估价模型(基本模型)

在通常情况下,投资者持有股票期间,不仅期望在每期能得到股利收入,还希望从股票的买卖差价中获利。据此,与投资者在投资期间相关的现金净流量主要包括两部分:每期的股利收入和转让股票的收入。在不考虑转让成本的前提下,转让股票的收入就等于转让股票时该股票的市场价格。估价模型如下所示:

$$V = \sum_{t=1}^{n} \frac{d_t}{(1+K)^t} + \frac{V_n}{(1+K)^n}$$

式中，$V$ 为股票的内在价值；$V_n$ 为未来出售时预计的股票价格；$K$ 为投资者要求的必要收益率；$d_t$ 为第 $t$ 期的预期股利；$n$ 为预期持有股票的期数。

【例 4-1】甲公司拟购买乙公司股票，通过预测可知，乙公司在未来三年内每年发放股利均为 2 元，并在三年后，乙公司股票的市场价格为 49 元/股，若甲公司要求的最低报酬率为 12%，问甲公司在什么情况下可以购买乙公司的股票？

解：根据股利估价模型，计算如下：

$V = 2(P/A, 12\%, 3) + 49(P/F, 12\%, 3) = 39.69$（元/股）

可见，甲公司应当在乙公司的股票市场价格小于 39.69 元/股时购买。

2. 长期持有股票、股利稳定不变的股票估价模型

这种情况下，实际上是计算永续年金的现值过程。其计算公式为：

$$V = \frac{d}{k}$$

式中，$v$ 为股票的内在价值；$d$ 为每年固定股利；$k$ 为投资者要求的必要收益率。

公式的推导过程如下：

因为：

$$V = \sum_{t=1}^{n} \frac{d_t}{(1+k)^t} + \frac{V_n}{(1+k)^n}$$

当 $n \rightarrow \infty$ 时，

$$\frac{V_n}{(1+k)^n} \rightarrow 0$$

此时，$\sum_{t=1}^{n} \frac{d_t}{(1+k)^t}$ 可以看作是永续年金的现值计算公式。运用数学归纳法可以推导出：

$$V = \frac{d}{k}$$

【例 4-2】假定在【例 4-1】中，甲公司购买乙公司的股票，准备长期持有，并可预知乙公司每年分配的股利都是 2 元/股。若甲公司要求的最低投资报酬率为 12%，则甲公司在什么情况下可以购买乙公司的股票？

解：$V = 2 \div 12\% = 16.67$（元/股）

此时，甲公司应当在乙公司的股票市场价格小于 16.67 元/股时购买，这样才能保证甲公司的投资收益不会低于其要求的最低报酬率 12%。

### 3. 长期持有股票、股利固定增长的股票估价模型

通常，企业的股利不应该是固定不变的，尤其是当企业的经营处在成长阶段时，其每年发放的股利也应该是不断增长的。若投资者准备长期持有股利固定增长的股票，则有模型：

$$V = \frac{d_0(1+g)}{k-g} = \frac{d_1}{k-g}$$

式中，$d_0$ 为年股利；$d_1$ 为第 1 年的股利；$K$ 为投资者要求的必要收益率；$g$ 为每年股利比上年增长率。

上式具体推导过程如下：

根据基本公式，当投资者长期持有股票，且每年按固定股利（g）增长时，则：

$$V = \sum_{t=1}^{\infty} \frac{d_t}{(1+k)^t} = \frac{d_1}{(1+k)^1} + \frac{d_2}{(1+k)^2} + \cdots + \frac{d_n}{(1+k)^n} + \cdots$$

$$= \frac{d_0(1+g)^1}{(1+k)^1} + \frac{d_0(1+g)^2}{(1+k)^2} + \cdots + \frac{d_0(1+g)^n}{(1+k)^n} + \cdots$$

$$= \frac{d_0(1+g)}{k-g}$$

$$= \frac{d_1}{k-g}$$

【例 4-3】在【例 4-2】中，甲公司购买乙公司股票，并打算长期持有，若已知乙公司在去年的每股股利为 2 元，目前的每股市价为 15 元，今后每年股利预计以 2% 的增长率增长，则当甲公司要求的最低报酬率为 12% 的情况下，问甲公司是否应该购买乙公司的股票？

解：$V = 2(1+2\%) \div (12\% - 2\%) = 20.4$（元/股）

由计算可知，按照甲公司要求的最低报酬率测算的乙公司股票内在价值为 20.4 元/股，大于乙公司目前的市场价格 15 元/股，因此，甲公司可以购买乙公司的股票。

### 4. 分阶段股票股利股价模型（非固定增长模型）

在现实生活中，有些公司的股利是不固定的。例如，对于高科技企业来说，由于其经营的特点，将经历从高速增长的成长期到正常增长或稳定不变的成熟期，因此，其股利的发放也会经历类似的变化过程。此时，就要分阶段对其股票的内在价值进行计算。下面举例说明。

【例 4-4】A 公司购买 B 公司的股票，要求最低投资报酬率为 16%。预计 B 公司在未来前三年的股利将高速增长，增长率为 18%，以后转为正常增长，增长率 10%。已知 B 公司去年支付的股利为 3 元/股。问 B 公司的内在价值是

多少？

解：先求前三年预期股利的现值：

$V_1 = 3(1+18\%)(P/F, 16\%, 1) + 3(1+18\%)^2(P/F, 16\%, 2) + 3(1+18\%)^3(P/F, 16\%, 3)$

$= 3.05 + 3.10 + 3.16$

$= 9.31$（元/股）

再求以后各年预期股利的现值：

$V_2 = 3(1+18\%)^3(1+10\%)(P/F, 16\%, 3) \div (16\% - 10\%)$

$= 57.92$（元/股）

最后计算股票目前的内在价值：

$V_1 + V_2 = 9.31 + 57.92 = 67.23$（元/股）

根据计算，B公司股票的内在价值为67.23元/股。

### 四、股票内在价值分析——非股利估价模型

对股票估价的方法，除了用股利估价之外，还可以用非股利估价方法，在这种方法中，最常用也是最实用的为市盈率分析法。这是一种被投资者较多使用，可以粗略衡量股票价值的简单方法。

市盈率是每股市价与每股收益之比，反映股票的股价是其盈利的多少倍，因而可用以表明投资者愿意用盈利多少倍的资金购买这种股票。

市盈率 = 股票市价 ÷ 每股盈利

市盈率分析法的关键是通过比较股票价格和股票价值来决定是否购买股票。当股票价格大于股票价值，则不适宜购买；反之，若股票价格小于股票价值，则应购入。根据市盈率计算公式，可得出以下公式：

股票价格 = 该股票市盈率 × 该股票每股盈利

股票价值 = 行业平均市盈率 × 该股票每股盈利

【例4-5】T公司的股票每股盈利为3元，该股票目前的市盈率为18倍，所在行业的平均市盈率为15倍，问T公司股票的市场价格是否合理？

解：T公司股票价格 = 18 × 3 = 54（元/股）

T公司股票价值 = 15 × 3 = 45（元/股）

由于T公司的股票价格高于其股票价值，由此可以看出，市场对T公司股票的评价较高，但同时也表明在此时购买该股票的风险较大，不适宜投资。

对股票投资价值的分析方法（或称股票的估价方法），除了以上两种方法之外，还可以利用资本资产定价模型进行估价，具体可以参见本章附录，在此不再赘述。

## 第三节 债券投资

债券投资是证券投资中,除股票之外,最常见也是最基本的证券投资之一。下面介绍与债券投资相关的概念与投资分析方法。

**一、债券及债券投资的特点**

债券是发行者为筹集资金,向债权人发行的,在约定时间支付一定比例的利息,并在到期时偿还本金的一种有价证券。

1. 债券的三要素

构成债券的要素主要有三个:

(1) 债券面值。是指债券发行人借入并承诺于未来某一特定日期偿付给债券持有人的本金金额。

(2) 债券票面利率。是指债券发行人在发行债券时承诺支付的利息率。用债券票面利率与债券面值相乘可以计算应支付给债券持有人的利息。一般来说,债券票面利率在债券持有期间不会改变。而金融市场上的市场利率是在变化的,这就会出现债券票面利率与市场利率不一致的情况,即发生债券的溢价与折价的情况。

(3) 债券的到期日。是指债券发行人偿还债券本金的日期。债券到期的时间可长可短,长的可以达几十年,短的可以是3个月,因此,债券的票面利率也相应地有高有低。

2. 债券投资的特点

相对于股票投资,债券投资主要有以下特点:

(1) 从投资权利来看。债券投资者是所有投资中权利最小的,无权参与被投资企业的经营管理,只有按约定取得利息,到期收回本金的权利;而股票投资者的权利是最大的,除了优先股股东,普通股股东有权参与企业的经营管理。

(2) 从投资收益与风险来看。由于债券投资的收益通常是事先确定的,因此,其收益稳定,风险较小;而股票投资由于股票分红收益的不稳定性和股票价格的起伏不定,称为风险最大的有价证券。

(3) 从投资期限来看。债券投资是有到期日的,当债券到期时,债券持有人有权收回本金;而股票投资则没有到期日之说,除非公司解散时股票持有人才有权请求分配剩余财产。

## 二、债券投资与债券估价

公司进行债券投资,首先必须了解债券的内在投资价值。确定债券内在投资价值的过程就是债券估价的过程。常见的债券估价方法就是将债券未来现金净流量进行折现的过程。以下介绍几个最常见的估价模型。

1. 一般情况下的债券估价模型

假定债券是每年付息,到期还本,其计算公式如下:

$$P = \sum_{t=1}^{n} \frac{i \times F}{(1+K)^t} + \frac{F}{(1+K)^n}$$

$$= \sum_{t=1}^{n} \frac{I}{(1+K)^t} + \frac{F}{(1+K)^n}$$

$$= I \times (P/A, K, n) + F \cdot (P/F, K, n)$$

式中,P 为债券价格;i 为债券票面利息率;F 为债券面值;I 为每年利息;K 为市场利率或投资人要求的必要报酬率;n 为付息总期数。

【例 4 - 6】公司进行债券投资,该债券面值为 1 000 元,票面利率为 10%,期限为 5 年,每年付息到期还本。该公司要求的投资报酬率为 12%,问债券价格为多少时才能进行投资?

解:根据以上估价模型计算:

$P = 1\ 000 \times 10\% \times (P/A, 12\%, 5) + 1\ 000 \times (P/F, 12\%, 5) = 927.5(元)$

即这种债券的价格必须低于 927.5 元时,该公司才能购买,否则就得不到 12% 的报酬率。

2. 到期一次还本付息债券估价模型

该种债券也可称为利随本清债券,通常不计复利,我国发行的债券多属于此类型,其估价模型如下:

$$P = F + (F \times i \times n) \times (P/F, K, n)$$
$$= (F + I \times n) \times (P/F, K, n)$$

【例 4 - 7】仍以【例 4 - 6】的债券数据为例,假定该债券为到期一次还本付息的债券,且不计复利,则问:若当前市场利率为 8% 时,该公司应在何价位购买该债券?

解:由以上估价模型计算:

$$P = \frac{1\ 000 + 10\ 00 \times 10\% \times 5}{(1+8\%)^5} = 1\ 021.5(元)$$

即债券价格必须低于 1 021.5 元时,公司才能购买。

3. 贴现债券的估价模型

该种债券又称折现债券,其特点:没有票面利率,到期按面值偿还。这些债券的估价模型为：

$P = F \cdot (P/F, k, n)$

公式中的符号含义同前式。

【例 4-8】某债券以价格 550 元发行，已知其面值为 1 000 元，期限为 5 年，以贴现方式发行，期内不计利息，到期按面值偿还，目前市场利率为 8%。问公司是否应购买该债券？

解：根据"利随本清"债券的估价模型有：

$P = F \times (P/F, K, n) = 1\,000 \times (P/F, 8\%, 5) = 68(元)$

因为该债券的价格为 550 元，低于 681 元，因此，公司可以购买该债券。

### 三、债券投资收益与债券投资风险

相对于股票投资而言，债券投资的目的，是为了获得稳定的收益，同时降低投资风险。

1. 债券投资收益

通常债券的票面利率为票面收益率，它表示按票面价格计算的收益率。这种收益率是预先确定、固定不变的，也称名义收益率。

但在债券投资中，由于投资者买卖债券的日子与债券发行公司发行债券的日子和债券到期的日子不一定一致，因此就需计算债券投资的实际利率，实际利率可能高于也可能低于或等于名义利率。

实际利率 = 年平均净收益 ÷ 投资总额

（1）最终实际收益率。最终实际收益率是指投资者在债券发行日购入债券，一直持有到债券到期日为止，投资者获得的实际收益率。

最终实际收益率 =（到期收回的本利和 - 认购价格）/偿还年限 ÷ 认购价格 × 100%

【例 4-9】某债券面值为 100 元，票面利率为 10%，单利计息，期限 2 年，发行价格为 92 元，问该债券的最终实际收益率为多少？

解：根据上述公式计算如下：

最终实际收益率 =（120 - 92）÷ 2 ÷ 92 = 15.2%

（2）持有期间收益率。持有期间收益率是指债券投资者在购入债券后，在债券偿还期未满前就将债券卖出时的实际收益率。

持有期间收益率 =（卖出价 - 购入价）÷ 持有年限 ÷ 购入价 × 100%

【例 4-10】甲企业在 2005 年 7 月 1 日购入昌宏公司发行的新债券，购买价 100 000 元。该债券的面值为 100 000 元，票面利率为 15%，两年后一次还本付息。若甲公司到 2006 年 10 月 1 日以 120 000 元的价格提前出售，则甲企业投资该债券的实际收益率是多少？

解：根据题意，甲企业投资债券的实际收益率就是持有期间收益率，因此可计算如下：

持有期间收益率 =（120 000 – 100 000）÷1.25÷100 000 =16%

（3）到期收益率。到期收益率是指投资者购入已流通在外的债券，并一直持有债券到偿还期时的实际收益率。

到期收益率 =（债券到期的本利和 – 购入价）/债券剩余年限÷购入价

【例 4 – 11】若乙企业在 2006 年 10 月 1 日购入【例 4 – 10】中甲企业卖出的债券，并一直持有到债券偿还期止，问乙企业投资该债券的实际收益率是多少？

解：根据题意，乙企业投资该债券的实际收益率就是到期收益率。

到期收益率 =（130 000 – 120 000）/0.75÷120 000 =11.11%

从以上例题可看出，债券投资的三种实际收益率公式，由于购入和卖出债券的时点不同，以致分子分母都有不同，但就其实质来看，分子都是年平均净收益，分母都是指投资总额。

2. 债券投资风险

相对于股票投资而言，债券投资的风险要小于股票投资的风险，但这并不表明债券就没有风险。事实上，债券投资和其他投资一样是有风险的，债券投资的风险主要有违约风险、购买力风险、变现能力风险、利率风险和再投资风险等。

（1）违约风险。违约风险是指债券的发行人无法按时支付债券利息和偿还本金的信用风险。通常，以政府信用作担保的财政部发行的国库券是没有违约风险的；其他除中央政府以外的地方政府和公司发行的债券一般都存在违约风险，只是风险程度不同而已。因此，为了掌握除中央政府以外的地方政府和公司发行的债券是否存在违约风险，需对其进行信用评级。通常债券的信用评级工作是由信用评级机构完成的。

（2）购买力风险。购买力风险又称通货膨胀风险，是由于通货膨胀、货币贬值给债券投资者带来的实际收益水平下降的风险。在通货膨胀情况下，当债券到期或出售时所获得的现金购买力会减少，即表现为债券投资的实际收益率降低。这是因为实际收益率 = 名义收益率 – 通货膨胀率。固定收益的证券，名义收益率通常是固定的，因此当通货膨胀率升高时，其实际收益率就明显下降。

为了降低由于购买力风险可能给债券投资带来损失，一般在实务中，人们会同时投资变动收益类的证券，如股票，以作为避险投资工具。

（3）变现能力风险。变现能力是指债券投资者在短期内无法以合理的价格卖掉债券的风险。这种风险对投资者意味着，一旦需要现金或有更好的投资机会出现时，不能及时地将债券按合理的价格卖出，也许只能按很低的价格或需经过长期的等待才能卖出，这样势必给投资者带来经济损失或丧失新的投资机会。

这种风险可以通过同时投资期限不同的债券,即通过投资长短期配合的债券来分散。如果利率上升,短期投资可以迅速地找到高收益投资机会,若利率下降,长期债券却能保持高收益。

(4) 利率风险。是指由于市场利率的变动而使债券投资者遭受损失的风险。由于市场利率通常是与债券价格成反比,即当市场利率上升时,债券价格下跌;当市场利率下降时,债券价格上升。因此,即使没有违约风险的国库券,也存在利率风险。另外,由于债券到期的时间越长,市场利率变化的可能性越大,利率风险也就越大,因此,长期债券的利率一般比短期债券的利率要高。显然,这种风险可以通过同时投资期限不同的债券来分散。

(5) 再投资风险。再投资风险是指债券到期时,用收回的本息以较低的利率进行再投资的风险。这种风险的产生是由于利率的变化所导致,因此,如果投资者只购买了短期债券,没有购买长期债券,就会有再投资风险。例如,长期债券的利率为12%,短期债券的利率为10%,投资者为了减少利率风险,选择了购买短期债券。当短期债券到期收回现金后,如果利率降到了5%,此时投资者只能得到收益率为5%的投资机会,这是因为当初选择了短期债券的原因,如果当初选择投资长期债券就不会有再投资风险,仍然能获得12%收益。

## 第四节 基金投资

基金投资是一种间接的证券投资方式。所谓投资基金,是指一种利益共享、风险共担的集合投资方式,即通过发行基金的单位,集中投资者的资金,交由专业投资机构经营运作,以规避投资风险,并谋取投资收益的证券投资工具。

### 一、投资基金的种类

投资基金按照不同的分类标准有很多种,常见的如下:

1. 根据运作方式的不同划分

基金根据运作方式的不同可分为开放式基金和封闭式基金。

(1) 开放式基金。是指基金发起人在设立基金时,基金单位的总额不是固定的,可视经营策略和发展需要追加发行,投资者可以在基金合同约定的时间和场所申购或者赎回基金。

(2) 封闭式基金。是指基金发起人在设立基金时,事先确定基金单位的发行总额,一旦筹集到基金总额就封闭基金,在一定时期内不再接受新的投资,即在封闭期内基金单位总额不变,投资者可以通过证券市场转让、买卖基金。

(3) 开放式基金与封闭式基金的对比。为了更好地了解与掌握开放式基金与封闭式基金的不同,可以从以下五个方面进行对比:

1) 从发行规模来看。开放式基金由于基金单位总额不固定,可视经营策略和发展需要追加发行,因此没有发行规模的限制;而封闭式基金则在招募说明书中列明其基金规模,在封闭期内基金单位总额不变。

2) 从期限来看。开放式基金没有固定期限,投资者可随时向基金管理人赎回;而封闭式基金通常有固定的封闭期。

3) 从投资策略来看。开放式基金由于其基金单位可随时赎回,因此,为了保持基金资产的流动性,基金资产不能全部用来投资,尤其不能将全部资产用来进行长线投资,而封闭式基金由于其基金单位总额不变,即资本不会减少,因此基金资产可用来进行长期投资。

4) 从基金单位转让方式来看。开放式基金的投资者可以在初次发行基金结束一段时间后,随时向基金管理人或中介机构提出购买或赎回申请;而封闭式基金的投资者在封闭期限内不能要求基金公司赎回基金。

5) 从基金买卖价格确定依据来看。开放式基金的买卖价格一般不受市场供求关系影响,而由基金单位净值决定;而封闭式基金的买卖价格与市场供求有关系,因此,并不一定反映基金单位净值的大小。

2. 根据组织形式的不同划分

基金根据组织形式的不同可分为契约型基金和公司型基金。

(1) 契约型基金。契约型基金又称为单位信托基金,是通过签订基金契约的形式发行受益凭证而设立的一种基金。契约型投资基金有三方当事人:受益人(也称投资者)、管理人、托管人。受益人是基金收益凭证的持有人,是以购买收益凭证的方式成为基金的实际投资者;管理人(或称委托人),通常为基金管理公司;托管人,是投资基金的保管机构,负责基金的管理操作,一般是由信托公司或银行担任,托管人作为基金资产的名义持有人,负责基金资产的保管和处置,对基金管理人的行为实行监督。

(2) 公司型基金。公司型基金,又称共同基金,是指具有共同投资目标的投资者,依据公司法组成以盈利为目的、投资于有价证券的股份制投资公司,一般投资者购买该公司的股份即为认购基金,同时也称为该公司的股东,凭其持有的基金份额依法享有投资收益。

公司型基金在结构上通常有四方当事人:投资公司、保管公司、管理公司、承销公司。投资公司是基金的主体,是基金的发行人;保管公司是基金的托管人,一般为指定的银行或信托公司;管理公司是基金投资公司的顾问;承销公司是基金投资公司的股票承销人。

除了以上两种分类外,还可根据投资对象的不同,分为股票基金、债券基金、货币基金、期货基金、期权基金、认股权证基金、专门基金等。

## 二、投资基金的特点

由于投资基金是一种利益共享、风险共担的集合投资方式,因此,与一般证券投资的特点有所不同。

1. 实行专业化理财服务

投资基金都是由投资者的资金集中起来所组成的,一般都是由专家理财,即由基金管理公司中具有专业投资知识和经验的专业管理人员对基金进行管理和运作,而投资者只需支付少量的管理费用就可以享受这样的服务。

2. 具有资金规模的优势

许多投资所要求的投资起点额相当高,这就使许多中小投资者因资金不足而无法涉足其中,但若投资于投资基金则可解决此问题,因投资基金具有资金规模上的优势。

3. 可供选择的基金种类很多

投资者可以根据自身的偏好,选择不同类型的基金,可以是开放式的基金,也可以是封闭式的基金;可以是股权型的基金,也可以是债权型的基金等等。

4. 具有很好的流动性

由于各种基金的净资产是证券化的,因此,投资者可以根据市场的情况及时买卖基金。当然相对应地,由于投资基金通常采取投资组合的方式进行投资,这就使得会在降低投资风险的同时,也丧失了可能获得的巨大收益机会。

## 三、投资基金价格的确定

开放式基金的买卖价格一般不受市场供求关系影响,而由基金单位净值决定;而封闭式基金的买卖价格与市场供求有关,因此并不一定反映基金单位净值的大小。

在确定基金价格时,一个重要的概念是基金单位净值,一般也称为单位净资产值或单位资产净值,是指在某一时点每一基金单位(或基金股份)所具有的市场价值,是评价基金价值的最直观指标,也是确定开放式基金价格的决定因素。基金单位净值的计算公式为:

$$基金单位净值 = \frac{基金净资产价值总额}{基金单位总份数}$$

式中,基金净资产价值总额是指一个基金所拥有的各项资产的价值总和,包括基金购买的各类证券价值、银行存款本息以及其他投资所形成的价值总和。

它等于基金资产总额,减去按照国家有关规定可以在基金资产中扣除的费用后的价值,这些费用包括以基金名义对外融资时的借款额以及应付给投资者的分红、应付给基金管理人的管理费等。

通常从理论上说,基金的价格是由基金的价值决定的,而基金的价值又是由基金单位净值决定的,即基金单位净值越高,基金的价格也越高,尤其是开放式基金。

基金申购价格 = 基金单位净值 + 首次认购费

基金赎回价格 = 基金单位净值 − 基金赎回费

封闭式基金的价格分为两种:发行价格和交易价格。发行价格由两部分组成:一是基金的面值;二是基金的发行费用。发行期满后可以上市进行交易,此时的交易价格类似股票价格的表现形式。

## 第五节 证券投资组合

证券投资的盈利性确实吸引了众多投资者,但证券投资的风险性又使许多投资者望而却步。为了解决这一矛盾,投资者可以通过科学地进行证券投资组合,通过有效地进行证券投资组合,将投资风险降到最低限度。这种将资金同时投资于多种证券的做法叫证券的投资组合,简称证券组合。

### 一、证券投资组合的风险

所谓风险就是不利事件发生的可能性。证券投资组合的风险可分为两种性质完全不同的风险,即公司特别风险和系统风险。

1. 公司特别风险

公司特别风险又称非系统性风险或可分散风险,是指某些因素对单个证券造成经济损失的可能性。如公司在市场竞争中的失败等。这种风险最大特点是可以通过证券持有的多样化来抵消,也就是多买几家公司的股票,其中某些公司的股票收益上升,另一些公司的股票收益下降,从而可以将风险抵消。

但要注意两股票是正相关还是负相关,即看它们的收益是同升同降,还是一个升时,另一个降,只有负相关的股票组合才能抵消风险,而正相关的股票不利于分散风险。一般可用相关系数 $r$ 来判断两股票是正相关还是负相关。

当 $r = +1$ 时,完全正相关;当 $r = -1$ 时,完全负相关。

一般 $r$ 在 $(+0.5, +0.7)$ 之间最多。

即大部分股票都是正相关,但又不完全正相关,因此,可以通过持有尽可能多的股票种类,来分散掉非系统性风险。

2. 系统性风险

系统性风险又称不可分散风险,或称市场风险,是指由于某些因素会给市场上所有的证券都带来经济损失的可能性。如宏观经济状况的变化、国家税法的变化。

国家财政政策和货币政策的变化、世界性的一些因素的变动等均会使股票收益发生变动。由此可见,这些风险影响到所有的证券,因此,投资者不能通过证券组合来分散风险。

虽然系统性风险对所有证券都有影响,但是每种证券受到的影响程度不同,可用 β 系数来衡量受到的影响。β 系数的计算很复杂,一般由专门的投资服务机构定期计算,并公布每种证券的 β 系数,反映每种证券的市场风险。一般将整体的证券市场 β 系数定为 1。则:①若某种股票的风险情况与整个证券市场的风险情况一致,则这种股票的 β 系数 = 1。②若某种股票的 β 系数 > 1,说其风险大于整个市场的风险。③若某种股票的 β 系数 < 1,说其风险小于整个市场的风险。

这是作为单个证券的 β 系数,可由专门机构提供。

投资组合的 β 系数是单个证券 β 系数的加权平均数。权数为各种证券在投资组合中所占的比重。

公式为:

$$\beta_p = \sum_{i=1}^{n} x_i \cdot \beta_i$$

式中,$\beta_p$ 为证券组合的 β 系数,即组合的市场风险;$X_i$ 为证券组合中第 $i$ 种股票所占的比重;$\beta_i$ 为第 $i$ 种股票的系数;$n$ 为证券组合中股票的数量。

小结:①一个股票的风险由两部分组成:可分散风险 + 不可分散风险;②可分散风险可通过证券组合来削减,且可分散风险随证券组合中股票数量的增加而逐渐减少;③股票的不可分散风险由市场变动所产生,它对所有股票都有影响,不能通过证券组合而消除。不可分散风险是通过 β 系数来测量的。

二、证券投资组合的风险收益

投资者进行证券投资组合与单项投资一样,都要冒风险,因而都要求对所承担的风险进行补偿。根据风险上升,要求的收益率上升的原则进行补偿。

只是这种补偿与单项投资不同的是,证券投资组合要求补偿的风险只是不可分散风险,而不要求对可分散风险进行补偿。

可分散风险可以通过科学地进行投资组合来分散。因此,证券投资组合的风险收益是投资者因承担不可分散风险而要求的,是超过资金时间价值的,即部分额外收益。

公式为:

$$R_P = \beta_P \cdot (K_m - R_F)$$

式中,$R_P$ 为证券组合的风险收益率;$\beta_P$ 为证券组合的 $\beta$ 系数;$K_m$ 为所有股票的平均收益率,又称市场收益率,即由市场上所有股票组成的证券组合的收益率;$R_F$ 为无风险收益率,一般用政府公债的利息率来衡量。

【例 4-12】华强公司持有由甲、乙、丙三种股票构成的证券组合,它们的 $\beta$ 系数分别是 2.0、1.0 和 0.5,它们在证券组合中所占比重分别为 60%、30% 和 10%。股票的市场收益率为 14%,无风险收益率为 10%,试确定这种证券组合的风险收益率。

解:(1) 确定证券组合的 $\beta$ 系数。

$$\beta_P = \sum_{i=1}^{3} x_i \cdot \beta_i$$
$$= 60\% \times 2.0 + 30\% \times 1.0 + 10\% \times 0.5$$
$$= 1.55$$

(2) 计算该证券组合的风险收益率。

$$R_P = \beta_P \cdot (K_m - R_F)$$
$$= 1.55 \times (14\% - 10\%)$$
$$= 6.2\%$$

小结:在其他条件不变的情况下,风险收益取决于证券组合的 $\beta$ 系数,$\beta$ 系数越大,风险收益上升,反之亦然。

### 三、风险和收益的关系

在西方金融学和财务管理学中,有许多模型描述风险和收益率的关系,其中一个最重要的模型为——资本资产定价模型(CAPM)[①]:

$$K_i = R_F + \beta_i \cdot (K_m - R_F)$$

式中,$K_i$ 为第 $i$ 种股票或第 $i$ 种证券组合的必要收益率;$R_F$ 为无风险收益率;$\beta_i$ 为第 $i$ 种股票或第 $i$ 种证券组合的 $\beta$ 系数;$K_m$ 为所有股票或所有证券的平均收益率。

【例 4-13】顺达公司股票的 $\beta$ 系数为 2.0,无风险利率为 6%,市场上所有股票的平均收益率为 10%。

则顺达公司股票的收益率为:

$$K_i = R_F + \beta_i \cdot (K_m - R_F)$$

---

① 具体见本章附录。

= 6% + 2.0 · (10% − 6%)

= 14%

即当顺达公司股票的收益率达到或超过14%,投资者会投资。若低于14%,则投资者不会购买顺达公司股票。

总之,β值越高,要求的风险收益率就越高,在无风险收益率不变的情况下,必要收益率也就越高。

# 附录

## 一、有效市场假说

1. 有效市场假说的含义

有效市场假说(Efficient Markets Hypothesis,EMH),最初是尤金·法玛(Eugene Fama)于1970年首先提出的。他在前人一些研究理论及实证的基础上,总结出该假说主要包括如下内容:

第一,在一个有效率的资本市场中,证券价格完全反映了所有可获得的信息。

第二,证券的有关信息被充分地披露和均匀地分布,使每个投资者在同一时间内得到等量等质的信息。

第三,市场上的每个人都是理性的投资者,即他们可以根据获得的信息,经过分析确定证券的真实价值,从而进行相关的投资决策。

因此,根据该假说的内容,投资者在进行证券投资时,会迅速有效地利用相关的信息,并且所有已知的影响一种证券价格的因素都已经反映在证券价格中。

2. 有效市场假说的三种形态

根据投资者可以获得的信息种类,尤金·法玛将有效市场分成了三个层次:弱式有效市场(Weak-Form EMH)、半强式有效市场(Semi-Strong-Form EMH)和强式有效市场(Strong-Form EMH)。

(1)弱式有效市场。在弱式有效市场中,与证券价格相关的所有历史信息都已经完全反映在当前的价格之中,包括证券的成交价、成交量、变动率等。这就是说,在该市场中投资者既无法利用过去证券价格变动的信息获得超额利润,也无法利用历史数据预测未来价格走势,即证券投资的技术分析在此失去作用。此时,唯有基本分析可能帮助投资者获得超额利润。

（2）半强式有效市场。在半强式有效市场中，相关的信息已完全反映在当前的价格中，这些信息不仅包括所有已公开的证券市场以往的价格信息，还包括发行证券企业的年度报告、季度报告等在新闻媒体中可以获得的所有公开信息，以及与公司营运前景相关的信息，因此，不仅包括证券的成交价、成交量、变动率等，还包括盈利及其预测、公司经营管理状况及其相关的其他公开披露的所有财务信息等。因此，在此市场中，技术分析和基本分析都失去作用，唯有内幕消息可能帮助投资者获得超额利润。

（3）强式有效市场。在强式有效市场中，信息既包括所有的公开信息，也包括未公开的内幕信息。此时，没有任何方法能帮助投资者获得超额利润，即使是掌握内部信息的公司大股东、企业内部高级管理人员或是基金经理都不例外。

有效市场假说只是一种理论上的假说，它所描述的市场是一种理想化的市场，在现实中往往有很多偏离。尽管如此，它仍然成为很多定价模型的基础，如资本资产定价模型等。

## 二、资本资产定价模型

资本资产定价模型（Capital Asset Pricing Model，CAPM），是在现代证券投资组合理论①基础上形成发展起来的，最早是由美国经济学家威廉·夏普（William E. Sharpe，1964）提出。其模型主要研究证券市场中资产的预期收益率与风险之间的关系。主要应用于包括股票在内的单个证券的估价问题、有价证券投资组合问题等的研究。

该模型的一般形式可用以下公式表示：

$$K_i = R_F + \beta_i \cdot (K_m - R_F)$$

式中，$K_i$ 为第 i 种股票或第 i 种证券组合的必要收益率；$R_F$ 为无风险收益率，一般用政府公债的利息率来衡量；$\beta_i$ 为第 i 种股票或第 i 种证券组合的 β 系数；$K_m$ 为所有股票的平均收益率，又称市场收益率，即由市场上所有股票组成的证券组合的收益率。

资本资产定价模型是建立在一系列严格假设基础上的，这些假设包括以下内容：

（1）市场中存在大量的投资者。与所有投资者的财富总和相比，每个投资者的财富是微不足道的。因此，每个投资者的交易行为都不会对证券价格造成影响，即每个投资者都是价格的接受者。

---

① 现代证券投资组合理论（Modern Portfolio Theory，MPT），是由美国经济学家哈里·马科维茨在1952年发表的一篇论文《证券组合理论》中提出的概念，该理论的提出标志着现代投资分析理论的诞生，成为日后投资理论发展的基石。

(2) 影响投资决策的主要因素为期望收益率和风险。投资者进行证券估价的主要因素为期望收益率和风险。

(3) 投资者能事先知道投资收益率的概率分布为正态分布,并且投资风险用投资收益率的方差或标准差标识。

(4) 假定投资者都是风险厌恶者在同一风险水平下,选择收益率较高的证券(或组合);在收益率相同时,选择风险较低的证券(或组合)。

(5) 投资者可以按照无风险收益率无限制地自由借贷。

(6) 所有投资者都在相同的投资期限计划投资。

(7) 资本市场是无摩擦的,即不存在与买卖证券相关的信息成本,所有投资者均可同时获得信息等。

以上的资本资产定价模型可以应用在股票估价中,当某种普通股股票的必要收益率(K)确定之后,就可以结合传统的普通股票估价模型对股票进行估价。

# 复习思考题

## 一、简答题

1. 证券投资应从哪几个影响因素入手进行分析?
2. 如何进行债券的估价?
3. 如何进行股票的估价?
4. 简述投资基金的种类。
5. 市场风险与公司特别风险有何联系与区别?

## 二、计算题

1. A公司发行债券,面值1 000元,票面利率为10%,期限为5年。B公司准备购买A公司的债券,若B公司要求的投资报酬率为12%,则A公司发行的债券价格必须低于多少元乙公司才能购买?

2. 甲公司拟购买乙公司股票,通过预测可知,乙公司在未来三年内每年发放股利分别为2元、3元、4元,并在三年后,乙公司每年以8%的股利增长率支付股利,若甲公司要求的最低报酬率为12%,问甲公司在什么情况下可以购买乙公司的股票?

3. 某投资者为了降低股票投资的风险,选择了三种股票进行投资组合。其中，股票 A 占 20%，股票 B 占 45%，股票 C 占 35%，其 β 系数分别为 2、1.5 和 1，市场所有股票的平均收益率为 12%，无风险收益率为 4%。要求计算：

（1）投资组合的 β 系数。

（2）投资组合的预期收益率。

### 三、案例分析题

你刚应聘到一家上市公司的财务部门工作，目前正协助财务部门分析本公司股票在投资者心目中的价值，即目前公司股票的价格是否合理。经过整理，你认为可以帮助本部门分析的相关资料如下：

（1）公司本年的息税前利润为 900 万元（假定以前年度可供分配的利润已经分配完毕）。适用的所得税税率为 40%。

（2）公司流通在外的普通股有 100 万股，每股面值为 1 元，每股发行价格 12 元，发行费率为 5%。公司负债总额为 400 万元，均为长期负债，平均年利率为 10%。其中公司发行的 6 年期债券共 1 万张，每张面值为 100 元，该债券每年末付息一次，到期还本，票面利率为 10%。当前的市场利率为 12%；筹资费率为 2%。

（3）本年按税后净利润的 25% 向普通股股东发放现金股利，预计现金股利以后每年增长 4%。

（4）据投资者分析，该公司股票的 β 系数为 1.4，无风险收益率为 5%，市场上所有股票的平均收益率为 12%。

**结合案例，请思考如下问题：**

1. 本公司本年度净利润是多少？
2. 本公司本年度向投资者支付的每股现金股利是多少？
3. 本公司股票的风险报酬率和投资者要求的必要报酬率分别是多少？
4. 根据已有资料，计算本公司股票的投资价值。
5. 本公司股票的价格是否合理？

# 第五章　筹资方式

【本章学习目标】
□ 了解公司资本金制度
□ 了解筹资数量的几种预测方法
□ 理解筹资渠道与筹资方式的概念与联系
□ 掌握股权资本筹集方式的特点、对公司的影响等
□ 掌握股票上市的利和弊
□ 掌握负债筹资的几种方式以及对公司的影响
□ 掌握混合资本筹集的方式以及对公司的影响

【章首案例】

2010年初，我国五大电力央企的资产负债率普遍超过了80%的红线，并在2月份出现了全行业的亏损。这五大电力央企是国资委管理的华能集团、大唐集团、国电集团、华电集团和中电投集团。为了降低企业的资产负债率，防止未来金融政策可能紧缩带来的经营风险，这五大电力央企纷纷采取不同的筹资方式，努力扩大股本融资规模。其中，国电集团旗下的龙源集团，作为首个境外上市的新能源公司，得到了国际资本市场的广泛认可，筹集资金10亿美元；大唐集团当年的主要任务则是尽快完成大唐发电（601991.SH）的A股增发和岩滩资产注入桂冠电力（600236.SH）的工作，在保持集团公司合理持股比例的前提下，积极推进大唐发电、桂冠电力的再次增发；而中电投集团总经理陆启洲表示，公司要加大资本结构调整力度，通过引进战略投资者、出让项目股权吸收其他股东资本，发挥上市公司融资功能，通过资本市场运作募集资本金，降低资产负债率等。

由此可见，股份有限公司可以通过股票上市来筹集新的资金，而已上市的公

司可通过增发新股等来筹集，从而调整公司的资本结构。

**【问题思考】**

对于规模较小的非上市公司，其最初资金从哪里来？有哪些筹资渠道与筹资方式？每一种筹资方式对企业的影响如何？这些都将在本章中述及。

## 第一节 公司筹资概述

公司筹集资金是指公司向外部有关单位或个人以及从公司内部筹措所需资金的财务活动。无论是新建企业还是已经建立并正在进行生产经营活动的企业，都有对资金的需求。因此，对企业资金筹集的管理是企业财务管理的一项重要内容。

### 一、资本金制度

创办企业的资金从哪里来？企业登记注册的资金是否可以随意改动？这些都是与资本金制度相关的内容。

1. 资本金的概念和作用

企业的资本金就是投资者创办企业的本钱，根据我国财务通则的规定，是指企业在工商行政管理部门登记的注册资金，一般称注册资金。

因此，资本金的实质是企业所有者投入的、企业用于生产经营的、承担有限责任的、经过登记注册的资金。

企业资本金的作用如下：

（1）资本金是企业从事生产经营活动的基本条件。资本金是投资者按照合同、协议等向企业实际投入的无须归还的、企业可以长期周转使用的资金，属于企业权益资本的主要部分。因此，资本金是企业从事生产经营活动的物质基础，是企业从事生产经营活动的基本条件。

（2）资本金为投资者提供了可靠的保障。《企业财务通则》规定，在生产经营期内，投资者除依法转让外，不得以任何方式抽走资本金。这个规定充分体现了资本金的保全原则，它可以为企业的投资者提供可靠的保障。

（3）资本金是企业对外举债的必要保证。企业资本金的多少从一定程度上反映出企业的规模和实力，是企业对外进一步举债的必要保证。因为企业的规模和实力越大，一般来说其偿还债务的能力越强，因此，在同等前提下，其对外负债的能力也越强。

2. 资本金的筹集

根据资本金筹集方式或其核算内容，可以分为法定资本金和资本公积金。

(1) 法定资本金。按照《企业财务通则》规定，企业设立时必须有法定的资本金。所谓法定资本金是指国家规定的开办企业必须筹集的最低资本金数额，故又称法定最低注册资本金。也就是企业设立时必须要有的最低限额的本钱，否则企业不得成立。

根据《中华人民共和国公司法》（以下简称《公司法》）最新规定，有限责任公司的最低注册资本金为3万元；股份有限公司最低注册资本金为500万元。可见，我国《公司法》的最新规定，相比较原来的内容，注册成立公司的门槛大大降低了，这也有利于更多人参与创业。

(2) 资本金的筹资方式和期限。根据《企业财务通则》规定，企业筹集资本金既可以吸收货币资金投资，也可以吸收实物、无形资产等的投资，且投资主体可以是国家、法人、个人和外商等。《公司法》规定，以货币出资的部分不低于注册资本的30%；其余部分为"可以用货币估价并可以依法转让的非货币财产"。

新《公司法》对于资本金筹资期限的规定是：在实际缴付注册资金时，允许股东分期投入，但首次缴付需达到注册资本的20%，并不得低于法定的最低注册资本限额，其余的部分在公司成立后两年内缴足。其中，投资公司可以在5年内缴足。

(3) 资本公积金。资本公积金是一种资本储备形式，也可以说是一种准资本，通常可以按照法定程序转化为资本金，是所有者权益的构成内容之一。其来源主要包括以下内容：

1) 投资者实际缴付的出资额超出其资本金的差额。当投资者实际缴付的出资额超过按注册资本和投资比例所确定的法定出资额时，会产生资本溢价或股票溢价。如股份有限公司以发行股票的方式筹集资本金时的股票溢价净收入，它是股份有限公司溢价发行股票时企业取得的超出面值部分的在扣除发行股票所支付的佣金、手续费等支出后的收入。

2) 法定财产重估增值。是指企业按照国家有关法律法规的规定，对其占用的财产进行重新估价时，重估价值大于账面价值的数额。如企业因对外投资而转出各种资产，企业内部合并、改组等都需要对财产进行重估，此时资产评估确认的价值或者双方约定的价值与原账面净值的差额应作为资本公积金入账。

3) 接受捐赠的资产。接受捐赠的资产是指政府、社会团体或个人赠予企业的资产。企业接受捐赠的各种资产，不属于投资人投入的资本，因为捐赠方并不谋求对企业资产的任何权利，也不对企业亏损承担任何责任。因此，捐赠方不是企业所有者，接受捐赠的资产也不能作为资本金入账，而应当作为资本公积金处理。

4）资本汇率折算差额。企业接受外币投资时，资产账户与实收资本账户对外币的出资额因采用不同的折合汇率而产生的折合为记账本位币差额。即当企业收到投资者出资为外币时，需要折合为记账本位币金额，此时资产账户应按当时汇率或当月1日的汇率折合，而资本账户应按合同或协议约定的汇率折合，若无合同或协议约定的汇率，则按收到出资的当日汇率折合。这就可能导致两类账户在记账时，产生折合记账本位币的差额。为了体现资本不变的原则，差额不得调整资本账户，只能作为资本公积金处理。

### 二、筹资渠道与筹资方式

在企业筹资中，最常遇到的问题就是资金从哪里来，企业可以用什么方式取得这些资金。

1. 筹资渠道

筹资渠道是指企业取得资金的来源，通俗讲，就是有资金存在的地方。掌握企业各种筹资渠道及其特点，有助于充分、正确地利用各种筹资渠道，筹集企业所需资金。我国企业的筹资渠道主要有以下几种：

（1）国家财政资金。国家财政资金历来是我国国有企业权益资金的主要来源，且通常采用的是拨款或贷款的方式。就目前来看，国家财政资金，仍然是大中型企业，尤其是基础性行业和公益性行业的企业资金的主要来源。

（2）银行信贷资金。银行对企业的各种贷款是企业重要的资金来源。我国银行主要有政策性银行和商业性银行，前者主要有国家开发银行、中国进出口银行和农业发展银行，主要为特定企业提供非盈利的政策性贷款；而后者主要有建设银行、工商银行、农业银行、中国银行、交通银行等，主要为各类企业提供以盈利为目的的商业性贷款。

（3）非银行金融机构资金。非银行金融机构主要有信托投资公司、保险公司、证券公司、租赁公司、财务公司等。非银行金融机构所提供的各种金融服务，既包括信贷资金的投放，也包括物资和资金的融通以及证券承销等金融业务。

（4）其他企业资金。各类企业在生产经营过程中，往往会有暂时闲置的资金，这些资金可以在企业之间相互调剂使用或进行相互投资。另外，在企业之间购销业务往来中，由于使用了商业信用方式，因此企业之间还会形成债权债务的关系，即形成债务人对债权人的短期负债资金的占用。

（5）职工和民间资金。职工和民间资金是指企业职工和城乡居民手中闲置的、"游离"于银行和非银行金融机构之外的个人资金。这部分资金是企业筹资中不可忽视的渠道，可以通过发行股票、债券等方式筹集。

（6）企业自留资金。企业自留资金是指在企业内部形成的资金，主要是企业在税后利润中提取的盈余公积金、公益金和未分配利润等。相对于其他来源资金，企业自留资金最大的特点是它们不需要企业到外部去筹集，而是直接由企业内部自动生成或转移而来。

（7）外商资金。外商资金是指外国以及我国香港、澳门、台湾地区投资者投入的资金，是我国外商投资企业主要的资金来源渠道。

2. 筹资方式

筹资方式是指企业筹集资金所采取的具体形式。如果说筹资渠道是客观存在的，那么筹资方式则属于主观能动的行为。

目前我国企业常用的筹资方式主要有吸收直接投资、发行股票、企业内部积累、争取信贷资金、发行债券、融资租赁、商业信用等。

在以上筹资方式中，吸收直接投资、发行股票、企业内部积累筹集的资金是股权类资金，属于股权资本筹资方式；争取信贷资金、发行债券、融资租赁、商业信用筹集的资金是负债类资金，属于负债资本筹资方式。通常，企业对不同渠道的资金，可以用不同的方式取得，对某一种渠道的资金也可以用多种方式取得，而一种筹资方式也可能适用于多种渠道资金的筹集，其相互的对应关系见表5-1。

表5-1 筹资方式与筹资渠道对应关系表

| 筹资渠道 \ 筹资方式 | 吸收直接投资 | 发行股票 | 企业内部积累 | 争取信贷资金 | 发行债券 | 融资租赁 | 商业信用 |
|---|---|---|---|---|---|---|---|
| 国家财政资金 | √ | √ | | | | | |
| 银行信贷资金 | | | | √ | | | |
| 非银行金融机构资金 | √ | √ | | √ | √ | √ | |
| 其他企业资金 | √ | √ | | | √ | | √ |
| 职工和民间资金 | √ | √ | | | √ | | |
| 企业自留资金 | | | √ | | | | |
| 外商资金 | √ | √ | | | √ | | |

企业如何选择筹资方式是筹资决策中非常重要的一环。

### 三、筹资原则

企业在筹集资金时，应当遵循以下基本原则：

1. 合理确定资金需要量

企业在确定筹资渠道与筹资方式之前，必须首先确定筹资的数量，而筹资数量是直接由企业对资金的需要量决定的，即企业的筹资规模与资金需要量应当相一致，既要避免因资金筹集不足影响企业正常运转，又要防止资金筹集过多所造成的闲置和浪费。因此在筹资中，首先应当遵循的原则就是要合理确定资金需要量。

2. 仔细权衡投资收益与资本成本

企业在进行筹资之前，必须首先确定投资的方向，明确资金的用途，知道投资的效益。只有在确定了投资的需要量及其效益之后，才能进一步确定筹资的渠道、方式及其成本，也才能实现成本与效益最大化的要求。

3. 正确选择筹资渠道与筹资方式

在现代市场经济条件下，我国企业可以选择的筹资渠道和筹资方式多种多样，但不同的筹资渠道与方式筹得的资金对企业的影响不同，无论是资本成本还是财务风险都不一样。因此，要正确考察各种筹资渠道与方式对企业的影响，努力降低综合资本成本。

4. 尽量优化资本结构

企业应当适度举债，但负债资金的来源渠道和比例必须仔细权衡，因为：第一，任何来源的负债资金都是有成本的，只有当资本成本低于投资收益率时，才能产生效益；第二，负债会给企业带来财务杠杆的作用，而财务杠杆的作用是把"双刃剑"，既能带来财务杠杆利益，也会增加企业的财务风险。因此，企业在确定资本结构时，应当尽量优化其负债的比率，从而优化资本结构。

### 四、筹资数量的预测

企业对资金的需求包括对短期资金的需求和对长期资金的需求。对于长期资金的需求，可以根据投资决策的结果结合项目的特点、规模及要求，确定投资所需要的资金量，从而确定企业长期资金的需要量。

至于短期资金需要量，可以用定性和定量的方法进行预测。之所以要对短期资金需要量进行预测，是为了保证企业在日常生产经营活动中对短期资金的需求，同时避免企业资金有闲置的现象产生。

1. 定性预测法

定性预测法是指利用直观的资料，依靠预测人员个人的经验、分析、判断能力，对未来资金需要量作出主观判断的预测方法。其预测过程：首先，由熟悉企业生产经营情况和财务情况的专家，根据其以往所累积的相关经验进行分析判断，提出初步意见；其次，通过召开座谈会，对上述预测的初步意见进行修正补充。这样经过一次或多次反复修正以后，得出预测的最终结果。

定性预测法虽然十分实用，但它不能揭示资金需要量与有关因素之间的数量关系。通常在企业缺乏有关数据资料时采用。

2. 定量预测法

定量预测法的主要原理：根据资金需要量与有关因素的数量关系，用数学模型的方法确定短期资金需要量。常用的方法：销售百分比法、因素分析法、回归分析法等。其中销售百分比法是常用的方法，以下主要介绍销售百分比法。

（1）销售百分比法应用的前提。销售百分比法是根据销售额与资产负债表和利润表有关项目之间的比例关系，预测短期资金需要量的方法。其应用的前提：①销售额能直接反映企业生产经营规模的指标，从而可以用销售额来预测企业资金需要量。②在一定的时间和数量范围内，销售额与资产负债表和利润表有关项目之间保持比较稳定的比例关系。

（2）销售百分比法的计算公式。

$$对外筹资需要量 = \frac{A}{S_1}(\Delta S) - \frac{B}{S_1}(\Delta S) - EP(S_2)$$

或：$$对外筹资需要量 = \frac{\Delta S}{S_1}(A - B) - PE(S_2)$$

式中，$A$ 为随销售变化的资产（变动资产）；$B$ 为随销售变化的负债（变动负债）；$S_1$ 为基期销售额；$S_2$ 为预测期销售额；$\Delta S$ 为销售的变动额；$P$ 为销售净利率；$E$ 为留存收益比率。

（3）销售百分比法应用的步骤。销售百分比法应用步骤如下：①预测销售变动水平。②确定资产负债表中会随销售额变动而变动的项目，并以销售百分比的形式列表。③根据预计利润表，预测留存收益。④计算短期资金需求量。

（4）销售百分比法的应用举例。

【例 5-1】A 公司 2007 年 12 月 31 日的资产负债表如表 5-2 所示。

假定该公司 2007 年的销售收入为 2 000 万元，销售净利率为 10%，股利支付率为 60%，公司现有生产能力尚未饱和，增加销售无须追加固定资产投资。经预测，2008 年公司销售收入将提高到 2 400 万元，企业销售净利率和利润分配政策不变。

表 5-2  A 公司资产负债表

2007 年 12 月 31 日　　　　　　　　　　　　单位：万元

| 资产 | | 负债与所有者权益 | |
|---|---|---|---|
| 货币资金 | 100 | 应付账款 | 200 |
| 应收账款 | 300 | 应付费用 | 100 |
| 存货 | 600 | 短期借款 | 400 |
| 固定资产净值 | 600 | 公司债券 | 300 |
| | | 实收资本 | 400 |
| | | 留存收益 | 200 |
| 资产合计 | 1 600 | 负债与所有者权益合计 | 1 600 |

以下就应用销售百分比法来预测【例 5-1】A 公司短期资金需要量，其具体应用步骤如下：

（1）预测销售额在预测期的增长率。

销售增加额 = 2 400 - 2 000 = 400（万元）

$$销售额增长率 = \frac{销售的变动额}{基期销售额} \times 100\% = \frac{400}{2\ 000} \times 100\% = 20\%$$

（2）确定资产负债表中会随销售额变动而变动的项目，并以销售百分比的形式列表。

应用销售百分比法，要分析和选定与销售额之间有依存关系的项目，这种项目称之为敏感项目。敏感项目一般包括货币资金、应收账款和存货等资产类项目以及应付账款、应付费用等负债类项目。其他项目，如短期投资、固定资产、长期投资、递延资产、短期借款、长期负债、实收资本、留存收益等，在短期内通常均不属于敏感性项目。

（3）根据有关资料，预测留存收益。

根据资料，2008 年的留存收益增加额：

表 5-3  销售百分比表

| 资产 | 占销售额百分比（%） | 负债与所有者权益 | 占销售额百分比（%） |
|---|---|---|---|
| 货币资金 | 5 | 应付账款 | 10 |
| 应收账款 | 15 | 应付费用 | 5 |
| 存货 | 30 | 短期借款 | 不变动 |

续表

| 资产 | 占销售额百分比（%） | 负债与所有者权益 | 占销售额百分比（%） |
|---|---|---|---|
| 固定资产 | 不变动 | 公司债券 | 不变动 |
| | | 实收资本 | 不变动 |
| | | 留存收益 | 不变动 |
| 合　计 | 50 | 合　计 | 15 |

$(S_2)PE = 2\,400 \times 10\% \times (1 - 60\%) = 96（万元）$

（4）计算短期资金需求量。

$$\text{对外筹资需要量} = \frac{A}{S_1}(\Delta S) - \frac{B}{S_1}(\Delta S) - EP(S_2)$$
$$= 50\% \times 400 - 15\% \times 400 - 96$$
$$= 44（万元）$$

（5）销售百分比法的优缺点。销售百分比的优点是能为企业财务管理提供短期预计的财务报表，以适应外部筹资的需要，同时这种方法容易应用；但该方法也有不足的方面，由于这种方法是以销售额与资产负债表和利润表有关项目之间保持比较稳定的比例关系为前提的，即一旦有关固定比率的假定失实，所预测的结果就会出现错误。因此，当有关因素发生变化时，应当相应地进行调整。

## 第二节　股权资本筹集

股权资本筹资方式具体有：吸收直接投资、发行股票和企业内部积累三种基本方式。在本节将重点说明前两种方式。

**一、吸收直接投资**

吸收直接投资是指非股份制企业以协议等形式吸收各类投资者直接投入资金，形成企业资本金的一种筹资方式。

1. 吸收直接投资的特点

吸收直接投资的筹资方式，是按照"共同投资、共同经营、共担风险、共享利润"的原则进行筹资的方式。由于吸收直接投资中的出资者都是企业的所有者，他们对企业具有经营管理权。因此，企业经营状况好、有盈利，各方就可按出资比例分享利润；企业经营状况差，连年亏损，甚至被迫破产清算，则以出资

额为限按比例分担风险。它有以下特点:

(1) 不以股票为媒介。这种筹资方式与发行股票、留存收益一样,均属企业筹措股权资金的重要方式。但是,发行股票要以股票为媒介,只有股份有限公司才能适用;而吸收直接投资则无须公开发行任何证券,各种规模、各种形式的企业均可使用。

(2) 出资方式灵活多样。新《公司法》第27条规定,股东出资方式:"股东可以用货币出资,也可以用实物、知识产权、土地使用权等可以用货币估价并可以依法转让的非货币财产作价出资;但是,法律、行政法规规定不得作为出资的财产除外。"相比较旧《公司法》的规定,新《公司法》对股东出资方式放宽了范围,如债权、股权、采矿权、探矿权等其他物权均可作为出资财产。因此,企业用吸收直接投资的方式筹集所需股权资金,其投资者出资的形式可以灵活多样,除了现金出资形式①外,还可以用非现金的各类资产作价出资,包括各种实物资产投资以及各类无形资产投资。

2. 吸收直接投资的种类

企业采用吸收直接投资方式筹集的资金一般可分为以下四类:

(1) 吸收国家投资。国家投资是指由有权代表国家投资的政府部门或者机构以国有资产投入企业而形成的资本。目前,有权代表国家投资的政府部门或者机构主要包括:国家财政部门、上级主管部门以及经授权代表国家投资的投资公司、资产经营公司、经济实体性总公司、企业集团等机构。

(2) 吸收法人投资。法人投资是指各类企业法人以其依法可以支配或控制的资产投入企业而形成的资本。目前主要指法人单位在进行横向经济联合时所产生的联营、合资等投资。

(3) 吸收个人投资。个人投资是指社会上的各种个人或本企业内部职工以其个人合法财产投入企业的资本。个人投入企业的资本受到国家宪法和各种法规的保护,任何人或机构都不能侵占。

(4) 吸收外商投资。外商投资是指外国投资者以及中国香港、澳门、台湾地区投资者投入的资本。吸收外商投资只是从资本的来源地进行分类,它与前述三种类型资本有可能存在交叉,如外商投资者可以是外国法人,也可以是外国个人,甚至还可以是外国的国有资本。

3. 吸收直接投资的优缺点

(1) 吸收直接投资的优点。吸收直接投资有以下优点:

1) 有利于增强企业信誉。企业采用吸收直接投资所筹集的资本属企业的股

---

① 新《公司法》规定:"全体股东的货币出资金额不低于有限责任公司注册资本的30%。"

权资本，与负债相比，它能增强企业的信誉和借款能力。

2）有利于尽快形成生产能力。由于吸收直接投资不仅可以取得现金，还可以直接获取投资者的先进设备或先进技术，因此，相对发行股票筹资方式来说，吸收直接投资方式更有利于尽快形成企业的生产能力，更有利于加快市场开拓的速度。

3）有利于降低企业的财务风险。企业吸收直接投资与举债最大的区别就是没有到期一定要还债的压力，即企业经营情况好，可以支付投资者报酬，经营不好，就可不支付或少支付，故此方式较灵活，所以财务风险较小。

(2) 吸收直接投资的缺点。吸收直接投资最大的缺点是，企业控制权容易分散。采用吸收直接投资方式筹资，投资者一般都要求获得与投资数量相适应的经营管理权，这是接受外来投资的代价之一。这种代价导致的后果就是企业控制权的分散。

此外，吸收直接投资筹集的资金，其资本成本较高。原因是企业向投资者支付的报酬是根据其出资的数额和企业实现利润的比率来计算的，因此相对于负债资金而言，其所筹资金的成本更高。

### 二、发行股票

股票是指股份有限公司为筹集股权资金而签发的有价证券，是证明股东所持股份的一种凭证。

1. 股票的种类

按照不同的分类标准，股票分为不同的类型。

(1) 按股东的权利和义务不同，股票分为普通股和优先股。普通股股票简称为普通股，是股份有限公司资本结构中最基本的部分，是股份公司可以长期使用的、没有固定到期日的永久性资金。持有普通股的股东称为普通股股东，其权利主要有对公司的经营管理权、盈余分配权、优先认股权、剩余财产清偿权等。优先股股票简称为优先股，是股份有限公司发行的、具有一定优先权的股票。相对于普通股股东而言，优先股股东具有的优先权主要表现在两个方面：优先分配股利权和优先分配剩余资产权。

事实上，普通股和优先股虽然都是股份有限公司为了筹集股权资金而发行的股票，并且其股东都有权利从公司当年的盈利中分享税后利润，但各自的股利表现是不同的：普通股的股利通常是不固定的，而优先股的股利是固定的。

(2) 按有无面值，股票分为面值股票和无面值股票。面值股票是指在股票的票面上记载有票面金额的股票。股票的票面金额主要是用来表明每股股票在公司总股本中所拥有的股权比例。例如，某公司发行股票票面总价值为 1 000 万

## 第五章 筹资方式

元,每股面值为100元,则表明每股股票拥有公司总股本的股权比例为十万分之一。此外,面值也表明每股股票所负有限责任的最高限额。

无面值股票是指不在股票票面上标出金额的股票。股票的票面上不标明固定的金额,但要记载每股占公司总股本的比例。

目前,我国《公司法》明文规定,股票必须标明票面价值,规定股票应记载股票的面额,并且其发行价格不得低于票面金额。

(3)按有无记名,股票分为记名股票和无记名股票。记名股票是在股票的票面上及股东名册上载有股东姓名或名称的股票。记名股票的转让,一定要把受让人的姓名或法人的名称记载于股票和股东名册上,即记名股票的转让要办理过户手续。无记名股票是在股票的票面上及股东名册上均未记载股东姓名或名称的股票。无记名股票的转让,不需办理过户手续,只需将股票交付给受让人即发生效力。

我国《公司法》规定,公司向发起人、国家授权投资的机构、法人发行的股票,应当为记名股票,并应当记载该发起人、机构或者法人的名称,不得另立户名或者以代表人姓名记名;对社会公众发行的股票,可以为记名股票,也可以为无记名股票。

(4)按发行对象和上市地区分,股票分为A股、B股、H股、N股等。A股和B股是指在我国国内上市的股票。其中,A股称为人民币普通股,是指由我国境内的公司发行,以人民币标明票面金额,并以人民币认购和交易的股票;B股称为人民币特种股票,是以人民币标明票面金额,以外币认购和交易的股票;此外,H股和N股均指在境外上市的外资股,其公司注册地在我国境内,上市地分别在中国香港和纽约上市的股票。

2. 股票的发行

通过发行股票筹集资金,是股份公司特有的筹资方式,其筹资过程与发行方式相关。

(1)股票的发行方式。股份有限公司发行股票通常要经历设立发行和增资发行阶段。

1)设立发行。是指公司为设立股份有限公司,首次发行股票的方式。股份有限公司的设立有发起设立与募集设立两种方式。发起设立是指由发起人认购公司应发行的全部股份而设立公司;募集设立是指由发起人认购公司应发行股份的一部分,其余股份向社会公开募集或者向特定对象募集而设立公司。

2)增资发行。是指股份有限公司设立后,或者说首次发行股票以后,因增加资本而发行股票的方式。增资发行具体又有两种方式:有偿增资发行股票方式和无偿增资发行股票方式。

有偿增资发行股票方式。是指股份有限公司增发新股时，要求投资者按照一定的价格购买，才能获得股票。具体来说，主要有以下两种情况：①公开招股发行。即公募发行，是向对象不特定的社会公众公开增发新股的发行方式。具体可以是由公司直接公募发行，也可以由证券经营机构承销以间接的公募方式发行。这种方式是公司股票上市时的主要发行方式。②股东配股的股票发行方式。是指按公司原有股东持股比例向原股东配售新股的发行方式，即赋予公司原有股东以新股认股权利的发行方式。这种优先权有利于维护原有股东在公司的持股比例，因而可以保证原有股东在公司的地位，同时也能保证其所持股票的含金量。尽管如此，股东仍可选择放弃优先认购的权利，将其权利转让他人。

无偿增资发行股票方式。是指股份有限公司增发新股时，不要求股东出资，而无代价地将公司发行的股票交付股东。通常，无偿增资发行有以下三种方式：①无偿交付方式。是指公司用资本公积金转增股本，通常也是按股东现有股份比例无偿交付新股票。②股票分红方式。又称为股票派息，是指股份有限公司以当年利润增发新股作为红利分派给股东，以代替向股东支付现金股利。③股票分割方式。又称为拆股，是指将原来大面额股票分割为若干股小面额股票。股票分割的特点：分割结束后，只增加股份总数，而公司的股本总额并不发生变化。这三种方式有共同的特点：当任何一种方式完成后，一方面，公司股票的总数增加，资产总额不变，股东权益总额也不变，但股东权益的内部结构有所变化；另一方面，股东是无偿获得股票。

（2）股票的销售方式。股份公司推销股票的方式主要有两种：自销和委托承销。其自销是指股份公司直接将股票出售给投资者，而不经过证券机构承销。这种销售方式的优点是企业能控制股票的发行过程，节省发行费用。缺点是会延长股票的发行时间，而且公司要承担股票发行的全部风险。通常，这种方式并不普遍采用，只适用于发行风险较小、手续较为简单、数额不多的股票。

委托承销方式是股票发行公司将股票销售业务委托给证券承销机构代理，是一种普遍采用的股票销售方式。证券机构是专门从事证券买卖业务的中介机构，如证券公司、信托投资公司等。委托承销又分为包销和代销。①包销是企业与证券承销机构签订承销协议，由证券承销机构全权办理公司股票的发售业务，剩余部分的股票由证券承销机构全部购买。包销方式的优点是发行风险由承销商承担，缺点是发行费用较高。②代销是企业与证券承销机构签订承销协议，由证券承销机构代理股票发售业务，如果实际募集的股份达不到发行股份数，证券承销机构不购买剩余股票，即发行风险由发行股票的公司自己承担。

（3）股票的发行价格。根据发行价格与其面值之间的关系，可以将股票的发行价格分为三种：①面值发行，是指按照股票的面值作为股票的发行价格。

②溢价发行，是指股票的发行价格按照高于其面值的价格发行。在实际中，溢价发行的价格可以表现为市价或中间价两种具体的价格。市价是指以流通市场上的股票价格（即市价）为基础确定的发行价格；中间价是指以股票的面值和市场价格的中间值确定的价格。这种价格通常在市价高于面额，公司需要增资，但又需要照顾原有股东的情况下采用。中间价格发行对象一般为原股东，在市价和面额之间采取一个折中的价格发行。③折价发行，是指股票以低于票面面值的价格发行。根据我国《公司法》规定，股票发行价格可以按照面值发行，也可以溢价发行，但不能折价发行。

股票发行价格的确定非常重要，是股票发行方案中的一个重要问题。在具体确定股票价格时，需要考虑很多因素，尤其对于首次公开发行的股票（Initial Public Offering，IPO），往往要综合考虑各种因素进行定价。首次公开发行的股票定价时，通常要考虑公司经营业绩、发展前景、账面价值、行业特点以及本次发行股票数量、当前股票市场行情等。

在具体确定新股发行价格中，我国在2004年12月前，新股定价实行的是与市盈率挂钩的固定价格方式；但从2004年12月开始，中国证监会公布了《关于首次公开发行股票试行询价制度若干问题的通知》，要求新股定价实行询价制度，即新股定价时，要求发行人及其保荐机构通过向询价对象初步询价，确定发行价格的区间，通过累计投标询价确定发行价格。所谓询价对象是指依法设立的证券投资基金管理公司、合格境外投资者（QFII）、符合中国证监会规定条件的证券公司，以及其他中国证监会认可的机构投资者。

3. 股票筹资的优缺点

任何一种筹资方式都有优点和缺点，股票筹资也不例外。

（1）股票筹资的优点。相对于债券筹资方式而言，股票筹资方式的优点如下：①没有固定的到期日，无须还本。发行股票筹集的资金是公司可以长期使用的资金，没有到期还本的压力。对于筹资公司来说，在其持续经营期间，属于公司可以使用的永久性资金。②没有固定的股利负担。公司没有支付股利的法定义务，公司是否向其股东支付股利，要看盈利有多少、现金有多少以及是否有合适的投资机会而定。若是有盈利，又有富余的现金，且没有更好的投资机会，可以向股东支付股利；若没有盈利，或现金短缺，或虽有盈利和现金，却又有很好的投资机会，可以决定不向股东支付股利。③能增强公司的信誉。由于股票筹资时，增加了公司的股权资金，这不仅能增强公司的举债能力，而且能为债权人提供更大的损失保障，因此，股票筹资可以增强公司的信誉。

（2）股票筹资的缺点。相对于债券筹资方式而言，股票筹资方式的缺点如下：①资本成本高。相对于债务筹资而言，股票筹资的资金成本要高于债务资本，这是因为：第一，股票的发行成本较高，使得其资本成本高；第二，股票投资者投资风险大，要求的投资报酬率高；第三，由于股利是在税后利润中支付的，因此不能享受抵税作用。②公司的控制权容易分散。当公司发行新股时，由于有新股东的加入，容易分散公司原有股东对公司的控制权。

4. 股票上市

股票上市是指股份有限公司已经公开发行的股票，经证券交易所批准后，在证券交易所进行挂牌交易的法律行为。

我国现有的两个交易所是上海证券交易所和深圳证券交易所。经批准在交易所上市交易的股票称为上市股票。

(1) 股票上市的条件。各证券交易所规定的股票上市条件各不相同，但一般都会在资本额、获利能力、资本结构、偿债能力、股权分散情况等方面作出规定。

我国在新修订的《证券法》第五十条规定，股份有限公司申请股票上市，应符合下列条件：①股票经国务院证券管理部门批准已向社会公开发行。②公司股本总额不少于人民币 3 000 万元。③公开发行的股份达到公司股份总数的百分之二十五以上；公司股本总额超过人民币四亿元的，公开发行股份的比例为百分之十以上。④公司最近三年无重大违法行为，财务会计报告无虚假记载。

证券交易所可以规定高于前款规定的上市条件，并报国务院证券监督管理机构批准。

股票上市后，若在上市期间有不符合相应规定的，如上市条件中关于股本的规定、连续 3 年亏损的、有重大违法的行为等，均将被停止上市。

(2) 股票上市的利弊分析。股票上市是很多股份公司梦寐以求的，但是否是所有股份公司的股票都适合上市，需要进行利弊分析后，再做出理性决定。

1) 股票上市的益处。首先，股票上市便于筹措新资金。公司股票一旦上市，就可以有更多机会从证券市场上筹集新的股权资金；同时，也有利于得到利率更低的贷款。其次，股票上市有利于提高公司知名度。公司股票一旦上市，就为社会所知；同时由于股票上市要经过严格的审批，因此容易给公司带来良好的声誉，从而有利于吸引更多的顾客，进而扩大公司的销售。再次，股票上市意味着资本大众化，这将有利于分散风险。由于公司上市后，其股东会增加，使得公司的风险更加分散。又次，股票上市便于确定公司的价值。对于未上市的公司而言，公司价值的大小往往是个抽象的概念；但股票一旦上市后，其股票在每日每时的即刻行情中，都是市场对公司客观的市场评价，因此更有利于确定公司的价值。最后，股票上市有利于公司用股票激励职员。由于公开上市的股票，股票市场对其股票提供了准确的价值，因此，更有利于上市公司利用股票作为激励关键人员的有效手段。

2) 股票上市的不利因素。首先,股票上市使公司失去隐私权。由于股票上市后,公司必须按照相关的要求,公开披露相关的信息。因此,有可能使公司失去原有的"隐私权"。其次,股票上市将限制经理人员的决策自由度。由于股票上市后,有些至关重大的决策必须经股东大会决定,股东们常常以盈利、分红、股价等来判断经理人员的业绩,这些压力常使经理人员注意短期效益而忽略长期效益。最后,股票公开上市需要很高的费用。公开上市的股票,按照规定,需要经过很多手续与准备,其间发生的费用,如资产评估费、股票承销佣金、律师费、注册会计师费、材料印刷费、登记费等,是一笔非常大的支出,这些支出具有"沉没成本"的特点。因此,准备上市的公司必须谨慎决策,以免给公司带来极大的损失。

## 第三节 负债资本筹资

在企业资金的筹集方式中,除了与股权相关的筹资方式之外,就是与负债相关的筹资方式。企业负债筹资的方式,主要有争取信贷资金、发行债券、融资租赁和商业信用等。

### 一、长期借款

长期借款是指企业根据借款合同从有关银行或非银行金融机构借入的、期限在一年以上的、需要还本付息的资金。

1. 长期借款的种类

企业的长期借款根据不同的分类标准,有不同的划分方法。

(1) 按是否需要抵押品,可以将借款分为信用借款和抵押借款。

1) 信用借款。指不需要借款人提供任何担保品作抵押,直接以借款人的信誉为依据而获得的借款。通常只有信誉好、规模大的公司,才能获得金融机构的信用借款。由于信用借款没有任何抵押品,也没有任何担保人作担保,故此,按照国际惯例,银行为了降低其贷款的风险,信用借款往往要附加一些信用条件,如信用额度、补偿性余额等。

信用额度亦即贷款限额,是借款人与银行在协议中规定的允许借款人借款的最高限额。通常,在信用额度内,企业可随时按需要向银行申请借款。

补偿性余额是银行为了降低其贷款风险,而要求借款人在银行中保持的最低存款余额。最低存款余额是按贷款限额或实际借用额的一定百分比计算的，比如10%~20%。补偿性余额有助于银行降低其贷款风险，补偿其可能遭受的风险。但对借款企业来说，会增加企业借款的实际利率。

【例5-2】企业按年利率8%获得银行长期借款100万元，银行要求保留20%的补偿性余额。那么企业实际可动用的借款只有80万元，则企业这笔借款的实际利率为：

$$实际利率 = \frac{实际支付的利息}{实际可以使用的资金} \times 100\%$$

$$= \frac{100 \times 8\%}{100 \times (1-20\%)} = \frac{8\%}{1-20\%} = 10\%$$

2）抵押借款。抵押贷款指借款者以一定的抵押品作为物品保证向银行取得的贷款。通常用于中小规模企业或用于信用不好、财务状况较差的企业。抵押品通常包括有价证券、国债券、各种股票、房地产以及货物的提单等各种能证明物品所有权的单据。贷款到期，借款者必须如数归还，否则银行有权处理其抵押品，作为一种补偿。

（2）按借款的用途分为基本建设借款、专项借款。

1）基本建设借款。指企业因从事新建、改建、扩建等基本建设项目需要资金时而向银行申请借入的款项。

2）专项借款。指企业因专门用途而向银行申请借入的款项，包括更新改造借款、科技开发借款、新产品试制借款等。

此外，还可以按提供贷款的机构不同分为政策性银行借款、商业银行借款以及其他金融机构借款等。

2. 长期借款筹资的程序

我国企业银行贷款一般按以下流程：

（1）企业提出借款申请。包括借款金额、借款用途、偿还能力、还款方式，填入《借款申请书》，还应提供相关资料。

（2）金融机构对借款申请进行审批。银行对企业提出的借款申请应按照有关政策和贷款条件，对借款企业进行审批，包括：①对借款人的信用等级进行评估。通过对企业的领导素质、经济实力、资金结构、履约情况、经济效益及发展前景等进行评估。②对借款进行调查。对借款的合法性、安全性、盈利性等情况进行调查，核实抵押物、保证人情况、测定贷款的风险。③贷款审批。

（3）签订借款合同。借款合同是规定借贷各方权利和义务的契约，其内容分为基本条款和保护性条款。

基本条款是合同必须具备的条款，包括借款种类、借款用途、借款金额、借款利率、借款期限、还款资金来源及还款方式、保证条款、违约责任等。

保护性条款属于限制性条款,由于长期借款时间跨度长、风险大,金融机构在向企业提供长期借款时,为了保证资金的安全,通常要求企业在借款期内,要保持相对稳定的财务状况。但事实上,企业很难做到。因此,金融机构在与企业签订借款合同时,往往在借款合同中,附有各种保护性合同条款,以确保贷款资金的安全。这些保护性合同条款主要有:一般性保护条款、例行性保护条款和特殊性保护条款。

一般性保护条款主要包括:借款企业必须有最低的流动资金持有量、不能随意用现金股利的方式支付股利、资本支出的规模控制在一定的范围内、不得随意增加其他长期债务等。例行性保护条款主要包括:借款企业要定期向贷款机构报送财务报表、要及时偿还各种到期债务、正常情况下不准出售大量资产、禁止用企业资产作为其他债务的担保或抵押等。以上两种条款适用于大多数的借款合同。而特殊性保护条款只针对某些借款合同,如要求贷款专款专用、对企业主要领导人的一些特别要求等。

(4)取得借款。借款企业与贷款机构签订了借款合同后,贷款机构就要按照合同的规定按期发放贷款,借款企业就可取得借款资金。

(5)到期偿还。按照借款合同的规定,借款企业必须按期偿还借款的本金和利息。

3. 长期借款筹资方式评价

长期借款筹资方式是企业最常见的负债资金筹资方式,相对于其他筹资方式而言,有其独特的长处与不足,作为企业财务管理者必须加以了解。

(1)长期借款筹资方式的优点。相对于债券筹资与股票筹资而言,长期借款筹资方式有以下明显的优势:

1)筹资速度快。相对于发行债券或发行股票来说,长期借款的筹资速度比较快。由于借款企业不需要通过印刷、发行证券之后再筹到款项,可以从贷款机构获得批准后直接贷得款项,因此,程序简单,所需时间较短,筹资速度更快。

2)借款成本低。相对于发行债券而言,由于长期借款是借款企业向金融机构直接借到的资金,因此,前期的筹资费用就大大减少了;同时,借款的利率通常也要低于发行债券的利率;此外,相对于发行股票筹得的资金,负债筹资由于利息是在交纳所得税之前交纳的,因此,能抵减借款企业的所得税,从而可以降低借款的使用成本。

3)借款弹性好。由于借款企业与贷款机构之间可以直接接触,因此在借款前,双方可以通过直接商谈,来确定借款的时间、数量和条件等;若是在借款期间,借款企业的财务状况发生了变化,也可以与贷款机构进行沟通,通过变更借款的数量或条款等来缓解企业财务上的压力。因此该种筹资方式更加灵活。

（2）长期借款筹资方式的缺点。相对于股票筹资方式而言，长期借款筹资方式既有与其他负债筹资方式共同的缺点，也有自身的不足：

1）财务风险较大。与其他负债资金类似，长期借款筹资方式有到期还本付息的压力，故相对于股权筹资方式而言，财务风险较大。

2）限制条款较多。由于借款企业与贷款机构签订的借款合同中，一般都有一些保护性条款，如定期报送有关报表、不准改变借款用途等，这会限制企业的经营活动。

3）筹资数量有限。由于贷款机构对贷款风险的控制，企业用这种筹资方式筹得的资金是有限量的。

## 二、长期债券

债券是指发行人向投资人出具的，在一定时期内按约定的条件按期支付利息和到期归还本金的凭证，是一种表明债权、债务关系的有价证券。企业债券是企业为筹集长期资金而发行的一种长期债务证券。

1. 债券的种类

根据不同的分类标准，债券有不同的种类。

（1）按发行主体，债券分为政府债券、金融债券和公司债券。

政府债券。是指政府财政部门或其他代理机构为筹集资金，以政府名义发行的债券，主要包括国库券和公债两大类。国库券一般是由财政部发行，用以弥补财政收支不平衡；公债是指为筹集建设资金而发行的一种债券；有时也将两者统称为公债。中央政府发行的称中央政府债券（国家公债），地方政府发行的称地方政府债券（地方公债）。

金融债券。是指银行和非银行金融机构作为筹资主体，为筹措资金而面向个人发行的一种有价证券，是表明债务、债权关系的一种凭证。债券按法定发行手续，承诺按约定利率定期支付利息并到期偿还本金。在英国、美国等欧美国家，金融机构发行的债券归类于公司债券；在我国及日本等国家，金融机构发行的债券称为金融债券。

公司债券。公司债券又称企业债券，是指公司依照法定程序发行的，约定在一定期限还本付息的有价证券。由于公司债券在债券的持有人和发行人之间形成了以还本付息为内容的债权债务法律关系，因此，公司债券是公司向债券持有人出具的债务凭证。

（2）按有无抵押担保品，分为信用债券和抵押债券。

信用债券。又称无抵押担保债券，是仅凭债券发行者信用发行的没有抵押品或担保人作担保的债券。一般政府债券均属信用债券，一个信誉良好的企业也可以发行信用债券。企业发行信用债券往往有许多限制条件,其中最重要的称为反抵押条款,即禁止企业将其财产抵押给其他债权人。

抵押债券。是指以公司一定抵押品作抵押而发行的债券,这种债券在西方较常见,当企业没有足够的资金偿还债务时,债权人可将抵押品拍卖以获取资金。抵押债券按抵押物品的不同,又可分为不动产抵押债券、设备抵押债券和证券抵押债券等。

(3) 按债券是否记名,分为记名债券和无记名债券。

记名债券是指在券面上注明债权人姓名或名称,同时在发行公司的债权人名册上进行登记的债券。该种债券在转让时,经背书转让,同时债权人名册要更换姓名。因此,转让时手续较复杂,但较安全。

无记名债券,在券面上没有注明债权人的姓名,也不用登记债权人名称,在转让同时即时生效,无须背书,因而比较方便。

(4) 按利率是否固定,分为固定利率债券和浮动利率债券。

固定利率债券是指在发行时规定利率在整个偿还期内不变的债券。

浮动利率债券是指发行时规定债券利率随市场利率定期浮动的债券,其利率通常根据市场基准利率加上一定的利差来确定。由于利率可以随市场利率浮动,因此可以有效地规避利率风险。浮动利率债券是与固定利率债券相对应的一种债券,且通常属于中长期债券。

此外,债券还有其他一些分类,如根据债券是否可以流通,分为可流通债券和不可流通债券;是否可以上市交易,分为上市债券和非上市债券。还有一些比较特殊的债券,如可转换债券,是指在一定时期内,可以按规定的价格或一定比例,由持有人自由地选择转换为普通股的债券。

2. 债券的发行

并不是所有企业都能用发行债券的方式筹集负债资金,《公司法》中对此有相关的规定。

(1) 发行债券的条件。根据规定,可以发行公司债的主体有以下三类:股份有限公司、国有独资公司和两个以上的国有企业或者其他两个以上的国有投资主体投资设立的有限责任公司。由于债券是证券的一种类型,所以《公司法》未对发行债券的条件作出具体规定,而是指出公司发行债券应当符合《证券法》规定的条件。

根据《证券法》第十六条规定,公开发行公司债券必须符合下列条件:①股份有限公司的净资产额不低于人民币3000万元,有限责任公司的净资产额不低于人民币6 000万元;②累计债券余额不超过公司净资产的40%;③最近3年平均可分配利润足以支付公司债券1年的利息;④筹集的资金投向符合国家产业政策;⑤债券的利率不得超过国务院限定的利率水平;⑥国务院规定的其他条件。

(2) 债券的发行方式。符合债券发行有关规定的公司,可以选择采用公募发行或私募发行其债券。

公募发行是指发行公司通过承销团向社会发售债券,是世界各国通常采用的债券发行方式,我国有关法律、法规也要求公开发行债券。

私募发行是指由发行公司直接将债券发售给投资者,这种发行方式因受条件限制,极少采用。

(3) 债券的发行价格。公司债券的发行价格是债券发行公司发行债券时所使用的价格,也是债券投资者购买债券时实际支付的价格。

债券发行公司在确定债券发行价格时,通常需要根据以下因素进行确定:债券的票面面值、债券的票面利率、债券的期限以及市场利率。

根据债券发行价格与票面面值之间的关系,债券有三种发行价格:面值发行、溢价发行、折价发行。面值发行是指发行价格等于债券的面值,又称平价发行;溢价发行是指发行价格高于债券的面值;折价发行是指发行价格低于债券的面值。

债券的发行价格与面值之间,之所以会存在溢价或折价,是因为资金市场上的利率是经常变化的,而企业债券上的利率,一经印出,便不易再进行调整,从债券的开印到正式发行,往往要经过一段时间,在这段时间内如果资金市场上的利率发生变化,就要靠调整发行价格的办法来使债券顺利发行。

债券发行价格 = 本金的现值 + 各期利息现值之和
$$= 面值 \times (P/F, i, n) + 面值 \times 利率 \times (P/A, i, n)$$

【例5-3】华兴公司发行面值为1 000元,利息率为10%,期限为10年的债券,每年末付息一次,到期还本。在公司决定发行债券时认为10%的利率是合理的,如果到债券正式发行时,市场上的利率发生了变化,发行价格应作相应调整。具体计算方法如下:

(1) 资金市场上的利率保持不变,则可按面值发行。

发行价格 = 1 000 × (P/F, 10%, 10) + 1 000 × 10% × (P/A, 10%, 10)
     = 1 000 (元)

(2) 资金市场上的利率较大幅度上升为15%,则此时折价发行。

发行价格 = 1 000 × (P/F, 15%, 10) + 1 000 × 10% × (P/A, 15%, 10)
     = 749.06 (元)

即只有按749.06元的价格出售,投资者才能购买此债券,并获得15%的报酬。

(3) 资金市场上的利率有较大幅度的下降，为5%，此时溢价发行。

发行价格 = $1\,000 \times (P/F, 5\%, 10) + 1\,000 \times 10\% \times (P/A, 5\%, 10)$
　　　　 = 1 386.11（元）

即投资者以1 386.11元的资金投资于1 000元面值的债券，可获5%的报酬。

当然，以上的发行价格主要是考虑目前利率，正式确定时，还要考虑到未来利率的变动趋势等。

3. 债券的收回与偿还

债券的收回与偿还有多种方式，可以在到期日按面值一次偿还，也可分批收回或分批偿还。

(1) 收回条款。如果企业发行债券的契约中规定有收回条款，企业就可以按特定的价格在到期之前收回债券。因此，具有收回条款的债券可使企业融资有较大的弹性，当企业的现金流充裕或预测企业资产流动性增强时，就可以收回债券。

(2) 偿债基金。偿债基金是指债券发行公司在债券到期之前，定期按债券发行总额的一定比例在每年收益中提取的、交由银行或信托公司管理运用的准备金，因此它是一种帮助企业有条理地偿还所发行债券的一种准备金。一般来说，如果发行债券的契约中规定有偿债基金，则要求企业每年都提取偿债基金以便顺利偿还债券。

(3) 以新债券换旧债券。是指企业用发行新的债券来调换一次或多次发行的旧债券。即企业可以通过发行新债券收回原先的旧债券。

(4) 转换成普通股。是指企业原发行债券属可转换债券，它是一种可以在特定时间、按特定条件转换为普通股票的特殊企业债券。因此，这种债券可以通过将债券转换成普通股来收回债券。

(5) 到期偿还。是指按发行所规定的还本时间，在债券到期时一次以现金方式全部偿还债券本金，我国发行的债券多数采用此种方式。

4. 债券筹资评价

由于新《公司法》取消了公司债券发行主体的限制，允许符合发行条件的各类公司平等地利用债券市场筹集资金，并取消了公司债券发行规模的限制，因此凡符合规定要求的公司，都可以考虑用发行债券的方式筹集负债资金。债券筹资方式同样既有优点也有缺点。

(1) 债券筹资的优点。相对于股票筹资方式而言，债券筹资方式主要有以下优点：

1) 资金成本低。相对发行股票而言，债券的发行费用较低，即筹资费用较低；同时由于债券利息是在税前支付，具有抵税作用，可以降低使用资金的实际成本。

2）保证控制权。由于债券持有人无权参与企业的经营管理决策，因此，若现有股东担心控制权旁落，则可采用发行债券筹资。

3）发挥财务杠杆作用。由于债券的利息是固定的，债券持有者只分享企业利息，而不参与税后利润的分配，这就是说，企业利用发行债券筹集的资金，可以使股东得到更多的股利。

（2）债券筹资的缺点。债券筹资方式有明显的优点，但也有负债筹资方式所共有的缺点：

1）筹资额有限。由于债券筹资的资金成本与企业负债比例相关，通常负债比率越高，债券资金成本越高。因此，企业发行债券筹集资金的数量有限。

2）筹资风险高。由于债券有到期还本付息的法律义务，即当债券到期时，无论企业利润如何，都要按期还本付息。这就是说，当企业经营不景气时，企业仍然要向债券持有者支付本息，这就会增加企业财务上的压力，使企业陷于财务危机，甚至导致企业破产。

3）限制条件多。由于相关的法律法规对企业发行债券筹资有很多限制条款，这些限制条款往往会影响企业的再筹资能力，从而会影响企业的经营活动。

### 三、融资租赁

融资租赁是企业负债筹资方式中的特殊方式。

1. 租赁的定义、种类及特点

（1）租赁的定义。租赁是指出租人以收取租金为条件，在契约或合同规定期限内，将资产租借给承租人使用的一种经济行为。出租人，即资产的所有人，通常为各种专业租赁公司；承租人，即使用资产并支付租金的企业。租赁是现代企业一种重要的筹资方式。

（2）租赁的种类。租赁的种类很多，主要有经营租赁与融资租赁两大类。

经营租赁是一种短期租赁，主要是企业为满足生产上的临时需要而租入资产的行为。经营租赁的特点：①租赁期短。承租企业没有长期而固定的义务。②租赁合同比较灵活。承租企业可根据需要，随时向资产所有人提出租赁资产要求；同时，在租赁期内，资产如有新设备出现或不再需要租入设备时，承租企业可按规定解除租赁合同，显然这对承租企业较有利。③资产所有人需提供一定服务。由于设备的所有权并没有转移，往往出租人还需提供专门服务，如负责设备的维修保养、人员的培训等。④租金较高。由于经营租赁的出租人不仅要提供一些专门的服务，而且要承担租赁资产陈旧过时等风险，因此，经营租赁收取的租赁费也较高。⑤租赁期满，租赁资产一般归还给出租人。

融资租赁又称财务租赁或资本租赁,是指由出租人按照承租人的要求购买设备,并在契约或合同的较长期限内,提供给承租企业使用的信用性业务。承租企业采用融资租赁,从形式上看,相当于以长期应付款的方式取得资产的使用权;但从实质上看,是转移了一项与资产所有权有关的主要风险和报酬的一种租赁。因此,承租企业一旦用融资租赁的方式取得资产后,就视该项资产为本企业的资产进行核算。融资租赁的特点:①租赁期长。通常融资租赁是出租人根据承租企业的要求,出资购买设备,再以收取租金的方式,提供给承租企业使用设备。因此,租赁期通常至少是租赁资产使用年限的一半以上。②融资租赁合同比较稳定。在租赁期内,若不是双方均同意,中途任何一方不得解除合同。③在租赁期内,由设备带来的收益及风险由承租企业享用及承担,而且出租方一般不提供设备的维修或保养等服务。④租赁期满,承租人有权选择对设备的处置权,通常可以选择的方式有:延长租期继续租赁,或将设备退还给出租人,或将租赁资产作价买下。

2. 融资租赁的形式

融资租赁的形式,具体有以下三种:

(1) 直接租赁。承租人直接向出租人租入所需要的资产,并付出租金,出租人一般有:制造厂商、租赁公司。直接租赁方式是融资租赁的典型形式,通常所说的融资租赁就是指直接租赁形式。

(2) 售后租回。根据协议,企业将资产出卖给出租人,再将其租回使用,并按期向出租人支付租金。采用这种租赁形式,出售资产的企业可得到相当于售价的一笔资金,同时仍然可以使用资产。当然,在此期间,企业只对资产拥有使用权,失去了资产的所有权,同时还要支付租金。

(3) 杠杆租赁。杠杆租赁是国际上比较流行的一种融资租赁的形式,它一般要涉及承租人、出租人、贷款人的三方当事人。从承租人的角度看,与其他融资租赁形式并无区别,同样在合同规定内支付租金使用设备。但对出租人来讲就不同了,出租人一般只垫付购买资产所需现金的部分,一般为20%~40%,其余60%~80%,则以该资产为担保向贷款人借资支付。

所以在杠杆租赁形式下,租赁公司既是出租人又是借资人,即出租人既要收租金又要偿付债务,通常,租赁收益大于借款成本。因此,出租人可以用很少的资金,做成巨额的租赁业务,具有杠杆作用与效益,故此称为杠杆租赁。

3. 融资租赁租金的计算

在租赁筹资方式中,承租企业需要按合同规定支付租金。租金的数额和支付方式对承租企业未来财务状况具有直接的影响。因此,租金的大小是租赁筹资决策的极为重要的依据。

(1) 租金的支付方式。融资租赁租金的支付方式可以有很多种类：①按支付间隔期，分为年付、半年付、季付和月付等方式；②按在期初、期末支付，分为先付租金、后付租金；③按每次是否等额支付，分为等额支付、不等额支付。在实务中，出租人与承租人商定的租金支付方式大多为后付等额年金。

(2) 租金的计算方法。融资租赁租金的计算方法很多。在我国，计算租金的方法一般采用平均分摊法以及等额年金法。

1) 平均分摊法。是指将设备购置成本、租赁期间的利息以及租赁手续费加总后，在租赁期内平均分摊，计算每期应付租金的方法。平均分摊法比较容易理解，也方便计算，但它没有充分考虑资金的时间价值。

每次应付租金的计算公式如下：

$$R = \frac{(C-S)+I+F}{N}$$

式中，R 为每次支付的租金；C 为租赁设备的购置成本；S 为租赁设备的预计残值；I 为租赁期间的利息费用；F 为租赁期间的手续费；N 为租赁期内租金支付次数。

【例 5-4】某企业于 2005 年 1 月 1 日，从租赁公司租入一套设备，价值 80 万元，租期为 5 年，预计租赁期满时的残值为 2 万元，归租赁公司所有。年利率为 9%，租赁手续费为设备价值的 2%，租金每年末支付一次。则该公司每年应该支付的租金计算如下：

$$R = \frac{(80-2)+[80\times(1+9\%)^5 - 80]+80\times 2\%}{5} = 24.54（万元）$$

2) 等额年金法。是运用年金现值的计算原理来计算每期应付租金的一种方法。通常，将利率和手续费率综合在一起，确定一个租费率，作为计算年金的折现率。

假定融资租赁的租金采用后付租金的方式支付租金，则其计算方法相当于根据现值求普通年金，其公式：

$$R = P/(P/A, i, n)$$

式中，R 为每年支付的租金；P 为等额租金的现值，或设备的购置成本；i 为租赁费率；n 为租赁期内租金支付次数。

【例 5-5】某企业从 A 租赁公司租入一套设备，价值 100 万元，双方协定：租期为 10 年，到期后，设备归企业所有，双方商定的租费率为 12%，每年末等额支付租金。

则承租企业每年年末应付租金为：

$$R = \frac{P}{(P/A, i, n)} = \frac{80}{(P/A, 12\%, 5)} = 20.49（万元）$$

4. 融资租赁筹资评价

相对于其他负债筹资而言，融资租赁筹资方式有其自身特有的优势，但也有共同点，包括共同的优点和共同的缺点。

（1）融资租赁筹资的优点。首先，融资租赁方式有利于企业迅速获得所需资产。由于融资租赁是非常特殊的一种筹资方式，相对于借款购买设备而言，融资租赁的筹资与设备购买是同时进行的，因此可以迅速获得所需资产。其次，融资租赁的限制性条款少。很多负债筹资方式的合约中，如长期借款、发行债券等，通常都列有债权人对债务人的许多限制性条款，而融资租赁则相对要少很多类似的限制性条款。最后，融资租赁可使企业享受租息抵税带来的好处。由于租金费用是相对固定不变的，且是在税前扣除的，因此具有抵减税金的作用。

（2）融资租赁筹资的缺点。首先，融资租赁的租赁成本比较高。一般来说，融资租赁筹资的租金要比其他负债筹资，如银行借款或发行债券所负担的利息要高很多，会使企业财务上的压力增加，提高资金成本。其次，融资租赁可能使企业不能享受资产残值收益。若融资租赁的资产有残值，往往承租企业不能享有，这对承租企业来说，也是一种损失。

### 四、商业信用

商业信用是指在商品交易中，由于延期付款或延期交货所形成的，在企业与企业之间存在的一种直接信用关系。商业信用是由于商品和货币在时间上分离而产生的，是在商品交易中自然形成的短期负债，因此是企业很重要的短期资金来源。

1. 商业信用的形式

企业利用商业信用的形式主要有应付账款、应付票据、预收货款。

（1）应付账款。应付账款是因赊购商品而形成的，是存在于买方和卖方之间的一种直接的信用。这种形式与应付票据最大的不同在于，买方不提供任何正式的借据，完全依靠企业之间的信用来维持，是买方筹措短期负债资金的方式。它是商业信用中最典型也是最常见的形式。

如A企业向B企业购买商品，若A企业在得到货物后一定时期内才向B企业付款，则在未付款这段时间内，A企业占用了B企业的资金。这种方式显然可以解决A企业暂时的资金短缺；而对B企业来说，则有利于其产品推销。

（2）应付票据。应付票据是指交易双方以赊购方式进行商品交易时，根据购销合同，采用商业汇票的方式进行结算，反映债权债务关系的票据。

商业汇票可由卖方签发，也可由买方签发，到期日由卖方要求付款。商业汇票是一种正式的债权债务法律依据，即要受法律保护，通常商业汇票的付款期限不超过6个月。

(3) 预收货款。预收货款是针对卖方而言，先预收货款，交货在后，是卖方筹措短期资金的方式。应付账款和应付票据是对买方而言，先得到货物，然后再付款，是买方筹措短期负债资金的方式。这种信用形式适用于较为紧缺的商品，或生产周期长、成本和售价高、资金需要量大的货物的销售，如电梯、轮船、房地产等。

除了以上基本形式之外，还有一些属于应付费用性质的，也都有短期融资的作用，如应付工资、应付税金和其他应付款等。

2. 商业信用条件

所谓商业信用条件是指卖方对买方的付款时间和现金折扣所做的具体规定。通常是出于理财上的需要，为了促使买方按期付款或提前付款所做的规定。如，"2/10，n/30"，意即买方若在10天内付款，可以减免货款的2%；但全部货款必须在30天内付清。

由于信用条件的存在，使得企业在享受应付账款筹资方式的同时，有时也要付出代价。应付账款按是否付出代价划分如下：

(1) 免费信用。是指买方在规定的折扣期限内付款而享受折扣获得的信用。利用商业信用筹资在两种情况下没有成本：一种是没有现金折扣的商业信用；另一种是有现金折扣，并且企业实际享受了现金折扣。例如，在"2/10，n/30"信用条件下，A企业向B企业购买商品，若A企业在10天内付款，则可以享受10天内的免费信用期，并获得相当于购货款2%的现金折扣。

(2) 有代价信用。是指在有现金折扣的条件下，买方放弃现金折扣时需付出的代价。因此买方超过折扣期限所享受的商业信用就是一种有代价的信用。这种放弃折扣期限所需付出的代价也称为放弃现金折扣的成本。

$$放弃折扣成本（即应付账款资金成本率）= \frac{CD}{1-CD} \times \frac{360}{N} \times 100\%$$

式中，$CD$为现金折扣的百分比；$N$为失去现金折扣延期付款的天数。

【例5-6】某企业获得销货企业提供的信用条件："2/10，n/30"，购买了销货企业一批产品，且在现金折扣期之后支付这笔货款，则该企业该笔应付账款的资金利润率即是放弃现金折扣的成本：

$$放弃折扣的成本 = \frac{2\%}{1-2\%} \times \frac{360}{20} \times 100\% = 36.73\%$$

由此可以看出，买方企业若是放弃现金折扣期内付款的话，虽然可以延长信用期，但要付出的代价也是比较高的。

(3) 展期信用。买方在规定的信用期限届满后，推迟付款而强制取得的信用。一般地，推迟付款的时间越长，其利息成本越小。但相对地，企业的信用地位和信用等级也将下降。如【例 5-5】中，若该企业推迟到第 50 天再付款，则其利息成本为：

$$\left(\frac{2\%}{1-2\%}\times\frac{360}{50-10}\right)\times100\%=18.37\%$$

3. 商业信用筹资评价

商业信用是一种特殊的短期负债资金的筹资方式，它是企业理财中应当引起重视的内容，因此，需要了解其对企业的影响。

（1）商业信用的优点。首先，商业信用使用方便灵活。商业信用随商品交易自然产生，是一种自然性筹资，不用做非常正规的安排。其次，限制条件少。针对银行短期借款而言，无限制条件中的制约。最后，筹资成本低。如果没有现金折扣，或企业不放弃现金折扣，或使用不带息应付票据，则利用商业信用筹资没有实际成本。

（2）商业信用缺点。商业信用的期限较短，若企业取得现金折扣，则时间会更短，而若放弃现金折扣，则要付较高的现金成本。

## 第四节　混合资本筹集

企业在实际的筹资方式中，除了前面介绍的两大基本的筹资方式之外，还有可以在这两者间转换的混合资本筹集方式。

### 一、可转换债券

可转换债券是指由筹资公司发行的可以被债券持有人按约定条件转换为普通股的债券。

从筹资公司来看，可转换债券兼具债务筹资和股权筹资的双重特点，属于一种混合性资本筹资方式。即在其没有转股之前属于负债筹资，此时发行公司需定期向债券持有人支付利息；若债券持有人在约定的转换期内，未将债券转为股票，发行公司还需到期偿付债券。若在约定的转换期内，债券持有人将债券转换成了股票，则发行公司的负债减少，股东权益增加，因此可转换债券还具有股权筹资的特点。

对投资者来说，当股市低迷时，投资者可选择享受利息的稳定收益；当股市看好时，投资者可将债券卖出，获取价差或者转成股票，享受股价上涨收益。也就是说，对投资者来说，可转换债券的投资风险比较小，但是收益却可能很大。

1. 可转换债券的转换

可转换债券的转换涉及转换比率、转换价格和转换期限,对这些方面的规定是可转换债券的最重要条款之一。

(1) 转换比率。是指每张可转换债券转换为普通股的股数。

(2) 转换价格。是和转换比率相关的关键指标,指当转换发生时,投资者应支付的每股价格。

转换比率与转换价格的关系可以用以下公式表示:

转换比率 = 债券面值/转换价格

或,转换价格 = 债券面值/转换比率

【例5-7】某上市公司在2005年9月1日发行了面值为100元的可转换债券,其到期日为2010年9月1日,并规定在到期日前,债券持有人可以用每张债券转换成2股普通股,即转换比率为2。此时,该可转换债券的转换价格就为:

转换价格 = 债券面值/转换比率 = 100/2 = 50(元)

反之,若已知转换价格为25元,则可以得知转换比率为:

转换比率 = 100/25 = 4

这就表示,每张债券可转换成4股股票。

通常,当发行公司发行可转换债券时,确定的转换价格是按照高出股票市价的10%~30%来制定的。

(3) 转换期限。是指债券持有人按发行公司的约定,将债券转换为股票的有效期限。通常,根据我国的有关规定,可转换债券的转换期限最短为3年,最长为5年。对我国上市公司来说,通常是在可转换债券发行结束的6个月后,持有人可以按照约定的条件,随时将债券转换为股票。

2. 可转换债券的发行条件

根据《公司法》及相关法规的规定,可转换公司债券的发行人应当为上市公司,《可转换公司债券管理暂行办法》将发行人扩张至上市公司及重点国有企业。

上市公司发行可转换公司债券应当符合下列条件:①公司最近1年末经审计的净资产不低于人民币15亿元;②最近3年连续盈利,且最近3年净资产利润率平均在6%以上,属于能源、原材料、基础设施类的公司可以略低,但是不得低于7%;③可转换公司债券发行后,资产负债率不高于70%;④累计债券金额余额不超过公司净资产额的40%;⑤可转换公司债券的利率不超过银行同期存款的利率水平。

此外,还规定募集资金的投向应符合国家产业政策等。重点国有企业发行可转换债券需满足其他相关规定的要求。

3. 可转换债券筹资的评价

可转换债券是一种特殊的债券,相对于一般债券而言,主要有以下的优缺点:

(1) 可转换债券筹资的优点。首先,可转换债券筹资发行后,可以降低公司资本成本。按照规定,可转换债券的票面利率不得高于银行同期存款利率,且期限一般为3~5年,如果未被转换,则相当于发行了低利率的长期债券;同时,可转换债券的利率通常低于普通债券的利率;此外,债券若被转换成股票后,还可以节约股票的筹资费用。可见,公司发行可转换债券可以降低其资本成本。其次,有助于公司调整资本结构。对于发行公司来说,由于可转换债券兼具债务筹资和股权筹资的双重特点,即债券被转换前属于公司的负债,但一旦被转换为股票后,将使公司负债减少,因而可以帮助公司调整资本结构。最后,有助于公司筹集更多的资金。当发行公司发行可转换债券时,确定的转换价格是按照高出股票市价的10%~30%来制定的。因此,若债券被转换了,相当于发行了比市价高的股票,相对于增发股票和配股相比,在同等股本扩张条件下,有助于公司筹到更多的资金。

(2) 可转换债券筹资的缺点。首先,可转换债券发行后,有可能增加公司财务压力。当公司发行可转换债券后,若股价走低或公司自身的业绩出现滑坡,股价难以上升时,债券持有人就不愿将债券转换成股票,此时,公司将面临直接用现金偿付债券本金的局面,从而可能增加公司财务上的压力。其次,可能导致公司股东收益下降。当可转换债券转换成普通股时,公司要求权益的普通股将增加,因而股东的每股收益将下降。

## 二、认股权证

认股权证,是一种长期的选择权,是证券发行公司在发行某种证券时,随着证券一起发行的、允许其持有者按约定条件购买其相关证券的权利证书(有时也可以单独发行,如配股)。在这些证券中,较为常见的是长期债券。认股权证所约定的条件包括认股价格、认股股数和认股的有效期,即认股权证的持有者必须在允许的有效期内,按照特定的价格购买事先确定的股票数量。

1. 认股权证的特征

认股权证有以下明显的特征:

(1) 它是一种期权。虽然权证的持有者被赋予按约定条件购买发行公司的股票,但投资者仍然可以自己选择是否实施这种权利,即权证持有者既可以在将来实施这种权力,也可以不实施这种权力。因此,认股权证在实质上是给予持有者的一种期权。

（2）有额外资金流入。持有者一旦实施认股的权力，发行公司将有额外的资金流入。相比较而言，可转换证券不同，虽然也是持有人可以自己选择是否转换，但可转换证券一旦被转换，发行公司并没有资金的流入。

（3）可以单独存在。认股权证同它原有的证券可以分离而单独存在，即它可以在证券市场上单独进行买卖交易，因此，当认股权证履行其权利后，低票面利率的债券仍然流通在外；相比之下，可转换证券一旦转换成证券后，可转换证券就会被公司收回，而公司也不再拥有低资金成本的优势。

2. 认股权证筹资的评价

从认股权证的特点可以看到，它有自身的优点，也有不足的方面。

（1）认股权证筹资的优点。由于认股权证通常是附在一些证券上，如债券，随着债券一起发行的，有时也可以单独发行。无论是前者还是后者，由于其认股价格都比较低，因此能吸引更多投资者来购买；同时当持有者实施这种认股的权利之后，可扩大公司的股权资本，因此有利于调整公司的资本结构。

（2）认股权证筹资的缺点。发行认股权证后，流通在外的普通股数量可能增加，因此，可能会导致普通股股票的每股收益被稀释；另外，由于认股权证是与发行的证券分离的，当认股权证实施认股权利后，这些证券仍然流通在外，因此，公司的负债并没有降低，即仍然有还本付息的压力。

# 附录 《股票的发行条件》

股票的发行是指股份有限公司出售股票以筹集资本的过程。我国《公司法》、《证券法》等明确规定，只有股份有限公司才能发行股票，而有限责任公司是不能发行股票的。

具体来说，股份有限公司发行股票的条件有：首先，股票发行人必须是具有股票发行资格的股份有限公司；其次，我国《股票发行与交易管理暂行条例》对新设立股份有限公司公开发行股票、原有企业改组设立股份有限公司公开发行股票、增资发行股票及定向募集公司公开发行股票的条件分别作出了如下具体的规定：

1. 新设立股份有限公司公开发行股票的条件

新设立股份有限公司申请公开发行股票，应当符合下列条件：①公司的生产经营符合国家产业政策。②公司发行的普通股只限一种，同股同权。③发起人认购的股本数额不少于公司拟发行的股本总额的百分之三十五。④在公司拟发行的股本总额中，发起人认购的部分不少于人民币三千万元，但是国家另有规定的除外。⑤向社会公众发行的部分不少于公司拟发行的股本总额的百分之二十五，其中公司职工认购的股本数额不得超过拟向社会公众发行的股本总额的百分之十；公司拟发行的股本总额超过人民币四亿元的，证监会按照规定可酌情降低向社会公众发行的部分的比例，但是，最低不少于公司拟发行股本总额的百分之十五。⑥发行人在近三年内没有重大违法行为。⑦证券委规定的其他条件。

2. 原有企业改组设立股份有限公司公开发行股票的条件

原有企业改组设立股份有限公司申请发行股票，除了要符合新设立股份有限公司申请公开发行股票的条件外，还要符合下列条件：①发行前一年末，净资产在总资产中所占比例不低于百分之三十，无形资产在净资产中所占比重不高于百分之二十，但是证券委另有规定的除外；②近三年连续盈利。

3. 关于增资发行的条件

股份有限公司增资申请公开发行股票，除了要满足前面所列的条件外，还要满足下列条件：①前一次公开发行股票所得资金的使用与其招股说明书所述的用途相符，并且资金使用效益良好；②距前一次公开发行股票的时间不少于12个月；③从前一次公开发行股票到本次申请期间没有重大违法行为；④证券委规定的其他条件。

4. 定向募集公司公开发行股票的条件

定向募集股份有限公司申请公开发行股票除了要符合新设立和改组设立股份有限公司公开发行股票的条件外，还应符合下列条件：①定向募集所得资金的使用同招股说明书所述内容相符，并且资金使用效益好；②距最近一次定向募集股份的时间不少于12个月；③从最后一次定向募集到本次公开发行期间没有重大违法行为；④内部职工股权证按照规定发放，并且已交国家指定的证券机构集中托管；⑤证券委规定的其他条件。

# 复习思考题

## 一、简答题

1. 什么是企业的资本金？为什么需要有资本金？
2. 筹资渠道与筹资方式有何异同？
3. 股权筹资方式与负债筹资方式有何异同？对企业分别有何影响？

4. 普通股与优先股有何联系与区别？

5. 当公司面临股票是否上市时，可以从哪些方面入手进行分析决策？

6. 为什么说融资租赁是一种负债筹资方式？而且是一种长期负债的筹资方式？

7. 为什么说商业信用是一种负债筹资方式？而且是一种短期负债的筹资方式？

8. 可转换债券与普通债券有何异同？在我国上市公司各种融资方式中有何优势？

## 二、计算题

1. 某企业按年利率6%获得银行长期借款1 000万元，期限5年。根据协议要求，该企业必须将借款总额的18%作为补偿性余额留在银行。

请问：该企业这笔借款的实际利率是否仍然为6%？

2. 某房地产公司拟发行债券筹集长期负债资金，用于房地产新项目的资金来源。其债券每张面值为100元，票面利率为12%，期限为5年，每年付一次利息，到期还本。

要求：测算该债券在以下不同市场利率下的发行价格：

(1) 市场利率为10%；

(2) 市场利率为12%；

(3) 市场利率为14%

3. 某制造企业于2004年1月1日从租赁公司融资租入一套设备，价值50万元，租期为6年，预计租赁期满时的残值为1万元，归租赁公司所有。双方商定的租费率为12%，租金在每年年末以等额年金的方式支付。请计算该制造企业每年年末应支付的租金是多少？

## 三、案例分析题

2009年7月27日，四川长虹（600839.SH）发布公告称，经中国证监会核准，公司向社会公开发行分离交易的可转换公司债券30亿元，这是国内证券市场首例上市公司分离交易可转债的发行。每张债券面值人民币100元，共3 000万张债券，每张债券的认购人可以无偿获得认股权证19.1份，共计5.73亿份，每份认股权证可认购1股四川长虹的股票，认股权证的初始行权价格为5.23元，所派发的认股权证全部行权后募集的资金总量不超过拟发行的债券金额。

据悉，在四川长虹发行分离交易可转债募集的30亿元资金当中，10亿元增资四川虹欧显示器件有限公司，用于研发、生产、销售等离子显示屏及模组；5

亿元增资四川长虹网络科技有限公司，用于发展和开拓数字电视业务；15亿元用于偿还银行贷款和补充流动资金。

据了解，四川虹欧是四川长虹PDP项目的建设平台，四川长虹对虹欧公司增资完成后，虹欧公司注册资本由22 500万美元增加至35 048万美元，其中四川长虹出资额度达到21 548万美元，占虹欧公司注册资本的61.48%。增资完成后，不仅将彻底解决四川长虹与长虹集团后续在等离子面板采购方面的关联交易问题，进一步保持主营业务的独立性和完整性，更为重要的是，通过加强对虹欧公司的控制，进一步掌控等离子面板资源，实现平板电视产业链的"垂直整合"。来自Display Search 2009年第一季度的数据显示，全球等离子市场容量正以11.2%的年复合增长率稳定增长，国内等离子市场发展更为迅速，年复合增长率达到23%。随着国家"以旧换新"政策的出台，等离子电视成为客厅主角的机会已经出现。根据当时预测，到2011年，全球等离子电视销量达到2 620万台，中国市场等离子电视销量达到370万台。

四川长虹网络科技有限公司已经成为中国最大数字机顶盒供应商和数字电视系统解决方案提供商之一，主要从事数字电视前端系统、端到端系统集成、电视机顶盒产品和数字电视增值业务应用系统等业务。①

**结合案例，请思考如下问题：**

1. 案例中，四川长虹发行的分离交易可转债与普通的公司债券相比，有何优势？对公司的影响主要表现在哪些方面？
2. 请分析：四川长虹发行分离交易可转债后，其公司的资本结构有何变化？
3. 自2010年1月份以来，上市公司再融资出现惊人井喷。在各种再融资方式中，可转换债券的优势又体现在哪些方面？

---

① 以上内容根据《广州日报》2009年7月29日相关报道整理。

# 第六章 资本结构决策

【本章学习目标】
- 明确企业资本成本的概念、意义和种类
- 掌握各类资本成本的计算方法
- 了解经营杠杆、财务杠杆和复合杠杆的原理,掌握经营杠杆系数、财务杠杆系数和复合杠杆系数的计算方法
- 理解资本结构含义及影响资本结构的主要因素,熟练运用每股收益无差别点等方法进行最佳资本结构决策,分析评价企业不同的筹资方案

【章首案例】
1999年11月1日,韩国第二大企业集团大宇集团向新闻界正式宣布,该集团董事长金宇中以及14名下属公司的总经理决定辞职,以表示"对大宇的债务危机负责,并为推行结构调整创造条件"。

大宇集团于1967年开始奠基立厂,经过30年的发展,大宇成为韩国最大企业——现代集团的庞大商业帝国,1998年底,总资产高达640亿美元,营业额占韩国GDP的5%;业务涉及贸易、汽车、电子、通用设备、重型机械、化纤、造船等众多行业。大宇是"章鱼足式"扩张模式的积极推行者,认为企业规模越大,就越能立于不败之地,即所谓的"大马不死"。据报道,1993年,金宇中提出"世界化经营"战略时,大宇在海外的企业只有15家,而到1998年底,已增至600多家,"等于每3天增加一个企业"。

1997年底,韩国发生金融危机后,其他企业集团都开始收缩,但大宇仍然我行我素,结果债务越背越重。尤其是1998年初,韩国政府提出"五大企业集团进行自律结构调整"方针后,其他集团把结构调整的重点放在改善财务结构方面,努力减轻债务负担。大宇却认为,只要提高开工率,增加销售额和出口就能

躲过这场危机。因此，它继续大量发行债券，进行"借贷式经营"。1998年，大宇发行的公司债券达7万亿韩元（约58.33亿美元）。1999年7月27日，大宇因"延迟重组"，被韩国4家债权银行接管；8月11日，大宇在压力下屈服，割价出售2家财务出现问题的公司；8月16日，大宇与债权人达成协议，在1999年底前，将出售盈利最佳的大宇证券公司以及大宇电器、大宇造船、大宇建筑公司等，大宇的汽车项目资产免遭处理。由于在此后的几个月中，经营依然不善，资产负债率仍然居高，大宇不得不走向本文开头所述的那一幕。

**【问题思考】**

大宇集团为什么会倒下？在其轰然坍塌的背后，存在什么样的问题？经营杠杆、财务杠杆对其有怎样的消极作用？其资本结构决策存在怎样的问题？

## 第一节 资本成本

企业通过各种方式所筹集的每一分钱都不是免费的，都是有代价的。如何知道这些代价的构成以及如何计算这些代价，就是本节所要讲的资本成本的概念及其计算。

### 一、资本成本

1. 资本成本的概念

资本成本是指企业为筹集和使用资金所付出的代价，通常是指筹集和使用各种长期资金（包括长期借款、债券等长期债务资金和普通股、优先股等权益资金）所付出的代价。资本成本包括资金的筹集成本和占用成本，即资金的筹集费用和占用费用。其中，资金的占用成本是资本成本的主体部分，也是降低资本成本的主要方向。

资金筹集成本是企业在筹集资金过程中所支付的各项费用，主要包括长期借款手续费、长期债券和股票的发行费用等，又称为资金的取得成本。资金筹集成本与资金的筹集次数相关，与所筹集资金的数量关系不大，一般在筹集资金时一次性支付，在以后资金的使用过程中不再发生。因此，筹集成本在计算资本成本时，可作为筹资额的扣除额处理，即从筹集资金总额中直接扣除。

资金占用成本是企业在生产经营过程中因占用和使用资金所支付的各项费

用,主要包括股票股利、长期借款和债券利息等。相比而言,资金占用成本需经常发生,并需要定期支付。

资本成本可以用绝对数表示,也可以用相对数表示。在实务中,为便于计算和比较,资本成本通常用相对数表示。用相对数表示的资本成本就是资金占用费与实际筹集资金数额的比率。需要特别指出的是,扣除筹资费用后的资金筹集额称为资金筹集净额。用公式表示如下:

$$资本成本 = \frac{资金占用费}{资金筹集净额} = \frac{资金占用费}{(筹资金额 - 资金筹集费)}$$

该公式是资本成本计算确定的理论公式,不同融资方式的资本成本是在此理论公式的基础上,根据各自的特点加以调整而计算得出的。

2. 资本成本的意义

资本成本是企业财务管理中一个重要概念,资本成本的高低,是衡量投资决策能否实施的重要标准。因此,计算资本成本对于比较筹资方式、选择筹资方案、评价投资项目、衡量企业经营业绩都有着非常重要的意义。

(1) 资本成本是选择筹资方式,进行资本结构决策的依据。企业筹资方式多种多样,不同的筹资方式,其资本成本也各不相同,企业一般可以通过计算和比较不同筹资方式的资本成本,以选择资本成本最低的筹资方式。资本结构由权益资金和债务资金组合而成,这种组合又将产生多个融资方案可供选择,企业一般通过计算不同筹资方案的综合资本成本,以此选择综合资本成本最低的筹资方案,以使资本结构最优。

(2) 资本成本是评价投资项目,进行投资项目决策的重要标准。任何投资项目,只有在其投资预期报酬率超过其资本成本时,该项目才可接受;否则该项目将无利可图,投资也就失去了实际意义。可见,资本成本实际上是企业投资项目必须达到的最低报酬率,是企业进行投资项目决策的重要标准。国际上通常将资本成本视为投资项目的"最低收益率"。

(3) 资本成本是衡量企业经营业绩的重要尺度。资本成本是企业运用资本经营必须取得的最低收益水平。企业可以将相应的息税前利润与综合资本成本进行比较,只有企业的息税前利润率超过其综合资本成本时,才可认为该企业经营业绩较好;反之,该企业经营业绩欠佳。

3. 资本成本的种类

资本成本按用途,可分为个别资本成本、综合资本成本和边际资本成本。

(1) 个别资本成本。个别资本成本是指在某种特定筹资方式下的资本成本,用个别资本成本率表示。个别资本成本包括长期借款成本、长期债券成本、优先股成本、普通股成本和留存收益成本。其中,前两种称为债务资本成本,后三种称为权益资本成本或自有资本成本。企业在比较各种筹资方式时,需要运用个别资本成本。

（2）综合资本成本。综合资本成本是对各种个别资本成本进行加权计算得出的资本成本，即为企业全部长期资本的成本，用综合资本成本率表示。企业在进行长期资本结构决策时，需要运用综合资本成本。

（3）边际资本成本。边际资本成本是指新筹集部分资本的成本，即为企业追加长期资本的加权平均成本，用边际资本成本率表示。企业在进行追加筹资方案决策时，需要运用边际资本成本。

## 二、个别资本成本

企业的资金是通过不同的渠道、用不同的方式所筹集的。企业需要知道不同来源的资金及成本的大小，这就是个别资本成本的计算。

1. 长期借款成本

长期借款成本包括借款利息和筹集借款相关费用。长期借款利息一般是定期支付，作为财务费用列支，可以抵扣企业所得税。其计算公式为：

$$K_1 = \frac{I_1 \times (1-T)}{L \times (1-f_1)} = \frac{i_1 \times (1-T)}{(1-f_1)}$$

式中，$K_1$ 为长期借款成本；$I_1$ 为长期借款年利息；$T$ 为所得税率；$L$ 为长期借款额；$f_1$ 为长期借款筹资费率；$i_1$ 为长期借款年利率。

长期借款的筹资费用主要是借款手续费，一般数额较小，在实务中，可以忽略不计。这时，长期借款资本成本计算公式简化如下：

$$K_1 = i_1 \times (1-T)$$

【例 6 - 1】某企业向银行取得 5 年长期借款 1 000 万元，年利率 10%，每年付息一次，到期一次还本，借款手续费率为 0.3%，企业所得税率为 33%。计算该企业长期借款成本。

该长期借款成本计算如下：

$$K_1 = \frac{1\,000 \times 10\% \times (1-33\%)}{1\,000 \times (1-0.3\%)} = 6.72\%$$

若此笔长期借款手续费忽略不计，则长期借款成本计算如下：

$$K_1 = 10\% \times (1-33\%) = 6.7\%$$

上述长期借款成本的计算方法比较简单，但该方法有一个最大的缺陷，就是没有考虑资金时间价值。在实务中，可根据现金流量计算长期借款成本。这种计算方法的实质是：将长期借款的税前成本看作是使这一借款的现金流入等于其现金流出现值的贴现率。其计算公式为：

$$L \times (1-f_1) = \sum_{t=1}^{n} \frac{I_t}{(1+K)^t} + \frac{P}{(1+K)^n}$$

式中，$P$ 为第 n 年末应偿还的长期借款本金；$K$ 为税前长期借款成本。

2. 长期债券成本

长期债券成本包括长期债券利息和筹资费用。相对于长期借款而言，长期债券筹资费用较高，在实务中，一般不可忽略不计。从长期债券的发行价格来看，由于票面利率和市场利率之间的关系，其发行价格有平价、溢价和折价三种方式，筹资的资金数额也可能与债券到期偿还的本金不同。为了更准确地计算长期债券的真实成本，长期债券实际筹集的资金数额按其发行价格计算。分期付息、到期一次还本的长期债券成本计算公式为：

$$K_b = \frac{I_b \times (1-T)}{B \times (1-f_b)}$$

式中，$K_b$ 为长期债券成本；$I_b$ 为长期债券年利息；$T$ 为所得税率；$B$ 为长期债券实际筹资额（长期债券实际发行价格）；$f_b$ 为长期债券筹资费率。

【例6-2】某企业发行面值为 1 000 万元的 5 年期长期债券，其发行价格为 1 200 万元，票面年利率10%，每年付息一次，到期一次还本，发行费用占发行价格的3%，企业所得税率为33%。计算该企业长期债券成本。

该长期债券成本计算如下：

$$K_b = \frac{1\,000 \times 10\% \times (1-33\%)}{1\,200 \times (1-3\%)} = 5.76\%$$

若本次长期债券的发行价格为 1 000 万元，则该笔长期债券成本计算如下：

$$K_b = \frac{1\,000 \times 10\% \times (1-33\%)}{1\,000 \times (1-3\%)} = 6.91\%$$

若本次长期债券的发行价格为 800 万元，则该笔长期债券成本计算如下：

$$K_b = \frac{1\,000 \times 10\% \times (1-33\%)}{800 \times (1-3\%)} = 8.63\%$$

可见，上述长期债券成本计算方法与长期借款成本一样没有考虑资金时间价值。若考虑资金时间价值，可将长期债券的税前成本看做是使发行长期债券的现金流入等于其发生的未来现金流出（即各期应付的债券利息和到期应归还的债券本金）现值的贴现率，其计算方法与长期借款成本相同。

3. 优先股成本

优先股成本包括优先股股利和筹资费用。优先股股利一般定期付息，从税后利润中支付。当企业破产清算时，优先股股东参与剩余财产分配的顺序仅次于债券持有人而优先于普通股股东。企业发行优先股筹资需要支付发行费用，且数额较长期借款大，一般不能忽略不计。优先股股利通常是固定的，优先股筹资额应按优先股的发行价格确定。其计算公式为：

$$K_P = \frac{D_P}{P_P \times (1-f_P)}$$

式中，$K_P$ 为优先股成本；$D_P$ 为优先股年支付股利；$P_P$ 为优先股实际筹资金额；$f_P$ 为优先股筹资费率。

【例 6-3】某企业发行面值为 1 000 万元的优先股股票，其发行价格为 1 200 万元，筹资费为发行价格的 4%，年股利率为 12%。计算该企业优先股成本。

该优先股成本计算如下：

$$K_P = \frac{1\,000 \times 12\%}{1\,200 \times (1 - 4\%)} = 10.42\%$$

4. 普通股成本

普通股同优先股的资本成本计算方法基本相同。当与优先股相比，普通股的股利是不固定的，它将随着企业经营状况的变动而变化，正常情况下是呈逐年增长的趋势。当企业破产清算时，普通股股东参与剩余财产的分配在债权人和优先股股东之后，因而其投资风险最大，资本成本也最高。

由于对企业未来发展前景及普通股股东对未来风险所要求的风险溢价很难做出准确的预测，由此给普通股成本的估算带来了一定的难度，需要进行一些必要的假设和简化。这里，主要介绍两种估算方法。

(1) 股利增长模型法。股利增长模型法是依照股票投资报酬率不断增长的思路来估算普通股成本。一般假设普通股股利以固定的年增长率递增，其计算公式为：

$$K_c = \frac{D_1}{P_c \times (1 - f_c)} + G$$

式中，$K_c$ 为普通股成本；$D_1$ 为普通股预期第一年支付股利额；$P_c$ 为普通股实际筹资金额；$G$ 为普通股股利预计年增长率；$f_c$ 为普通股筹资费率。

【例 6-4】某企业发行每股面值为 1 元的普通股 1 000 万股，每股发行价格为 6 元，发行普通股筹资费为发行价格的 4%，预计第一年每股支付股利 0.5 元，以后每年依次递增 6%。计算该企业普通股成本。

采用股利增长模型法，该普通股成本计算如下：

$$K_c = \frac{1\,000 \times 1 \times 0.5}{1\,000 \times 6 \times (1 - 4\%)} + 6\% = 14.68\%$$

(2) 资本资产定价模型法。该方法主要通过直接估算企业普通股的预期报酬率来计算普通股成本。其计算公式为：

$$K_c = R_f + \beta(R_m - R_f)$$

式中，$R_f$ 为无风险报酬率；$\beta$ 为股票贝塔系数值；$R_m$ 为股票市场平均报酬率。

【例 6-5】某企业普通股股票的 $\beta$ 值为 1.5，假设无风险报酬率为 7%，整个股票市场平均报酬率为 12%。计算该企业普通股成本。

采用资本资产定价模型法，该普通股成本计算如下：

$K_c = 7\% + 1.5 \times (12\% - 7\%) = 14.5\%$

5. 留存收益成本

留存收益是企业税后利润在扣除当年支付的股利后形成，包括盈余公积和未分配利润，它属于普通股股东所有。从表面看，留存收益属于企业股东，企业使用这部分资金不需要付出任何代价，似乎不用计算其资本成本。但事实上，留存收益的资本成本是一种机会成本，体现为企业股东追加投资要求的报酬率。因此，留存收益也必须计算资本成本。

留存收益成本的估算也是非常困难的，它的估算也必须考虑诸如企业未来发展前景以及股东对预期的更大风险所要求的附加报酬率等因素。目前，留存收益成本的估算一般参照普通股成本的计算方法，只是在估算留存收益成本时，不必考虑相关筹资费用。

综上所述，债务资本的利息具有抵税作用，而权益资本的股利（股息）不具有抵税作用，所以一般权益资本的成本要比债务资本成本高。从投资人的角度来看，投资人投资债券要比投资股票的风险小，所以要求的报酬率比较低，所以，债务资本成本要比权益资本成本低。对于长期借款和长期债券，长期借款的利息率通常要低于长期债券的利息率，而且筹资费率也比长期债券的低，所以长期借款的筹资成本要小于长期债券的筹资成本。对于权益资本，优先股股利固定不变，且优先股股东参与剩余财产分配的顺序仅次于债券持有人而优先于普通股股东，投资风险小，所以优先股股东要求的投资回报率低于普通股和留存收益，其筹资成本低于普通股和留存收益成本；留存收益没有筹资费用，所以留存收益的筹资成本要比普通股的筹资成本低。

### 三、综合资本成本

由于受多种因素的制约，企业不可能只使用某种单一的筹资方式，往往需要通过多种方式筹集所需资本。因此，除了计算个别资本成本外，还须从企业整体的角度出发，计算综合资本成本，以便进行科学的筹资决策。

综合资本成本是以各项个别资本成本在企业总资本中所占比重为权数，对各项个别资本成本进行加权平均计算得出的资本成本，又称加权平均资本成本。

其计算公式为：

$$K_W = \sum_{j=1}^{n} K_j \times W_j$$

式中，$K_W$ 为加权平均资本成本；$K_j$ 为第 $j$ 类个别资本成本；$W_j$ 为第 $j$ 类个别资本占总资本的比重。

在个别资本成本在企业总资本所占比重的确定过程中，有如下三种选择：账面价值权数、市场价值权数与目标资本结构权数,每种权重的确定方法,都有其侧重的内容,由此计算出的综合资本成本也不同。目前,在计算综合资本成本时,都以账面价值为计算权重的基础。

【例6-6】某企业筹集长期资金1 000万元,其中长期借款200万元,占20%;长期债券100万元,占10%;优先股股本100万元,占10%;普通股400万元,占40%;留存收益200万元,占20%。各种资金的成本分别为6%、7%、12%、15%和14%。计算该企业筹集长期资金的综合资本成本。

该综合资本成本计算如下:

$$K_W = 20\% \times 6\% + 10\% \times 7\% + 10\% \times 12\% + 40\% \times 15\% + 20\% \times 14\%$$
$$= 11.9\%$$

### 四、边际资本成本

边际资本成本是指资本每增加一个单位而增加的成本。在实际中,边际资本成本通常在某一筹资区间内保持稳定,当企业以某种筹资方式筹资超过一定期限时,边际资本成本会提高,此时,即使企业保持原有的资本结构,也仍有可能导致综合资本成本上升。因此,边际资本成本也可以称为随筹资额增加而提高的综合资本成本。在企业追加筹资时,不能仅仅考虑目前所使用的资本成本,还要考虑为投资项目新筹集的资本成本,这就需要计算边际资本成本。

边际资本成本计算如下:

第一步,根据确定的目标资本结构和个别资本成本计算筹资总额分界点。筹资总额分界点,是指在保持某资本成本率的条件下,可以筹集到的资本总限度,一旦筹资额超过筹资分界点,即使维持现有资本结构,其总资本成本也会增加。

筹资总额分界点 = 某种筹资方式的成本分界点/目标资本结构中该种筹资方式占的比重

第二步,根据计算出的筹资总额分界点,计算边际资本成本。根据计算出的筹资总额分界点,可得出若干组新的筹资范围,对各组筹资范围分别计算综合资本成本,即可计算出各组筹资范围的边际资本成本。

【例6-7】某企业目前已筹集长期资金1 000万元,其中,长期债务400万元,普通股权益600万元。为适应追加投资的需要,企业准备筹措新资。另外,经企业财务人员分析测算,认为企业目前的资本结构处于目标资本结构范围,并确定了各项个别资本在一定筹资范围内的资本成本,即长期债务追加筹资额在20万元以内,其资本成本为6%;追加筹资额在20万~60万元,其资本成本为7%;追加筹资额在60万元以上,其资本成本为8%。普通股权益追加筹资额在

50万元以下，其资本成本为12%；追加筹资额在50万~100万元，其资本成本为13%；追加筹资额在100万元以下，其资本成本为14%。计算该企业追加筹资的边际资本成本。

该企业追加筹资的边际资本成本计算如下：

第一步，计算筹资总额分界点。

该企业目标资本结构为长期债务占40%，普通股权益占60%，根据题目给出的个别资本成本，该企业筹资总额分界点计算过程如表6-1所示。

表6-1 筹资总额分界点计算表

| 筹资方式 | 个别资本成本 | 各种筹资方式的筹资范围 | 筹资总额分界点 | 筹资总额范围 |
|---|---|---|---|---|
| 长期债务 | 6% | 20万元以下 | 20/0.4 = 50万元 | 50万元以下 |
| | 7% | 20万~60万元 | 60/0.4 = 150万元 | 50万~150万元 |
| | 8% | 60万元以上 | — | 150万元以上 |
| 普通股权益 | 12% | 50万元以下 | 50/0.6 = 83万元 | 83万元以下 |
| | 13% | 50万~100万元 | 100/0.6 = 167万元 | 83万~167万元 |
| | 14% | 100万元以上 | — | 167万元以上 |

第二步，计算边际资本成本。

根据上述筹资总额分界点计算表，可得出如下五组新的筹资范围：①50万元以下；②50万~83万元；③83万~150万元；④150万~167万元；⑤167万元以上。对这五个筹资总额范围分别计算综合资本成本，便可得出各种筹资范围资金的边际成本，计算过程如表6-2所示。

表6-2 边际资本成本计算表

| 序号 | 筹资总额范围 | 筹资方式 | 目标资本结构（%） | 个别资本成本（%） | 边际资本成本（%） | |
|---|---|---|---|---|---|---|
| 1 | 50万元以下 | 长期债务 | 40 | 6 | 2.4 | 第一个范围的边际资本成本 |
| | | 普通股权益 | 60 | 12 | 7.2 | |
| 2 | 50万~83万元 | 长期债务 | 40 | 7 | 2.8 | 第二个范围的边际资本成本 |
| | | 普通股权益 | 60 | 12 | 7.2 | |
| 3 | 83万~150万元 | 长期债务 | 40 | 7 | 2.8 | 第三个范围的边际资本成本 |
| | | 普通股权益 | 60 | 13 | 7.8 | |
| 4 | 150万~167万元 | 长期债务 | 40 | 8 | 3.2 | 第四个范围的边际资本成本 |
| | | 普通股权益 | 60 | 13 | 7.8 | |

续表

| 序号 | 筹资总额范围 | 筹资方式 | 目标资本结构（%） | 个别资本成本（%） | 边际资本成本（%） |
|---|---|---|---|---|---|
| 5 | 167万元以上 | 长期债务 | 40 | 8 | 3.2 | 第五个范围的边际资本成本 |
| | | 普通股权益 | 60 | 14 | 8.4 | |

## 第二节 杠杆原理

自然界中的杠杆效应，是指人们通过利用杠杆，可以用一个较小的力量便可以产生较大效果的现象。财务管理中也存在类似的杠杆效应，表现为：由于特定费用（如固定成本或固定财务费用等）的存在，当某一财务变量以较小幅度变动时，另一财务变量便以较大的幅度变动。合理运用杠杆原理，有助于企业合理规避风险，提高财务管理水平。

财务管理中的杠杆效应有三种形式，即经营杠杆、财务杠杆和复合杠杆。

**一、经营杠杆**

经营杠杆在企业财务管理中很常见，经营杠杆的存在对企业既有有利的方面，也会给企业带来风险。

1. 经营风险

企业经营面临各种风险，一般可划分为经营风险和财务风险。经营风险是指企业因经营上的原因而导致企业利润变动的风险，即未来的前利润（EBIT）的不确定性。经营风险因具体行业、具体企业以及具体时期不同而不同。通常情况下，产品市场需求、销售价格、成本水平、固定成本所占总成本的比重、企业对产品价格的调整能力等因素都将影响经营风险。如，市场对企业产品的需求越稳定，经营风险就越小；反之，经营风险则越大。产品售价比较稳定，经营风险就小；反之，经营风险则较大。产品成本的控制能力越强，经营风险就越小；反之，经营风险则越大。

2. 经营杠杆

在其他条件不变的情况下，销售量的增加虽然不会改变固定成本总额，但会降低单位固定成本，从而提高单位利润，使息税前利润的增长率大于销售量的增长率。反之，销售量的减少会提高单位固定成本，降低单位利润，使息税前利润下降率也大于销售量的下降率。这种由于企业经营成本中固定成本的存在，而导致息税前利润变动率大于销售量变动率产生的杠杆效应，称为经营杠杆。经营杠杆作用程度的大小，通常用经营杠杆系数来衡量。经营杠杆系数是指息税前利润变动率相当于销售量变动率的倍数。其计算公式如下：

$$经营杠杆系数 = \frac{息税前利润变动率}{销售量变动率} = \frac{边际贡献}{息税前利润}$$

即，$DOL = \dfrac{\Delta EBIT/EBIT}{\Delta Q/Q} = \dfrac{Q(p-b)}{Q(p-b)-a}$

式中，$DOL$ 为经营杠杆系数；$EBIT$ 为息税前利润；$\Delta EBIT$ 为息税前利润变动额；$Q$ 为销售量；$\Delta Q$ 为销售量变动额；$p$ 为销售单价；$b$ 为产品单位变动成本；$a$ 为固定成本总额。

【例6-8】某企业生产某种产品，固定成本500万元，单位变动成本5元，单位售价10元，当企业销售量为100万件、150万件和200万件时，计算经营杠杆系数。

该企业经营杠杆系数计算如下：

（1）当销售量为100万件时：

$$DOL = \frac{100 \times (10-5)}{100 \times (10-5) - 500} = \infty$$

（2）当销售量为150万件时：

$$DOL = \frac{150 \times (10-5)}{150 \times (10-5) - 500} = 3$$

（3）当销售量为200万件时：

$$DOL = \frac{200 \times (10-5)}{200 \times (10-5) - 500} = 2$$

计算结果表明：①在固定成本不变和单位售价不变的情况下，经营杠杆系数说明了销售量变化所引起的息税前利润的变化幅度。②在固定成本不变和单位售价不变的情况下，销售量越大，经营杠杆系数就越小，经营风险也越小；反之，经营杠杆系数就越大，经营风险也越大。③在固定成本不变和单位售价不变的情况下，当销售量达到盈亏平衡点的销售量时，经营杠杆系数就会趋于∞。此时，企业只能通过增加销售量、降低单位变动成本等措施，使经营杠杆系数下降，降低经营风险。

总之，经营杠杆系数越高，表示企业营业利润对销售量变化的敏感程度越高，经营风险也越大；经营杠杆系数越低，表示企业营业利润对销售量变化的敏感程度越小，经营风险也越小。

## 二、财务杠杆

在企业特别风险中,除了经营杠杆,常见的还有财务杠杆。同样,财务杠杆的存在,不仅会给企业带来好处,也同时会增加企业的风险。

1. 财务风险

财务风险是指企业在经营活动过程中与筹资有关的风险,即企业利用举债或优先股筹资可能导致权益资本收益下降的风险,甚至导致企业破产的风险。财务风险是全部资本中债务资本比率的变化所带来的风险。当债务资本比率较高时,投资者将负担较多的债务成本,并经受较多的负债所引起的收益变动的冲击,从而加大财务风险;反之,当债务资本比率较低时,财务风险则较小。在通常情况下,影响财务风险的因素主要有资本供求的变化、利率水平的变化、获利能力的变化和资本结构的变化等。

2. 财务杠杆

在资本总额及资本结构既定的情况下,企业需要从息税前利润中支付的债务利息通常都是固定的,并且必须按期支付,这与企业实现的息税前利润多少无关。因此,在企业支付的债务利息固定不变时,当息税前利润增加时,单位息税前利润所负担的债务利息相应地减少,普通股每股收益相应增加,从而使普通股每股收益的增长率大于息税前利润的增长率,企业由此获得财务杠杆收益。反之,当息税前利润减少时,单位息税前利润所负担的债务利息相应地增加,普通股每股收益相应减少,从而使普通股每股收益的下降率大于息税前利润的下降率,企业由此需承担相应的财务风险。这种由于债务的存在而导致企业普通股每股收益变动率大于息税前利润变动率的杠杆效应,称为财务杠杆。财务杠杆作用程度的大小,通常用财务杠杆系数来衡量。财务杠杆系数是指普通股每股收益的变动率相当于息税前利润变动率的倍数。其计算公式如下:

$$财务杠杆系数 = \frac{普通股每股收益变动率}{息税前利润变动率} = \frac{息税前利润}{息税前利润 - 利息}$$

即,$DFL = \dfrac{\Delta EPS/EPS}{\Delta EBIT/EBIT} = \dfrac{EBIT}{EBIT - I}$

式中,$DFL$ 为财务杠杆系数;$EPS$ 为普通股每股收益;$\Delta EPS$ 为普通股每股收益变动额;$I$ 为债务利息。

在有优先股的条件下,上述公式应变为:

$$DFL = \frac{EBIT}{EBIT - I - \dfrac{d}{1-T}}$$

式中,$d$ 为优先股股利;$T$ 为所得税税率。

**【例 6-9】** 某企业资本总额为 1 000 万元，均为权益资本，当前息税前利润为 150 万元，所得税税率为 33%。计算财务杠杆系数。

该企业财务杠杆系数计算如下：

$I = 0$ 万元

$$DFL = \frac{150}{150 - 0} = 1$$

若该企业为扩大生产，需要追加筹资 500 万元，有以下两种可供选择的筹资方案：①发行普通股 5 万股，每股发行价格 40 元；向银行申请长期借款 300 万元，借款年利率 10%。②全部向银行申请长期借款 500 万元，借款年利率 10%。假设该企业扩大生产后，息税前利润将上升为每年 220 万元。计算以上两种筹资方案下的财务杠杆系数。

（1）部分发行普通股、部分申请长期借款筹资方案：

$I = 300 \times 10\% = 30$ 万元

$$DFL = \frac{220}{220 - 30} = 1.16$$

（2）全部申请长期借款筹资方案：

$I = 500 \times 10\% = 50$ 万元

$$DFL = \frac{220}{220 - 50} = 1.29$$

计算结果表明：①企业在不利用债务筹资的情况下，财务杠杆不发挥作用，如息税前利润增加 1%，每股收益也将增加 1%。②企业在利用债务筹资的情况下，财务杠杆则发挥作用，并且负债比率越高，财务杠杆系数越大，其作用程度就越大。如在负债 300 万元时，财务杠杆系数为 1.16，即息税前利润变动 1%，将导致每股收益变动 1.16%；负债 500 万元时，财务杠杆系数为 1.29，即息税前利润变动 1%，将导致每股收益变动 1.29%。

总之，财务杠杆会加大财务风险，企业负债比率越高，其财务杠杆系数越大，财务杠杆效应越强，财务风险也就越大；反之，企业负债比率越低，其财务杠杆系数越小，财务杠杆效应越弱，财务风险也就越小。企业可以通过控制负债比率进而控制财务风险，即通过合理安排资本结构，适度负债使财务杠杆利益抵销风险增大所带来的不利影响。

### 三、复合杠杆

如前所述，经营杠杆通过扩大销售额影响息税前利润，而财务杠杆通过扩大息税前利润影响每股收益。如果两种杠杆共同起作用，那么，销售额的细微变动就会对每股收益产生更大的变动。这两种杠杆共同起作用，而使销售额的细微变动就会令每股收益产生更大变动的杠杆效应称为复合杠杆,也称总杠杆。可见,复合杠杆综合了经营杠杆和财务杠杆的共同作用。

复合杠杆作用程度的大小,通常用复合杠杆系数来衡量。复合杠杆系数是指普通股每股收益的变动率相当于销售额变动率的倍数,是经营杠杆系数和财务杠杆系数的乘积。其计算公式为:

$$复合杠杆系数 = \frac{普通股每股收益变动率}{销售量变动率} = \frac{边际贡献}{息税前利润 - 利息} = 经营杠杆系数 \times 财务杠杆系数$$

即,$DCL = \frac{\Delta EPS/EPS}{\Delta Q/Q} = \frac{Q(P-b)}{Q(P-b) - a - I} = DOL \times DFL$

式中,$DCL$ 为复合杠杆系数。

【例6-10】某企业总资本1 000万元,负债比率40%,负债平均年利率10%,年销售量50万元件,产品单位售价20元,变动成本率50%,固定成本200万元。计算该企业复合杠杆系数。

该企业复合杠杆系数有以下两种计算方法:

第一种方法:$DCL = \frac{50 \times (20 - 10)}{50 \times (20 - 10) - 200 - 400 \times 10\%} = 1.92$

第二种方法:$DOL = \frac{50 \times (20 - 10)}{50 \times (20 - 10) - 200} = 1.67$

$DFL = \frac{50 \times (20 - 10) - 200}{50 \times (20 - 10) - 200 - 400 \times 10} = 1.15$

$DCL = 1.67 \times 1.15 = 1.92$

可见,企业复合杠杆系数越大,每股收益波动的幅度就越大,由于复合杠杆作用使每股收益大幅度波动而造成的风险,称为复合风险。复合风险直接反映企业的整体风险水平。在其他因素不变的情况下,复合杠杆系数越大,复合风险越大;复合杠杆系数越小,复合风险越小。

## 第三节 资本结构决策

### 一、资本结构的含义

资本结构是指企业各种资本来源的构成及其比例关系。资本结构是企业筹资决策的核心问题。在企业筹资管理活动中,资本结构有广义和狭义之分。广义的资本结构是指企业全部资本价值的构成及其比例关系,既包括长期资本和短期资本，也包括债务资本和权益资本。狭义的资本结构是指企业各种长期资本的构成及其比例关系，主要是指长期的债务资本和权益资本的构成及其比例关系。在狭义资本结构下，短期债务和债券资本作为营运资本管理。本节所指资本结构是指狭义的资本结构。

**二、资本结构理论**

最早提出"资本结构理论"的是美国经济学家戴维·杜兰德，杜兰德认为，企业资本结构是按照净收益、净营业收益等理论建立的。1958年，莫迪格利尼和米勒又提出了著名的MM理论。在此基础上，后人又进一步提出了代理理论和最佳资本结构理论等。

1. 净收益理论

该理论认为，由于债权的投资回报率固定，债权人有优先求偿权，所以，债权投资风险低于权益投资风险，债权资本成本一般低于权益资本成本，利用债务可以降低企业的综合资本成本。因此，企业负债程度越高，综合资本成本就越低。当负债比率达到100%时，其企业价值将达到最大。

该理论的缺陷是，没有考虑财务风险对资本成本和企业价值的影响。企业的负债资金比例过高，其财务风险就会很高，企业的综合资本成本就会上升，企业的价值反而会下降。

2. 净营业收益理论

该理论认为，资本结构与企业的价值无关，决定企业价值高低的关键因素是企业的净营业收益。企业提高成本较低的负债比例，能获得财务杠杆利益，但同时也会增加财务风险，导致权益资本成本的提高，从而使企业的综合资本成本保持不变。也就是说，无论企业的财务杠杆程度如何，其整体资本成本不变，企业的价值也就不受资本结构的影响。因此，资本结构与资本成本和企业价值无关，资本结构不存在最佳与否的问题。

该理论的缺陷是，过分夸大了财务风险的作用，而忽略了资本成本与资本结构之间的内在联系。而且，从企业价值的角度来看，净营业收益虽然在一定程度上能影响企业的价值，但企业的价值不仅仅取决于净营业收益的多少。

3. MM理论

MM理论由莫迪利安尼和米勒于1958年提出，被认为是现代资本结构的开端和最有影响的资本结构理论。

MM理论包括无税条件下的MM理论和有税条件下的MM理论。它们都具有以下基本假设：①企业风险是可以衡量的，且经营风险相同的企业均处于同一风险等级；②债权投资人和权益投资人均对企业未来的收益与风险有着相同的预期；③债权的利率视为无风险利率；④债权和股权在资本市场上可完全交易。

无税条件下的 MM 理论认为，企业价值的维持与创立与其筹资来源的性质无关，其实质内容是强调企业价值是由资产负债表左侧的实际资产决定的，而不是由企业债务与权益资本比决定的。

有税条件下的 MM 理论认为，负债企业价值等于无负债企业价值加上因负债而产生的税收屏蔽作用，因此，负债会因税赋节约而增加企业价值，负债比例越高，企业价值就越大，权益资本所获得的收益也会越大。

4. 代理理论

该理论认为，企业债务的违约风险是财务杠杆系数的增函数，随着企业债务资本的增加，债权人的监督成本随之上升，债权人会要求更高的利率。这种在企业财务危机发生时股东和债权人之间利益冲突日趋激化产生的成本被称为代理成本，这种成本最终由股东承担。企业资本结构中如果债权比例过高，会导致股权价值的降低。均衡的企业资本结构是由股权代理成本和债权代理成本之间的平衡关系来决定的，债权资本适度的资本结构会增加股权的价值。

5. 最佳资本结构

随着资本结构理论的发展，现代财务专家认为，企业存在最佳资本结构。从根本上来讲，财务管理的目标在于企业价值的最大化或股东权益最大化。然而只有在风险不变的情况下，每股收益的增长才会导致股价上升，实际上经常是随着每股收益的增长，风险也加大。如果每股收益的增长不足以弥补风险增加所需的报酬，尽管每股收益增加，但股价仍可能下降。所以最佳资本结构应当是可使企业总价值最高，而不是每股收益最大的资本结构。同时，企业总价值最高的资本结构，其总体资本成本也是最低的。此时的最佳资本结构只是一种理论上的最佳资本结构。在实际工作中，最佳资本结构的确定是十分困难的。企业应结合具体情况，采取适当的方法，尽可能地优化资本结构，降低总体资本成本。

### 三、影响资本结构的主要因素

企业在进行资本结构决策时，除了需要考虑运用杠杆利益和防范财务风险外，还应对影响资本结构的各种因素进行分析，并根据这些因素确定合理的资本结构。影响资本结构的因素如下：

1. 企业财务状况

企业财务状况包括企业资金的来源与利用情况，资本的周转速度与变现能力等。财务状况好的企业，其变现能力较强，偿债能力也就相对较强，因而能承受较大的财务风险，可适当增加负债比例；反之，财务状况较差的企业，其偿债能力较差，承受财务风险的能力较弱，此时，需要控制负债比例。

2. 产品的销售状况

如果企业产品的销售比较稳定,其获利能力也相对较强,则企业负担固定财务费用的能力相对较强;如果销售具有较强的周期性,则企业将冒较大的财务风险。

3. 所有者和管理人员的态度

如果企业股权较分散,企业所有者并不担心控制权旁落,往往更倾向于采取发行股票方式筹集资金。反之,如果企业股权较集中,而现有控股股东为保证对企业的绝对控制权,通常倾向于采取优先股或负债方式筹集资金。如果企业管理人员冒险意识较强,愿意承担较大的风险,就会增加债务资金的比例;反之,如果企业管理人员比较稳健保守,不愿承担过大的风险,则会减少债务资金的比例。

4. 信用评估机构和贷款人的态度

信用评估机构和贷款人的态度往往成为决定企业资本结构的关键性因素。当信用评估机构认为企业的负债比例过高,潜在风险较大,下调信用等级时,则贷款人将会认为企业过高地运用了财务杠杆作用,而不愿意增加贷款,从而影响企业的筹资能力。

5. 税收因素

企业债务资金的利息在税前列支,而支付的股利在税后列支,利用负债筹资可以获得减税的利益。因此,所得税率越高,负债筹资的减税利益就越大,留给股东的收益也就越多,企业越倾向于利用债务方式筹资;反之,如果所得税率越低,则负债筹资的减税利益就不显著,企业利用债务方式筹资的愿望就不强。

6. 企业外部经济环境和行业状况

当社会经济增长较快时,企业可以通过增加债务资金的比例,以增强企业的发展能力。此外,不同规模、不同行业的企业,资本结构的差别较大。企业应参考同行业类似规模企业的资本结构,并结合企业的实际,以确定最佳的资本结构。

### 四、资本结构决策

如前所述,企业的最佳资本结构是企业的综合资本成本最低,同时企业价值最大的资本结构,其核心是确定债权和股权之间的比例关系。在实际工作中,企业如何确定最佳资本结构是一个复杂、困难的问题,也没有一个公认的债权和股权比例的数量化标准,可以认为,最佳资本结构在不同国家、不同时期、不同行业是各不相同的。但是,最佳资本结构的确定仍然是企业筹资决策的重要内容。为此,企业可以资本结构相关理论为依据,在充分研究企业内外筹资环境的基础上,从企业的所有者、债权人和经营者的角度出发,采用不同的评价方法加以确定。

在通常情况下,确定最佳资本结构采用的评价方法主要有每股收益无差别点法、比较资本成本法和企业价值分析法等三种方法。

1. 每股收益无差别点法

每股收益无差别点法又称每股收益分析法,是利用每股收益无差别点来进行资本结构决策的方法,这种方法在西方国家财务管理中被广为采用。所谓每股收益无差别点是指在两种或两种以上筹资方案下,普通股每股收益相等时的息税前利润点,称息税前利润平衡点,每股收益是指普通股的每股税后利润。运用这种方法,可以分析判断在什么情况下可利用债权筹资来安排及调整资本结构,进行资本结构决策。

每股收益无差别点处的息税前利润计算公式如下:

$$\frac{(\overline{EBIT} - I_1) \times (1-T) - d_1}{N_1} = \frac{(\overline{EBIT} - I_2) \times (1-T) - d_2}{N_2}$$

式中,$\overline{EBIT}$ 为每股收益无差别点处的息税前利润;$I_1$、$I_2$ 为两种筹资方式下支付的年利息;$N_1$、$N_2$ 为两种筹资方式下的普通股股数;$d_1$、$d_2$ 为两种筹资方式下优先股股利;$T$ 为所得税税率。

根据每股收益无差别点,可以分析判断在何种销售水平下,适于采用何种资本结构,如图 6-1 所示。

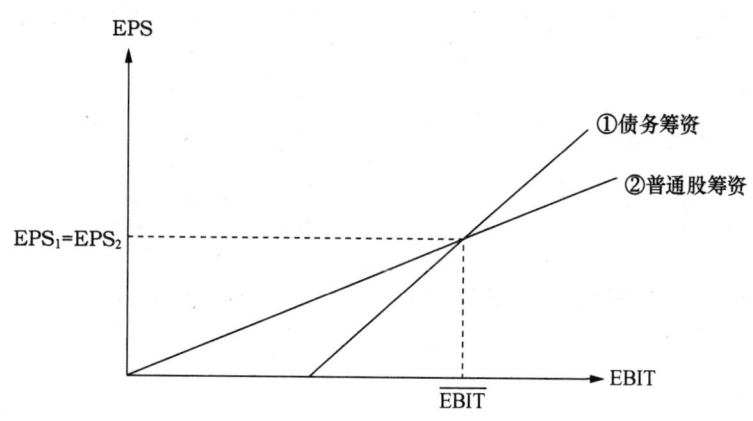

图 6-1 每股收益无差别点分析图

每股收益无差别点的判断标准可总结为:

(1) 在进行普通股筹资和债务筹资方案决策时,如果息税前利润高于两者无差别点的息税前利润时,则利用债务筹资可获得更高的每股收益;反之,利用普通股筹资可获得更高的每股收益。

（2）在进行普通股筹资和优先股筹资方案决策时，如果息税前利润高于两者无差别点的息税前利润时，则利用优先股筹资可获得更高的每股收益；反之，利用普通股筹资可获得更高的每股收益。

（3）由于债务筹资其固定的利息具有抵减企业所得税的作用，所以在任何的息税前利润水平上，债务筹资都比优先股筹资产生更高的每股收益。

【例6-11】大兴公司目前有资金10 000万元，其资本结构为：长期债务3 000万元，普通股权益7 000万元（总股数为1 000万股），债务年利率为8%。现因扩大生产需要准备再筹集2 000万元资金，有以下三种筹资方式可供选择：①全部增发普通股200万股，每股增发价为10元；②全部进行长期债务筹资，债务年利率为10%；③全部发行优先股，年股利率为12%。

假设大兴公司扩大生产后息税前利润为2 500万元，企业所得税率为33%。则以上三种筹资方式下每股收益计算如表6-3所示。

表6-3 三种筹资方式下普通股每股收益计算表　　　　　单位：万元

| 项　目 | 增发普通股 | 增加长期债务 | 发行优先股 |
| --- | --- | --- | --- |
| 息税前利润 | 2 500 | 2 500 | 2 500 |
| 减：长期债务利息 | 240 | 440 | 240 |
| 税前利润 | 2 260 | 2 060 | 2 260 |
| 减：所得税 | 746 | 680 | 746 |
| 税后利润 | 1 514 | 1 380 | 1 514 |
| 减：优先股股息 |  |  | 240 |
| 普通股可供分配利润 | 1 514 | 1 380 | 1 514 |
| 普通股总股数（万股） | 1 200 | 1 000 | 1 000 |
| 普通股每股收益（元） | 1.26 | 1.14 | 1.51 |

以上计算结果表明，在息税前利润一定的条件下，采用不同筹资方式其普通股每股收益是不相同的，这反映了在息税前利润一定的条件下，不同资本结构对每股收益的影响。

根据每股收益无差别点法，则普通股筹资和债务筹资的每股收益无差别点为：

$$\frac{(EBIT - 3\,000 \times 8\%) \times (1-33\%) - 0}{1\,000 + 200} = $$

$$\frac{(EBIT - 3\,000 \times 8\%) - (2\,000 \times 8\%) \times (1-33\%) - 0}{1\,000}$$

EBIT = 2 440 万元

普通股筹资与优先股筹资的每股收益无差别点为:

$$\frac{(EBIT - 3\,000 \times 8\%) \times (1 - 33\%) - 0}{1\,000 + 100} = \frac{(EBIT - 3\,000 \times 8\%) \times (1 - 33\%) - 240}{1\,000}$$

EBIT = 4 179 万元

对大兴公司而言,当息税前利润为 2 440 万元时,普通股筹资和债务筹资的每股收益相等;当息税前利润为 4 179 万元时,普通股筹资和优先股筹资的每股收益相等。根据每股收益无差别点分析法,大兴公司息税前利润为 2 500 万元时,全部进行长期债务筹资方案能使每股收益最大化。假设大兴公司扩大生产后,息税前利润为 2 100 万元,则全部增发普通股筹资方案能使每股收益最大化。

每股收益无差别点分析法,只考虑了资本结构对每股收益的影响,并假定每股收益最大,股票价格也最高,而忽略了资本结构对企业风险的影响,是不全面的。因为随着债务的增加,投资者的风险加大,股票价格和企业价值也会有下降的趋势。所以,单纯地利用每股收益无差别点进行分析,有时会做出错误的决策,但在市场不完善的时候,投资人主要依据每股收益的多少来作出决策,每股收益的增加也的确有利于股票价格的上升。

2. 资本成本比较法

资本成本比较法是以企业综合资本成本的高低为标准来衡量资本结构是否合理,即决策前先拟定若干个备选筹资方案,分别计算各方案综合资本成本,以综合资本成本最低的筹资方案所确定的资本结构为最佳资本结构。

【例6-12】兴发公司拟筹集资金 1 000 万元,现有三种筹资方案可供选择。有关资料如表6-4所示。要求:确定兴发公司的最佳资本结构。

表6-4 三种筹资方案的有关资料

| 方案 | 长期借款(%) | | 普通股(%) | | 优先股(%) | |
| --- | --- | --- | --- | --- | --- | --- |
| | 所占比例 | 资本成本 | 所占比例 | 资本成本 | 所占比例 | 资本成本 |
| 甲 | 40 | 9 | 40 | 12 | 20 | 10 |
| 乙 | 30 | 8 | 50 | 13 | 20 | 11 |
| 丙 | 30 | 7 | 60 | 14 | 10 | 10 |

依据上述资料,三种方案的综合资本成本分别计算如下:

甲方案:$K_W = 40\% \times 9\% + 40\% \times 12\% + 20\% \times 10\% = 10.4\%$

乙方案:$K_W = 30\% \times 8\% + 50\% \times 12\% + 20\% \times 11\% = 10.6\%$

丙方案：$K_W = 30\% \times 7\% + 60\% \times 12\% + 10\% \times 10\% = 10.3\%$

根据资本成本比较法，通过比较计算结果，丙方案的综合资本成本最低，可认为丙方案为最佳筹资方案，其所确定的资本结构为最佳资本结构。

3. 企业价值分析法

企业价值分析法是在充分考虑企业财务风险的前提下，以企业价值的大小为标准，经过测算确定企业最佳资本结构的方法。与每股收益无差别点法和资本成本比较法相比，企业价值比较法充分考虑了企业的财务风险和资本成本等因素的影响，进行资本结构决策时以企业价值最大为标准，更符合企业价值最大化的财务目标；但其测算原理和测算过程较为复杂，通常用于资本规模较大的企业。

关于企业价值的内容、测算基础和方法，目前主要有以下三种认识：

（1）企业价值等于其未来净收益（或现金流量，下同）按照一定折现率折现的价值，即企业未来净收益的折现值。这种测算方法的原理有其合理性，但因企业未来净收益及折现率的不确定性，难以在实践中加以应用。

（2）企业价值是其股票的现行市场价值。企业股票的现行市场价值可按其现行市场价格来计算，故有其客观合理性。一方面，股票的价格受多种因素影响，经常处于波动之中，很难确定按哪个交易日的市场价格计算；另一方面，企业价值中只考虑了股票价值，而未考虑长期债务价值。因而这种测算方法也就不能用于资本结构决策。

（3）企业价值等于其长期债务和股票的折现值之和。与上述两种方法相比，这个测算方法比较合理，也比较现实，它至少有两个优点：一是从企业价值的内容来看，它既包括了企业股票的价值，也包括了企业长期债务的价值；二是从企业净收益的归属来看，它属于企业的所有者，即属于全体股东。

# 复习思考题

**一、简答题**

1. 什么是资本成本？资本成本的种类有哪些？
2. 不同形式的资本成本如何计算？
3. 什么是经营杠杆、财务杠杆和复合杠杆？经营杠杆系数、财务杠杆系数和复合杠杆系数如何计算？
4. 什么是资本结构？资本结构理论代表性的观点有哪些？资本结构的主要

影响因素有哪些？

5. 进行最佳资本结构决策的方法有哪些？

## 二、计算题

1. ABC 公司发行一笔期限为 5 年的债券，债券面值为 1 000 万元，溢价发行，实际发行价格为面值的 10%，债券票面年利率为 10%，每年末支付一次利息，筹资费率为 5%，所得税率为 33%。

要求：计算该债券的成本。

2. 甲公司计划筹集资金 1 000 万元，其中向银行申请长期借款 200 万元，借款年利率 8%，手续费率忽略不计；发行优先股 300 万元，预计年股利率 10%，筹资费率 4%；发行普通股 500 万元，每股发行价格 20 元，筹资费率 5%，预计第一年支付的每股股利 1 元，以后每年按 6% 递增，假设所得税率为 33%。

要求：计算甲公司综合资本成本。

3. Y 公司 2009 年销售产品 1 000 万件，单位售价 5 元，产品单位变动成本 3 元，固定成本额 800 万元。假设 2009 年发生的债务利息 100 万元，且无筹资租赁租金，所得税率为 33%。

要求：计算 2009 年 Y 公司经营杠杆系数、财务杠杆系数和复合杠杆系数。

4. 新谷公司目前发行在外普通股 100 万股（每股面值 1 元），已发行 10% 利率的长期债券 400 万元，目前的息税前利润为 100 万元。该公司为扩大生产规模，需要再筹集资金 500 万元，有以下两个筹资方案可供选择：

方案 1：按 12% 的利率发行五年期债券，每年末支付一次年息。

方案 2：按每股 20 元的价格发行普通股 25 万股。

假设扩大生产规模后，每年息税前利润会增加 100 万元，适用的所得税率为 33%。要求：

（1）计算两个方案的每股收益。

（2）计算两个方案每股收益无差别点的息税前利润，并据此进行筹资决策。

## 三、案例分析题

华胜药业股份有限公司（以下简称华胜公司）成立于 1997 年。其注册资本为 1 000 万元，经营范围主要是化学原料药、化学制剂药、抗生素、生化制品、物流配送及相关咨询服务。公司自成立以来虽无亏损现象发生，但其经营业绩一般，与同行业比较，盈利能力较低。因此，为了在激烈的竞争中不致被淘汰，公司必须不断挖掘其自身的潜力，扩大市场份额，提高企业价值。

公司现状。华胜公司自成立以来一直无长期债务，其资金全部由普通股资本组成，股票账面价值为 1 000 万元，2003 年公司息税前盈余为 300 万元，所得税率为 33%，无风险报酬率为 8%，所有股票的平均报酬率为 15%，股票 β 系数为 1。其权益资本成本采用资本资产定价模型来确定。即 $k_s = r_f + \beta(r_m - r_f)$。

所以，公司当前的 $k_s = 8\% + 1 \times (15\% - 8\%) = 15\%$，

式中，$k_s$ 为权益资本成本，$r_f$ 为无风险报酬率，$r_m$ 为所有股票的平均报酬率。

由于公司无长期负债，所以根据公式 $k_w = k_b \dfrac{B}{V}(1-T) + k_s \dfrac{S}{V}$ 计算得出：

$k_w = k_s = 15\%$

式中，$k_w$ 为加权平均资本成本，$k_b$ 为债务资本成本，$S$ 为股票价值，$B$ 为债券价值，$V$ 为公司价值，$T$ 为公司所得税率。

公司的股票价值 $S = \dfrac{(EBIT - I)(1-T)}{k_s} = \dfrac{(300-0)(1-33\%)}{15\%} = 1\,340(万元)$

式中，$EBIT$ 为息税前盈余；$I$ 为利息额。

根据 $V = S + B$，公司当前的总价值 $V = S = 1\,340$（万元）

以上便是该公司目前在权益资本占长期资金来源 100% 的资本结构下，公司的加权平均资本成本与企业价值。但随着公司的发展，公司的财务总监和财务经理认为，公司目前的资本结构不合理，于是向总经理提出改善公司目前的资本结构的建议，但总经理不同意。他认为目前公司的资本结构没有什么不妥之处，因为他信奉的是营业收益理论。即认为，不论公司有无负债，其加权平均资本成本都是固定不变的，因此公司的总价值也是固定不变的。因为公司利用财务杠杆时，即使债务资本成本不变，但由于负债的增加会加大权益的风险，使权益资本成本上升，这样加权平均资本成本不会因为负债比率的提高而降低，而是维持不变。所以，资本结构与企业价值无关，决定企业价值的应是营业收益。如图 6 - 2、图 6 - 3 所示。

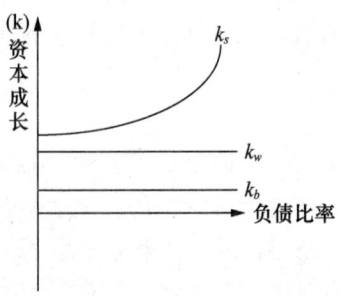

图 6 - 2　资本结构与资本成本关系（营业收益理论）

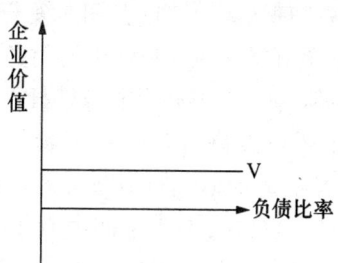

图6-3 资本结构与企业价值关系（营业收益理论）

所以依据此理论，总经理认为无须改变公司目前的资本结构。

但财务经理认为，营业收益理论中的加权平均资本成本不变是不正确的。其认为净收益理论才是合理的。因为负债可以降低资本成本，无论负债程度多高，企业的债务成本和权益资本成本都不会变化，因此，负债程度越高，企业价值越大。所以，只要债务资本成本低于权益资本成本，那么负债越多，企业的加权平均资本成本就越低，企业的价值就越大。当负债比率为100%时，企业的加权平均资本成本最低，企业价值最大。如图6-4、图6-5所示。

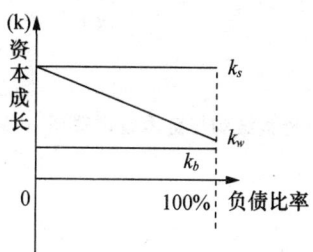

图6-4 资本结构与资本成本的关系（净收益理论）

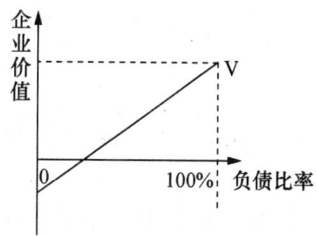

图6-5 资本结构与企业价值的关系（净收益理论）

因此，华胜公司的财务经理认为，当前公司应发行债券换回股票，负债比率越高越好，其认为负债比率最好能达到100%。但财务总监认为，营业收益理论和净收益理论都有一定的局限性，公司利用财务杠杆可以降低公司的加权平均资本成本，这样在一定程度上可以提高公司的总市场价值。但并不是负债程度越高，企业价值越大。因为随着债务比率的不断提高，权益资本成本也会上升。当负债比率达到一定程度时，权益资本成本的上升不再能为债务的低成本所抵消，这样加权平均资本成本便会上升。因此，公司在加权平均资本成本最低时存在最佳资本结构，企业价值最大，即我们通常所说的传统理论，如图6-6、图6-7所示。

因此，财务总监认为，公司应改善目前的资本结构，可通过发行债券购回部分股票，寻找加权平均资本成本最低的最佳资本结构。其过程如下：

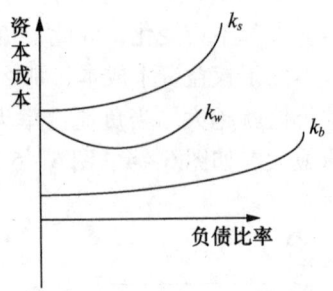

图6-6　资本结构与资本成本关系（传统理论）

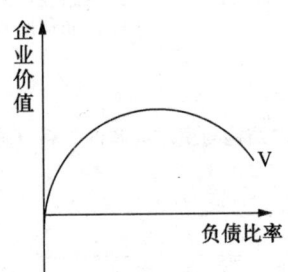

图6-7　资本结构与企业价值关系（传统理论）

公司假定其期望的息税前盈余为300万元固定不变，企业的税后净利全部用于发放股利，股利增长率为零，其无风险报酬率与平均风险股票必要报酬率不变，为简化起见，假设债券的市场价值与票面价值相等。如表6-5、表6-6所示。

表6-5 不同债务水平对公司债务资本成本和权益资本成本的影响

| 债券的市场价值 $B$（元） | 税前债务资本成本 $k_b$（%） | 股票 $\beta$ 系数 | 无风险报酬率 $r_f$（%） | 平均风险股票必要报酬率 $r_m$（%） | 权益资本成本 $k_s$（%） |
|---|---|---|---|---|---|
| 0 | — | 1.00 | 8 | 15 | 15.00 |
| 250 | 9 | 1.06 | 8 | 15 | 15.42 |
| 500 | 10 | 1.11 | 8 | 15 | 15.77 |
| 750 | 11 | 1.55 | 8 | 15 | 18.85 |
| 1 000 | 15 | 1.90 | 8 | 15 | 21.30 |
| 1 250 | 19 | 2.20 | 8 | 15 | 23.40 |

表6-6 公司市场价值和资本成本

| 债券的市场价值 B | 股票市场价值 S | 公司市场价值 V | 税前债务资本成本 $k_b$（%） | 权益资本成本 $k_s$（%） | 加权平均资本成本 $k_w$（%） | 负债比率（%） |
|---|---|---|---|---|---|---|
| 0 | 1 340 | 1 340 | — | 15.00 | 15.00 | 0 |
| 250 | 1 205.74 | 1 455.74 | 9 | 15.42 | 13.81 | 17.17 |
| 500 | 1 062.14 | 1 562.14 | 10 | 15.77 | 12.87 | 32.00 |
| 750 | 773.08 | 1 523.08 | 11 | 18.85 | 13.20 | 49.24 |
| 1 000 | 471.83 | 1 471.83 | 15 | 21.30 | 13.66 | 67.94 |
| 1 250 | 178.95 | 1 428.95 | 19 | 23.40 | 14.07 | 87.48 |

其中，负债比率 = $B/V$。

所以财务总监认为，当负债比率为32%时，公司价值最大，其最大值为1 562.14万元，加权平均资本成本最低，为12.87%，此时公司的债务资本为500万元，股票市场价值为1 062.14万元，构成公司的最佳资本结构。以图6-8，图6-9来说明。

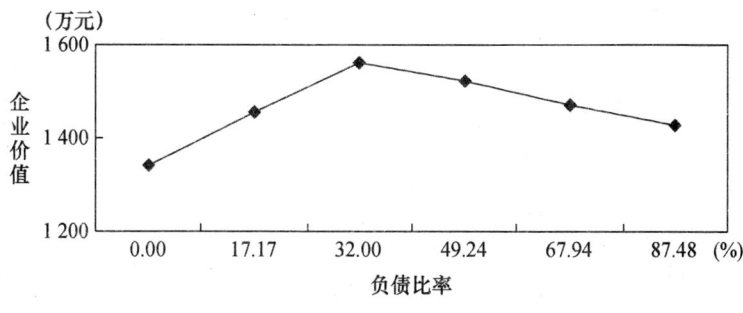

图6-8 资本结构与企业价值的关系

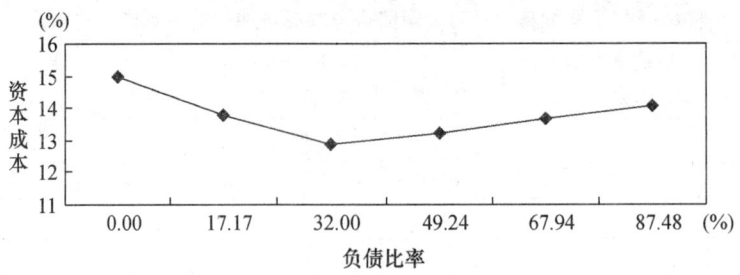

图6-9 资本结构与资本成本的关系

同时财务总监还提出,在最佳资本结构测算中应注意,不同财务杠杆下的债务资本成本 $k_b$ 和权益资本成本 $k_s$ 的确定非常关键。一是因为企业价值和资本成本对债务资本成本 $k_b$ 和权益资本成本 $k_s$ 极为敏感,债务资本成本 $k_b$ 和权益资本成本 $k_s$ 的微小变化,都会引起企业价值和加权平均资本成本较大的变化。二是企业在不同债务结构时对债务资本成本 $k_b$ 和权益资本成本 $k_s$ 极难估计准确。三是公司在进行股票回购过程中,发行债券金额的区间选择也很关键,不同的区间选择会测算出不同的最佳资本结构。假设上述债务资本成本 $k_b$、权益资本成本 $k_s$、$\beta$ 系数和报酬率不变,即公司加权平均资本成本不变,其发行债券分别为 200 万元,400 万元,600 万元,800 万元,1 000 万元,则最佳资本结构测算如表6-7所示。

表6-7 公司市场价值和资本成本

| 债券的市场价值 $B$(元) | 股票市场价值 $S$(元) | 公司市场价值 $V$(元) | 税前债务资本成本 $k_b$(%) | 权益资本成本 $k_s$(%) | 加权平均资本成本 $k_w$(%) | 负债比率(%) |
|---|---|---|---|---|---|---|
| 0 | 1 340 | 1 340 | — | 15.00 | 15.00 | 0 |
| 200 | 1 225.29 | 1 425.29 | 9 | 15.42 | 14.10 | 14.03 |
| 400 | 1 104.63 | 1 504.63 | 10 | 15.77 | 13.36 | 26.58 |
| 600 | 831.72 | 1 431.72 | 11 | 18.85 | 14.04 | 41.91 |
| 800 | 566.20 | 1 366.20 | 15 | 21.30 | 14.71 | 58.56 |
| 1 000 | 314.96 | 1 314.96 | 19 | 23.40 | 15.29 | 76.05 |

在这个条件下计算出来的最佳资本结构:负债比率为 26.58%,债务资本为 400 万元,与最初计算的结果有一定的差异。因此,财务总监认为,企业要测出准确的使企业价值最大加权平均资本成本最小的负债比率最优值是不太可能的,只能测出一个大致的范围。从图6-8和图6-9可以看出,在负债比率为32%附

近,企业价值曲线和加权平均资本成本曲线都比较平坦,因此,公司可将这点附近的一段负债比率范围看作最佳资本结构。

**结合案例,请思考如下问题:**

1. 一个公司是否存在最佳资本结构?净收益理论、营业收益理论与传统理论哪一个比较合理?
2. 怎样来测算一个公司的最佳资本结构?
3. 确定公司最佳资本结构的意义何在?

# 第七章 股利分配决策

【本章学习目标】
☐ 掌握公司的股利政策
☐ 掌握股利分配的程序
☐ 理解影响股利政策的因素
☐ 掌握股票分割和股票回购的含义
☐ 掌握股利支付方式
☐ 了解股利政策理论

【章首案例】
股利分配是企业资本收益的核心。企业应该合理地分配国家、企业、投资者之间的利益。企业既要维护国家和投资者的利益，也要确保自身的发展有充足的资金准备。

某股份有限公司为筹集资金，公司财务部提出了五项筹资方案供公司董事会审议选择，其筹资方案如下：方案一：除第一大股东丽江医药集团有限公司以外，以2006年末在册的公司股东为基数，每10股配3股，预计配股价格10元/股（目前该公司股票市场价格在12~14元/股），面值1元/股，共融资72 000万元。方案二：在资本市场上增发新股6 000万股，发行价12元/股，面值1元/股，共融资72 000万元。方案三：在资本市场上按面值发行可转换公司债券72 000万元，每份面值100元，五年期，每年支付利息，第一年利率为1.5%，第二年利率为1.7%，第三年利率为2%，第四年利率为2.3%，第五年利率为2.5%；债券发行一年后，可转换为公司普通股股票，每份债券可转换11股普通股股票。方案四：在资本市场上增发新股3 000万股，发行价12元/股，面值1元/股；再按面值发行可转换公司债券36 000万元，每份面值100元，五年期，每年支付利息，第一年利率为 1.5%，第二年利率为 1.7%，第三年利率为 2%，第四年利率为 2.3%，第五年利率为 2.5%；债券发行一年后可转换公司普通股股票，每份债券可转换为 11 股普通股股票；共融资 72 000 万元。方案五：在资本市场上按面值发行公司债券 72 000 万元，每份面值 100 元，五年期，年利率 6%，每年支付利息，到期还本。但第一大股东丽江医药集团有限公司的董事认为，应在方案一和方案二中比较，选优；而其他董事认为应选方案三或方案五，为什么？股利分配的原则有哪些？影响股利政策的相关因素有哪些？

**【问题思考】**

1. 为什么第一大股东丽江医药集团有限公司的董事认为，应在方案一和方案二中比较，选优；而其他董事认为应选方案三或方案五？
2. 股利分配的原则有哪些？
3. 影响股利政策的相关因素有哪些？

## 第一节 资本收益分配概述

企业通过生产经营活动以赚取收益，并将收益在相关各方之间进行分配。资本收益的分配是将企业在过去一定时间内所创造的经营成果合理地在企业内外利益相关者之间进行有效分配的过程。

### 一、资本收益分配的基本原则

资本收益的分配是企业十分重要的财务活动，对企业的持续发展具有重要意义。为了使企业的收益能够合理地进行分配，应遵循以下原则：

1. 按国家法律政策进行分配的原则

企业在资本收益分配的过程，必须遵循国家的相关法律。资本收益分配是一项政策性很强的工作，企业必须按照《公司法》、《税法》等国家法律的规定缴纳所得税，提取盈余公积、公益金等。

2. 兼顾各方面利益的原则

企业在收益分配的过程中应该兼顾各方面的利益。企业作为社会中的基本单元，在分配利润中需要兼顾国家、投资者和企业自身的利益。首先，应确保企业债权人的收益，支付给债权人的债务融资成本应当在当期或以后各期由企业的收入抵扣，当收入不能抵扣时，所有利益分配者均不能参与企业的资本收益分配。其次，企业作为市场中重要的经济主体，为了进一步发展，应该分到一部分收益，这样才能确保企业生产经营活动的正常进行。最后，国家为了有效地实现其管理职能，需要一定的经济基础，只有这样才能创造出一个良好的社会环境和投资环境，所以应确保国家的收益。

3. 投资与收益对等原则

企业进行收益分配应当体现"谁投资谁收益"、收益大小应与投资比例相适应。投资者因其投资行为而享有收益权，并应同其投资比例对等。企业在向投资者分配收益时，为了保护投资者的利益，提高投资者积极性，应遵循平等一致的原则，按照投资者投入资本的比例来进行分配。投资与收益对等原则是正确处理投资者利益关系的关键。

## 二、资本收益的基本形式

资本收益的基本形式主要有息税前利润、利润总额、税后利润三种。

1. 息税前利润

息税前利润是利润总额未扣除利息费用之前的数额。息税前利润分配包括支付债务资本的利息和利润总额的计算两个部分。息税前利润不把利息支出视为成本费用，它比利润总额更能反映企业的经营业绩。利息是一种资本成本，是企业为取得借入资本的使用权而付出的代价，与企业是否盈利无关，因此，支付债务资本的利息先于利润总额的计算。

2. 利润总额

利润总额是企业在某一期间所取得的经营成果，主要包括税前利润弥补亏损、企业所得税和税后利润的计算三个部分。由于企业存在永久性差异和暂时性差异，计算企业所得税的税基是应税所得而非利润总额，所得税的计算虽然与企业的利润总额有一定关系。但企业有可能在缴纳所得税的同时，企业没有税后利润或者税后利润为负数。

3. 税后利润

税后利润及净利润，是企业利润总额扣除所缴纳的所得税后的余额。税后利润的分配主要包括各种盈余公积的提留和股利的分配两个部分。

## 三、股利理论

对于股利与股票市价间的关系，存在着许多不同的观点，并形成了不同的股利理论。股利理论主要包括股利无关论、股利相关论、所得税差异理论及代理成本理论。

1. 股利无关论

股利无关论（也称 MM 理论）是由美国学者默尔顿·米勒（Merton Miller）和弗兰克·莫迪利安尼（Franco Modigliani）一起创立的。他们认为，在严格的假设条件限定下：①市场具有强式效率；②不存在任何公司或个人所得税；③不存在任何筹资费用（包括发行费用和各种交易费用）；④公司的投资决策与股利决策彼此独立（公司的股利政策不影响投资决策）。在完全市场条件下，一个公司的股票价格完全由公司盈利能力和风险组合决定，而与公司的股利分配政策无关。他们认为，股利政策不能很好地回报股东，这种观点被称为完全市场理论。

2. 股利相关论

股利相关理论认为，在现实中企业的股利政策会影响到股票价格。研究者通过改变某些假设条件来解释在现实中股利政策的重要性。主要观点包括以下两种：

（1）"在手之鸟"理论（Bird in – the – hand Dividend Theory）。该理论其初期表现为股利重要论，后经威廉姆斯（Willianms，1938）、林特纳（Lintner，1956）、华特（Walter，1956）、戈登（Gordon，1959）等发展为"在手之鸟"理论，戈登是该理论的最主要的代表人物。该理论认为，投资者对风险有天生的反感，并且认为时间越长风险越大。通过用留存收益再投资，它给投资者带来的收益要比直接支付股利所带来的不确定性大得多，并且投资的风险随着时间的推移会进一步增大。因此，投资者宁愿目前收到较少的股利，也不愿等到将来再收回不确定的较大的股利或获得较高的股票出售价格。所以投资者偏向于选择股利支付比率较高的股票。该理论认为公司的股利政策与公司的股票价格是密切相关的，当企业支付较高的股利时，其股票价格会随之上升，所以企业应保持较高水平的股利支付政策，正是所谓的"双鸟在林，不如一鸟在手"。

（2）信号传递理论。在信息不对称的情况下，企业向外界传递其内部信息的常见信号有三种：利润宣告、股利宣告、融资宣告。

与利润的会计处理可操纵性相比，股利宣告是一种比较可信的信号模式。企业向市场传递有关的宣布股利分配政策，如果这些信息是投资者以前所未能预期到的，那么股票价格就会对股利的变化做出反应。一般来讲，预期未来获利能力强的企业一般通过支付相对较高的股利，以便把自己同预期获利能力差的企业区别开来，吸引更多的投资者。如果企业连续保持较为稳定的股利支付水平，那么，投资者就可能对企业未来的获利能力与现金流量抱有较为乐观的预期。信号传递理论认为，股利政策的差异和变化反映了企业前景和经营状况。投资者针对股利政策所做出的各种反应比盈余的宣告反应显著，因为他们认为企业的管理者比自己更能了解企业的真实情况。

3. 所得税差异理论

税收差别理论由利真伯格（Lizenberger）和拉马斯瓦米（Ramaswamy）于1979年提出。该理论指出，投资者更偏好资本利得收入，而不是股利收入，在通常情况下，股利收益的所得税率高于资本利得的所得税率，这样，资本利得对于股东更为有利。

在许多国家的税法中，由于存在税率的差异及纳税时间的差异，资本利得收入比股利收入更有助于企业价值最大化目标的实现，企业应该采用较低的股利政策。在一般情况下，股利收益的税率要高于资本利得的税率。一般股利所得税在股利发放时征收，而资本利得税在股票出售时征收，相对于股利所得税来说，投资者对资本利得收入的纳税时间选择更具有弹性。因此，即使不考虑税率差异因素的影响，由于投资者可以自由延迟资本利得收入纳税的时间，所以它们之间也会存在延迟纳税带来的收益差异。这种税收延期的特点给资本利得提供了优惠。

该理论认为，高股利支付率将导致股价下跌，低股利支付率则会使股价上涨。企业可以通过削减股利来提高股票价值，当股利为零时，股票价值最大。因此，在其他条件不变的情况下，投资者更偏好资本利得收入，而不是股利收入。

4. 代理成本理论（Agency Cost）

代理理论最初是由简森（Jensen）和梅克林（Meckling）于1976年提出的。这一理论后来发展成为契约成本理论（Contracting Cost Theory）。由于公司所有者与经营者之间是一种委托代理的关系，二者之间存在着利益冲突。该理论认为，股利政策有助于减缓管理者与股东之间的代理冲突。但是对于许多公司而言，如何有效地降低代理成本是一件十分困难的事。由于信息的不对称，股东很难对管理者的行为进行有效监控。即使做到，也要花费很高的成本，而发放股利则有效地解决了这个问题。首先，将闲置资金以现金股利的形式发放给股东，可以减少企业的自由现金量，在一定程度上可以抑制公司管理者过度地扩大投资或进行特权消费，从而保护外部投资者的利益，减少管理层浪费资金的机会。其次，企业对外发放股票或债券时，必然接受来自监管部门等的严格审查和分析，通过资本市场的监督减少代理成本，企业管理者如有损害公司利益的行为，就有可能被发现。

股利政策是协调股东与管理者之间代理关系的一种约束机制，高水平的股利支付政策有助于降低企业的代理成本，但同时也增加了企业的外部融资成本。因此，理想的股利政策应当使两种成本之和最小。

## 第二节 股利政策

股利分配政策是企业资本收益分配的核心，企业股利政策包括：股利支付率的高低；股利支付具体形式的选择；股利发放程序的策划。

### 一、股利政策的类型

企业可分配利润的使用途径包括两种：一是作为企业的留存盈余继续投资，促进企业的发展；二是给投资者发放股利，吸引更多的投资者或者避免投资者的撤资。企业需要在法律允许的范围内合理地分配利润，制定适当的股利政策，既保证企业发展对资金的需求，又能使投资者满意，主要有以下几种类型的股利政策。

1. 剩余股利政策

剩余股利政策以满足企业资金需求为出发点，是指企业在保持最佳资本结构前提下，将其可供分配的净收益首先满足企业的可接受投资对资金的需求；假如企业可供分配的净收益还有剩余，则可以将剩余的收益作为股利发放给投资者。采用剩余股利政策的公司，应该遵循以下步骤：①确定企业最佳资本结构，尽量降低资金的使用成本；②根据企业目标资本结构，确定各个投资方案所需资金；③尽可能用留存收益来满足各投资方案对资金的需求，先满足企业下一年度的增加需求；④若有剩余收益，可将剩余收益发放当年的现金股利。

【例7-1】假设某企业2010年税后净利润为3 000万元，2011年的投资计划需要资金2 000万元，企业的目标资本结构为权益资本占70%，债务资本占30%，该企业流通在外的普通股为2 000万股。

按照设定的资本结构，企业投资方案所需的权益资本额为：

$2\ 000 \times 70\% = 1\ 400$（万元）

企业当年全部可用于分配的收益为3 000万元，在满足上述投资方案所需的权益性资本额后，剩余部分可做股利发放。2010年可以发放的股利额为：

$3\ 000 - 1\ 400 = 1\ 600$（万元）

每股股利为：

$1\ 600 \div 2\ 000 = 0.8$（元/股）

采用剩余股利政策的目的是保持公司理想的资本结构，并使其加权平均资本成本最低，以此实现企业价值的最大化。但它的缺点也很明显，股利发放额会随每年投资机会和盈利水平的变动而变动,投资机会越多,股利越少;反之,投资机会越少,股利发放越多。这就很容易造成股利支付的不确定性。在投资机会维持不变的情况下,股利发放额将因企业每年盈利的波动而同方向波动。给投资者造成企业经营不稳定,财务状况不稳定的印象,不利于吸引投资,安排其收入与支出,也不利于树立企业良好的形象。

2. 稳定股利额政策

以确定的现金股利分配额作为利润分配的首要目标,企业将每年派发的股利额固定在某一特定水平,或是在此基础上维持某一固定比率逐年稳定增长,相对稳定的股利政策,有利于树立企业良好的形象。在其他条件相同的情况下,相对稳定的股利政策风险更小,有利于吸引投资者。其理论基础是"在手之鸟"和信号传递理论,通过向各投资者传递企业良好的经营情况,稳定且逐步上升的财务状况,从而稳定企业的股票价格,以吸引那些希望其投资的获利能够成为其稳定的收入,作为其消费来源的长期投资者。

稳定股利额政策有其固有的缺点,不论公司盈利多少,在该政策下的股利分配只升不降,都要按固定或固定增长的比率派发股利。企业在发展过程中,难免会出现经营状况不好或短暂的困难时期,如果这时仍执行固定或稳定增长的股利政策,假如企业派发的股利金额大于其实现的收益,必将侵蚀企业的留存收益,影响企业的持续发展。因此该股利政策适用于经营比较稳定或正处于成长期的企业,且很难被长期采用。企业确定的稳定股利额不应太高,要留有余地,以免造成企业无力支付的财务困境。

3. 固定股利支付率政策

固定股利支付率政策是指企业按每年净收益的某一固定比例从税后利润中支付现金股利。这一百分比通常称为股利支付率。股利支付率一经确定,一般不得随意变更。固定股利支付率政策充分体现了"多盈多分,少盈少分、不盈不分"的股利分配原则。固定股利支付率政策与剩余股利政策顺序相反,首先考虑发放股利,再考虑留存收益。

采用固定股利支付率政策,股利与企业盈余紧密地配合。由于企业的获利能力在年度间是经常变动的,股利也随着企业收益的变动而变动,这会向市场传递出企业经营不稳定的信号,不利于稳定股票价格和树立企业良好的形象。确定恰当的股利支付率的难度大,支付率较低,不能满足投资者对收益的要求;支付率较高,而企业实际现金匮乏,就会使其面临较大的财务压力。因此,该政策适用于经营稳定、现金充裕的企业。这种股利政策在实务中很少采用。

【例7-2】某企业采用固定股利支付率政策,研究决定其股利支付率为40%,公司在外流通的普通股为1 000万股。则每年股利额和每股股利如表7-1所示。

表7-1 固定股利支付率政策

| 年份 | 税后净利率（万元） | 股利支付率（%） | 股利总额（万元） | 每股股利（元） |
|---|---|---|---|---|
| 2008 | 2 000 | 40 | 800 | 0.8 |
| 2009 | -100 | 40 | 0 | 0 |
| 2010 | 1 500 | 40 | 600 | 0.6 |
| 2011 | 800 | 40 | 320 | 0.32 |

4. 低正常股利加额外股利政策

低正常股利加额外股利政策，是指企业除了每年按一定的固定股利额向股东支付较低的正常股利外，还在其盈利较高、资金较为充裕的年度，在正常股利的基础上增发额外股利给股东。

企业每年只发放较低的股利，使其财务具有较大灵活性。当企业财务状况不佳或需要较多资金进行投资时，则只需发放正常股利。当企业盈余有较大幅度增加或财务状况良好，可发放额外股利以增强股东对企业的信心。企业发放的股利虽然低，但却十分稳定，对于那些依靠股利来度日的投资者来说是个不错的选择。该政策的优点是灵活性与稳定性相结合，企业既可以维持股利的稳定性，又有利于优化资本结构。

低正常股利加额外股利政策也有不足之处，企业的盈余每年都会有波动，从而造成了额外股利支付时间的不确定性，容易给外界造成公司经营不稳定的印象。如果企业较长时期持续发放额外股利，会给股东造成"正常股利"的错觉。一旦取消了这部分额外股利，根据信号传递理论，传递出去的信号可能会使股东认为企业财务状况恶化，引起企业股价下跌的不良后果。这种股利政策适用于企业高速增长阶段，那些盈利水平随着经济周期而波动较大的企业或行业。

因此，企业在确定股利分配政策时应充分考虑自身的实际情况，认真研究各个政策的利弊，制定出恰当的股利分配政策，以保证其持续、高效的发展。

**二、股利政策的限制因素**

在确定企业的股利分配政策时，应当考虑相关因素的影响。

1. 法律因素

法律法规就企业的收益分配作出相关规定，为保护债权人和股东的利益，企业的收益分配政策必须符合相关法律规范的要求。相关要求主要体现在以下几个方面：

（1）资本保全约束要求企业股利的发放不能侵蚀资本，即公司不能因支付股利而减少资本。资本保全的目的，在于防止企业任意减少资本结构中的所有者权益的比例，以保护债权人的利益。

（2）偿债能力约束要求企业确定收益分配政策时要考虑其按时、足额偿还各种到期债务的能力。企业现金股利分配是企业现金的支出，大量的现金支出必然影响公司的偿债能力。如果企业采取现金股利分配后将使其失去偿债能力，企业不能再支付现金股利。

（3）资本积累约束要求企业必须按照一定的比例和基数提取各种公积金，股利只能从企业的当期可供分配收益和过去累积的留存收益中支付，当企业出现年度亏损时，一般不进行利润分配。

2. 企业内部因素

企业出于长期发展和短期经营的考虑，需要考虑以下因素来确定收益分配政策：

（1）变现能力在很大程度上影响了企业现金股利的支付能力。企业生产经营得以有序进行的必要条件是资金的正常周转。因此，企业在进行收益分配时，不仅要考虑企业的净收益，还必须充分考虑企业的现金流量。企业的资产如果有较强的变现能力，现金的来源较充裕，则它的股利支付能力也比较强，所以保持一定的资产流动性是企业正常运转的基础和必备条件。

（2）企业股利政策应当考虑未来的投资需求。如果企业有较多的投资机会，则应采用低股利支付水平的分配政策。相反，如果企业的投资机会较少，那么就可能倾向于采用较高股利支付水平的分配政策。

（3）企业股利分配政策受其筹资能力的限制。如果企业具有较强的筹资能力，随时能筹集到所需资金，那么其将具有较强的股利支付能力。当然，企业除了要考虑筹资能力，还要考虑筹资成本以及筹资所需要的时间。

（4）企业的收益分配政策在很大程度上会受其盈利稳定性的影响。企业盈利越稳定，收益分配政策相应就可以稳定，其股利支付水平也越高。在一般情况下，企业不宜经常改变其收益分配政策，应当充分考虑股利政策调整有可能带来的负面影响。

（5）企业在确定股利政策时，应全面考虑其筹资成本，应让其最佳资本结构下的资本成本与企业的收益分配政策相一致。在负债资金较多、资本结构欠佳的时期，考虑将企业的净收益作为首选的筹资渠道，从而降低筹资成本。

3. 股东因素

股东在收入、股权稀释、税负、风险及投资机会等方面的意愿也会对企业的收益分配政策产生影响。

（1）部分股东要求企业能够支付稳定的股利，反对留存过多的收益，因其依赖企业发放的现金股利维持生活。有些股东倾向于多分配股利的原因是他们认为留存利润会使企业股票价格上升,从而使其获得的资本利得具有较大的不稳定性。另外,如果股东个人单独将股利收入投资于其他投资,其所得投资报酬高于企业将留存收益用于再投资的所得报酬,则股东就会倾向于企业不应多留存收益,而应多发放股利给股东。

(2)企业的股利政策会受到股东对税负因素考虑的影响。一般来讲,股利收入的税率要高于资本利得的税率,低股利政策会使他们获得更多纳税上的好处,因此,很多股东会出于对税负因素的考虑而偏好于低股利支付水平。

4. 债务契约因素

为了保证债权人的利益不受损害,债权人通常会在借款合同、租赁合约以及债务契约中加入关于借款企业股利政策的条款,以限制企业股利的发放。因为企业股利支付水平越高,其留存收益就越少,企业的破产风险就加大,损害债权人利益的可能性就加大,因此,除非企业的盈利达到某一水平,否则企业不得发放现金股利,或者将其现金股利发放限制在某一盈利百分比之上。

(1)标准性条款包括提供财务报表和完好的会计记录,做好资产保护维修工作,及时支付税金和偿还其他各种负债。

(2)限制条款包括不能以过去的留存收益来发放股利,未来的股利只能以签订合同之后的收益来发放;营运资金低于某一特定金额时不得发放股利;利息保障倍数低于一定水平时不能发放股利;应将利润的一部分以偿债基金的形式留存下来。

## 第三节 股利分配程序和种类

### 一、股利分配程序

按照我国《公司法》、《企业会计准则》等有关规定,企业利润分配的顺序如下:

1. 弥补企业以前年度公司亏损

按照有关规定,企业在上一年度发生的亏损,可以由下一年度的税前利润弥补,下一年的税前利润不足弥补的,可以由以后年度的税前利润继续弥补,但连续期限最长不得超过5年。企业的法定公积金不足以弥补以前年度亏损的,在提取法定公积金之前,应当先用当年利润弥补亏损。

2. 及时缴纳所得税

企业应按照规定及时、足额缴纳企业所得税。企业所得税是国家通过税法参与企业收益分配的重要途径，所得税的公式为：

应纳所得税税额＝应纳税所得额×所得税税率

企业应正确计算自己的应纳税所得额，并确定适合自己的税率，及时缴纳企业所得税。

3. 支付各种罚没款项

企业缴纳所得税后应及时支付滞纳金和罚款，为了遵守国家法纪，这些支出必须在税后利润中支出，不允许在税前支出，以增强企业的法制观念。

4. 弥补企业亏损

如果企业的亏损额较大，用税前利润在五年内弥补不完，则需要用企业的税后利润继续弥补，以保证企业生产的正常进行。

5. 提取盈余公积金

企业按照当年税后利润（弥补亏损后）的10%提取法定盈余公积金。当法定盈余公积金已达注册资本的50%时可不再提取。法定盈余公积金可用于弥补亏损、扩大企业生产经营或转增资本，但企业用盈余公积金转增资本后，法定盈余公积金的余额不得低于转增前企业注册资本的25%。

6. 提取任意盈余公积金

根据相关规定，企业从税后利润中提取法定公积金后，经股东会或者股东大会决议，还可以从税后利润中提取任意公积金。

7. 向投资者分配股利

弥补亏损和提取公积金后所余税后利润，可以向股东（投资者）分配股利（利润），向投资者分配利润是利润分配的最后一项。投资者把每年从公司中分得的股利作为衡量企业经营绩效的指标。

二、股利支付形式

按照股份有限公司支付股利方式的不同，可以分为现金股利、股票股利、实物股利、负债股利等形式。

1. 现金股利

现金股利是上市企业直接以现金的方式支付股利，即送"红股"，它是主要的、最常见的股利支付方式。如果未特别说明，一般股利均指现金股利。发放现金股利会减少企业的现金，降低资产的变现能力，容易给企业造成资金紧张的压力。所以企业选择支付现金股利时，不但要有足够的留存收益，还要有足够的现金。

2. 股票股利

股票股利是指以增加发行股票的方式所支付的股利。股票股利只是股东权益账户之间的内部结转,股票股利并没有现金流出企业,也不会导致企业财产的减少,而只是将企业的留存收益转化为股本。股票股利会增加流通在外的股票数量,同时降低股票的每股价值,它会改变股东权益的构成,但不会改变企业股东权益总额。

企业选择股票股利的形式支付股利可以节约现金,向市场传递企业未来发展前景良好的信息,增强投资者的信心;增发新股,可以降低每股的市价,股票下跌的幅度等于普通股增发的幅度,有利于股票的流通,也有利于今后配股融通更多的资金。

3. 财产股利

财产股利是指企业用现金以外的资产作为股利发放给股东。财产股利包括实物股利和证券股利,国外的一些企业在处理财产股利时,一般是依照财产的市场价值支付股利。

采用财产股利的支付形式,不会增加企业的现金流出,从而减轻了财务压力。当企业拥有其他企业的大量股票时,采用财产股利的支付形式,依然可以保有对其他企业的控制权。但是,采用财产股利的支付形式会给投资者传递出不良信号,降低投资者的信心,造成股票价格下跌。

4. 负债股利

负债股利也称票据股利,是指企业为避免现金外流而以负债方式支付的股利。它通常以应付票据或债券的方式支付股利。负债股利虽然可以暂时缓解公司现金不足的缺陷,但是应付票据和债券都是带利息的,会增加公司以后的财务压力。所以这种支付方式只是解决现金紧张的一种权宜之计,在实务中很少应用。

### 三、发放股利的标准程序

股利发放的决定权掌握在董事会手中,企业在制定了股利分配政策和方式后就要给股东发放股利。在一般情况下,股利只发放给某一天登记在册的股东,股利的发放程序需要按照下列日程来进行:

1. 股利宣告日(Declaration Date)

股利宣告日是董事会将股利支付情况予以公告的日期,公告中包括每股支付的股利,股权登记期限,除息日的日期和股利的支付日期。

2. 股权登记日(Holder-of-record Date)

股权登记日是有权领取股利的股东资格登记的截止日期。这是由企业在宣布股利分配方案时确定的一个具体日期。凡在此日期仍然持有或买进该公司股票的投资者都作为股东享受公司分派的股利。在此日之后取得股票的股东,则无权享受已宣布的股利。

3. 除息日（Ex-dividend Date）

股权登记后的第一个交易日就是除息日，在这一天或以后购入企业股票的投资者不能享有已宣布发放的股利。

4. 股利支付日（Payment Date）

股利支付日即企业将股利发放给股东的日期。在这一天，企业按公布的股利分配方案向股权登记日在册的股东实际支付股利。

【例7-3】某上市公司于20××年5月10日公布了上一年度的股利分配方案，其发布的公告如下："20××年7月19日召开了股东大会，讨论通过了上一年度的股利分配方案，决定每10股分派现金1.5元。股权登记日为5月24日，除息日是5月26日，将在6月8日发放股利。特此公告。"

该企业的股利支付程序如图7-1所示。

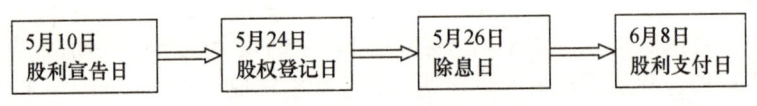

图7-1 股利发放程序图

## 第四节 其他股利分配形式

### 一、股票分割

将面额较高的股票交换成面额较低的股票的行为就是股票分割，实行股票分割的主要目的是，通过增加股票数额降低每股市价，以吸引更多投资者。

1. 股票分割的含义

股票分割是企业管理当局将一股面额较大的股票拆分成多股面额较低股票的行为，又称股票拆细或拆股。如果股票的面额降低一半，企业发行在外的普通股的股数就会增加一倍，每股的盈余、每股净资产也会相应降低一半，但是，各个股东拥有的权益金额不会改变，也不会改变公司的资本结构。

2. 股票分割的作用

股票分割的作用有以下四个方面：

（1）可以促进股票的流通和交易。股票分割后使企业股票的每股市价降低，买卖相同股数该股票所需的资金量减少，可能吸引更多的人购买该股票，从而造成股票价格的上升，给现有股东带来更多的收益。

（2）根据信号传递理论，股票分割被视为企业管理者向投资者传递企业未来盈利会大幅增长的有利信息，有助于提高投资者对企业的信心。

（3）股票分割有利于企业发行新的股票。企业股票价格太高，会使许多潜在的投资者因资金不足而不敢轻易对企业的股票进行投资。通过股票分割，降低股票的价格，可以打消这部分投资者的疑虑。

（4）股票分割有利于企业兼并、合并政策的实施。并购方在并购前对自己的股票加以分割，可以吸引被并购方的股东。从而增加并购成功的可能性。

【例7-4】假设有A公司准备通过股票交易兼并B公司，A公司股票每股市价为40元，B公司股票每股市价为5元，A公司准备通过股票交换的方式对B公司实施并购，如果A公司以1股股票换取B公司的8股股票，可能会使B公司的股东在心理上难以承受；相反如果A公司先进行股票分割，将原来的股票1股拆分为8股，然后再以1:1的比例换取B公司股票，尽管实质上并没有改变，但B公司的股东更乐意接受。因此，通过股票分割的办法，避免造成被并购企业股东的心理失衡，这样更有利于企业并购方案的实施。

## 二、股票回购

上市公司从股票市场上购回本公司一定数额发行在外的股票即为股票回购。企业进行股票回购的动机各不相同，股票回购既有优点，也有缺点。

1. 股票回购的含义

股票回购是指上市企业在二级市场出资，将其发行在外的股票购回本企业的行为。股票回购使流通在外的股份减少，每股股利增加，导致股价上涨。企业在股票回购完成后，可以将所回购的股票注销。在多数情况下，企业将回购的股票作为"库藏股"保留，不再属于发行在外的股票，且不参与每股收益的计算和分配，"库藏股"在日后需要资金时可以将其出售。

2. 股票回购的动机

企业股票回购的主要动机如下：

（1）分配企业超额现金，提高每股收益。当企业资金比较充裕，却不希望通过派现方式进行分配时，股票回购可以替代现金股利成为企业发放股利的一种选择。通过股票回购，可以减少市场上流通的股份，从而提高每股的收益。假定市盈率保持不变，则股东持有股份的总价值将由此增加，这样有助于提高公司的形象，增强投资者的信心。

（2）改善企业的资本结构。企业利用现金回购或举债回购股份，可以提高企业财务杠杆水平，从而显著提高长期负债比例和财务杠杆，优化资本结构。当企业权益资本在资本结构中的比重过大时，假定其负债规模不变，通过现金回购的方式使权益资本在企业资本结构中的比重下降；如果采用举债回购股份的方式，企业权益资本比重将下降，负债规模则增加。

（3）满足认股权的行使。企业管理者为避开竞争对手企图收购的威胁，通过股票回购使企业流通在外的股价上升，使企业股份数变少，从而增加了收购方的收购难度。通过职工持股计划和管理人员认股制度，避免发行新股稀释每股净收益，提高了员工责任感的同时，也维持了企业的控制权。

（4）满足企业兼并与收购的需要。在企业兼并与收购过程中，产权交换的支付方式包括现金购买以及股票换取股票两种。如果企业有"库藏股"，即可以用企业的库藏股票来交换被并购企业的股票，由此可以减少企业的现金流出，避免每股盈利被稀释。

3. 股票回购的方式

股票回购的方式主要包括以下几种：

（1）公开市场回购。公开市场回购是指企业在股票市场以等同于任何潜在投资者的地位，委托在证券交易所有正式交易席位的证券公司，代自己按照企业股票的当前市场价格回购。这种方式一般在股票市场价格欠佳时，小规模回购特殊用途（如可转换债券、股票期权）时所需股票。在美国，证券交易委员会对实施公开市场收购的时间、价格都做了严格的规定，以防止价格操纵和内幕交易。这种方式的缺点是在公开市场回购时很容易推高股价，从而增加回购成本，交易税和交易佣金也是不可忽视的成本。

（2）现金要约回购。现金要约回购又可分为固定价格要约回购和荷兰式招标回购。固定价格要约回购，指企业在特定时间发出的，以某一高出股票当前市场价格的价格水平，回购既定数量股票的要约，这样可以在短时间回购相对较多数量的股票。与公开市场收购相比，固定价格要约的价格一般要高出当前市场价格。荷兰式招标回购，指首先由企业指定回购价格的范围和计划回购的股票数量，而后股东进行投标，说明愿意以某一特定价格水平出售股票的数量。这种招标方式给予企业较大的灵活性，有利于企业把握主动性。在西方国家，大企业要比小企业更喜欢荷兰式招标回购。

（3）可转让出售权。可转让出售权是实施股票回购的企业，赋予股东在一定期限内以特定价格向企业出售其持有股票的权利。之所以称为"可转让"，是因为此权利一旦形成，可转让出售权就可以同依附的股票分离，而且分离后可在市场上自由买卖。执行股票回购的企业向其股东发行可转让出售权，那些不愿出售股票的股东可以单独出售该权利，从而满足了各类股东的需求。此外，因为出售权的发行数量限制了股东向企业出售股票的数量，所以这种方式还可以避免股东过度接受回购要约的情况。

（4）议价购买。议价购买通常作为公开市场收购方式的补充措施，购买的价格常低于当前的市场价格。有时企业会以超常溢价向喜好生事或存在潜在威胁的非控股股东批量购买股票。采用该种回购方式，企业必须披露其回购股票的目的和数量等信息，使其他股东相信他们的利益并没有受到损害。

# 复习思考题

## 一、简答题

1. 股利分配的原则有哪些？
2. 影响股利政策的相关因素有哪些？
3. 股利分配的方式有哪些？
4. 简述企业进行股票回购的动机。

## 二、计算题

1. 某企业发行在外的普通股为50万股，该公司2010年税后利润为5 000万元。2011年的税后利润为8 000万元。企业的目标资本结构为权益资本占60%，债务资本占40%。已知：2010年每股股利为4元，2011年该企业准备投资一个新的项目，投资额为3 000万元。

要求：分别计算企业采用剩余股利支付政策、固定股利支付政策、固定股利支付率政策下的每股股利。

2. 某企业以50%的资产负债率为目标资本结构，当年企业税后利润为500万元，预计企业未来的总资产将达到1 200万元。现有权益资本为200万元。

要求：（1）若采用剩余股利政策，当年的股利支付率是多少？

（2）若股利支付率为100%，计算在市盈率为10元，每股盈余为2元的前提下应增发的普通股票数。

## 三、案例分析题

2001年1月18日，五粮液（股票代码：000858）公布了对2000年度"不进行分配，也不实施公积金转增股本"的分配方案。五粮液2000年每股收益1.6元，净资产收益率24.09%，每股净资产高达6.62元。但公司同时推出的分配方案却"一毛不拔"，还将实施10∶2配股，配股价高达25元。公司的负债比率只有30%，而且公司长、短期贷款皆为0，并且在银行还有巨额存款（14亿元），以至于当年的财务费用为 –1 508 万元。

五粮液的分配方案一经公布，立即惹来中小股东的一片反对之声。一些投资者更是委托北京君之创证券投资有限公司代为出席即将于2001年2月20日举行的五粮液股东大会，代理行使股东权利。2月14日，君之创公司通过媒体发表倡议书，号召广大五粮液的中小股东积极参加股东大会，行使股东权利，对股东大会的讨论、表决事项提出自己的看法，并建议修改五粮液公司2000年度分配预案。2月15日，并不拥有五粮液股票的君之创公司干脆在北京、上海、深圳、成都等地设立办事点，接受各地股东的委托。此举犹如一枚重磅炸弹，立即在中国证券市场引起震动。后经确认，该公司代表了五粮液公司34万股股权。

在2月20日五粮液召开的股东大会上，气氛热烈，与会的股东数几乎是往年的一倍。面对君之创公司等众多中小股东的疑问，五粮液人员解释说，此次不分配是为了公司的长远发展，减少大额关联交易。事实上，公司一直重视对股东的回报。持有公司72%股权的大股东宜宾市国资局也持同样观点，并称，今天支持公司的发展，明天会有加倍的回报。

由于各方意见难以统一，与会的中小股东拒绝投票，以弃权的方式表达意见。据统计，参会的44位股东，35位弃权，代表股权283万股；9人不赞成，代表股权3.62亿股；其中大股东一人代表3.6亿股。投票结果，大股东一票否决了中小股东修改分配议案的提议，力排众议，通过了五粮液2000年股东会不分配议案和其他议案。

**结合案例，请思考如下问题：**

1. 分析五粮液本次分配方案对公司和股东的影响。
2. 将五粮液放在一个更长的历史时期中，评价公司的股利发放政策和原因。

# 第八章　营运资本管理

【本章学习目标】
☐ 了解营运资本的含义与特点
☐ 掌握现金管理的相关概念与方法
☐ 掌握应收账款管理的相关概念与方法
☐ 掌握存货管理的相关概念与方法

【章首案例】

运动品牌的寒冬仍未过去。2013年李宁集团公布的上半年业绩显示，该公司2013年上半年净利亏损1.84亿元。2013年8月12日，李宁股价大跌6.12%，收于4.91港元。

半年报显示，李宁集团2013年上半年收入为29.06亿元，较2012年同期减少24.6%；毛利润为12.664亿元，与2012年同期相比下降24.0%。李宁集团称，收入下降的部分原因是为减轻渠道的现金流压力而减少了批发出货。

库存高企这一困扰着鞋服企业的难题仍是各大企业的"心头大患"。为了消化库存，各大运动品牌在2013年加大了打折力度。李宁集团表示，2013年上半年，超过90%的集团经销商参与了渠道复兴计划。

李宁执行副主席金珍君表示，2013年上半年李宁已关闭约400间低效店铺，截至2013年6月30日，集团店铺数量为6 024间，较2011年12月的8 255间减少27%。

李宁集团执行主席李宁指出，集团现阶段出现的问题是行业问题而不是市场问题，"经济放缓，但中国城镇化仍在继续，经济放缓令市民会有更多时间去运动，体育市场会更繁荣。"

2012年以逾70亿元销售收入一举赶超李宁跻身本土运动品牌冠军的安踏也

遭遇了业绩大幅度下滑。安踏2013年发布半年报显示，上半年安踏销售收入33.67亿元，同比下跌14.4%，净利润6.26亿元，同比下滑18.7%，相当于回到2009年的水平。①

**【问题思考】**
1. 如何解决困扰鞋服企业库存高企的问题？
2. 随着企业市场上销售量的不断增加，以往宽松的收账政策出现了问题，客户拖欠货款的数额随着业务的增长而增多，已经影响公司的资金周转和循环。是否通过扩大举债方式筹集资金？
3. 请根据上述案例给出改善李宁集团财务问题的举措。
4. 应收账款信用政策包括哪些？企业如何制定适合自己的收款政策？

## 第一节 营运资本的含义与特点

营运资本管理是企业财务管理的永恒话题，营运资本包括流动资产和流动负债。流动资产的增加能为企业创造价值还是造成资金周转困难，这是财务人员关注的营运资本管理问题。

### 一、营运资本的含义

营运资本又称营运资金、循环资本，包括净营运资本和总营运资本。净营运资本一般用来衡量企业避免发生流动性问题的程度，通常指流动资产减去流动负债的差额。总营运资本还包括了企业流动资产与流动负债的管理问题。

净营运资本又称营运资本净额或净营运资金，是流动资产的一个有机组成部分，因其具有较强的流动性而成为企业日常生产经营活动的润滑剂和衡量企业短期性财务活动的重要指标。

### 二、营运资本的特点

营运资本包括流动资产和流动负债的各个项目，其特点体现在流动资产和流动负债的特点上。营运资本管理涉及企业生产经营的各个方面，是企业日常财务

---

① 李宁上半年亏1.84亿关闭门店400家新闻来源：企业新闻网 www.zgqynews.com 发布时间：2013-8-13 7:52:37。

管理的重要内容。

1. 流动资产的特点

流动资产是指在一年内或一个经营周期内变现或运用的资产。主要包括以下项目：现金（含各种存款）、短期投资、应收及预付账款、存货等，是公司全部资产中最活跃的部分。流动资产具有以下几个特点：

（1）投资回收期短。公司投资于流动资产上的资金，周转一次所需要的时间较短，通常会在一年或一个营业周期内收回。

（2）流动性强。流动资产相对于长期资产来说比较容易变现，即能在较短时间内变现。

（3）并存性。流动资产在循环周转的过程中，各种不同项目流动资产在空间上同时并存，在时间上依次继起。因此，企业要合理地配置不同项目的流动资产的比例，这样流动资产才能得以顺利周转。

（4）具有波动性。流动资产易受季节性、周期性等企业内外环境的影响，比如说季节性存货、销售和经营旺季的应收账款等，因此其流动资产的数量波动往往很大。

2. 流动负债

流动负债是指需要在一年或者超过一年的一个营业周期内偿还的债务。流动负债又称短期融资，具有成本低、偿还期短的特点，必须认真进行管理，否则，将使公司承受较大的风险。流动负债主要包括以下项目：短期借款、应付票据、应付账款、应付工资、应付税金及未交利润等。流动负债具有如下几个特点：

（1）速度快。申请短期借款往往比申请长期借款更容易、更便捷，通常在较短时间内便可获得。

（2）弹性大。与长期债务相比，短期贷款给债务人更大的灵活性。

（3）成本低。在正常情况下，短期负债筹资所发生的利息支出低于长期负债筹资的利息支出。

（4）风险大。尽管短期债务的成本低于长期债务，但其风险却高于长期债务。

### 三、营运资本管理具有重要性的原因

营运资本在企业的资本循环中都要经过供应、生产、销售等过程，表现为储备资金、在产品资金、成品资金、货币资金等。营运资本管理具有重要性的原因如下：

1. 营运资本各项目同时并存

营运资本从货币资金形态出发，经过一系列环节之后又回到货币资金形态，

即营运资本循环。周而复始的营运资本循环就是营运资本周转。营运资本周转是一个资本不断被消耗而后又不断予以补偿的过程,这是一个资本价值增值的过程,也是一个资本以物质形态为载体的运动过程。

以制造企业为例,企业首先通过短期借款、投资者投入、长期借款等方式取得资金来源,然后用现金购买生产原材料、支付劳务和生产劳动报酬,购买固定资产等。在生产过程中,材料存货转换为产品存货,产品存货对外销售转换为应收账款或现金,应收账款收回后就转换为现金,企业将现金用还本、付息、分红等方式退还给资本提供者。

2. 流动资产占企业总资产的比率应适度

企业如果维持过高的流动资产很容易使企业的投资回报率降低,如果企业流动资产太少,也会给企业保持平稳经营造成困难,甚至出现债务风险。流动负债是企业重要的外部融资,中小企业除了以不动产为抵押取得短期借款外,基本上无法利用长期资本市场,因此,流动负债成为中小企业外部融资的主要来源。规模较大、增长迅速的企业也会利用成本较低的流动负债来进行融资。

3. 流动资产与流动负债需要匹配

由于各行业性质不同,各企业流动资产与流动负债的比例大小存在差异,但是其净营运资本的绝对金额和流动资产与流动负债的相对比率两个重要指标却是衡量企业偿债能力、营运能力以及资产负债管理水平的指标。

## 第二节 现金管理

现金有广义现金和狭义现金之分。广义现金包括库存现金、银行存款和其他货币资金;狭义现金仅包括库存现金。财务管理中一般使用广义现金概念,它是企业资产的重要组成部分,是指在生产过程中暂时停留在货币形态的资金。

现金是比较特殊的一项资产,一方面,其流动性最强,代表着企业直接的支付能力和应变能力;另一方面,其收益性最弱。现金管理的过程就是管理人员在现金的流动性与收益性之间进行权衡选择的过程,既要保持适度的流动性,又要尽可能提高其收益性。

### 一、现金的持有动机与现金成本

现金是企业流动性最强的资产,持有足够的现金对降低企业财务风险有重要的意义。

1. 持有现金的动机

企业持有一定数量的现金主要是基于以下三方面的考虑：

(1) 交易动机。即企业为了维持日常生产经营活动而持有的现金支付能力。在企业的日常经营活动中，企业取得的现金收入和发生的支出往往是不可能同步同量的，因此，为了维持正常的生产经营活动，企业必须保持一定的现金支付能力。一般来说，企业为交易动机而持有的现金余额主要取决于企业的销售水平，销售额与企业所需的现金余额是成正比例关系的。企业销售扩大，销售额增加，所需现金余额也随之增加。

(2) 预防动机。即企业为了应付紧急情况而持有的现金支付能力。由于市场行情的瞬息万变和其他各种不确定性因素的存在，企业现金的流入和流出经常是不确定的，这种不确定性取决于企业所处的外部环境和自身经营条件的好坏。为了应付一些突发事件和偶然情况，企业必须持有一定现金余额来保证生产经营的安全、顺利进行，这就是谨慎动机要求的现金持有量。企业为应付紧急情况所持有的现金余额，主要取决于以下三个方面：一是企业临时举债能力的强弱；二是企业对现金流量预测的可靠程度；三是企业愿意承担风险的程度。

(3) 投机动机。企业在保证生产经营正常进行的基础上，还会持有一定现金以备满足某种投机行为的现金需要。企业希望持有一些可用现金，能够抓住回报率较高的投资机会，比如适时购入价格有利的有价证券，或利用手头持有的现金购入大量廉价的原材料或其他需要的资产，这就是投资动机对现金的需求。投机动机只是企业为了抓住各种瞬息即逝的市场机会，获取较大的利益而准备的现金余额。其持有量的大小往往与企业在金融市场的投资机会及企业对待风险的态度有关。

现金是变现能力最强的非盈利性资产。现金管理的过程就是在现金的流动性与收益性之间进行权衡选择的过程。通过现金管理，使现金收支不但在数量上，而且在时间上相互衔接，对于保证企业经营活动的现金需要，降低企业闲置的现金数量，提高资金收益率具有重要意义。

2. 现金成本

企业持有现金的成本包括持有成本、转换成本和短缺成本。

(1) 持有成本。现金的持有成本是指企业因保留一定现金余额而发生的管理费用及丧失的再投资收益。企业因保留现金而发生的一定管理费用具有固定成本的性质，它在一定范围内与现金持有量的多少关系不大。丧失的再投资收益实质上是一种机会成本，属于变动成本，它与现金持有量成正比例关系。

(2) 转换成本。转换成本是指企业用现金购入有价证券以及转让有价证券换取现金时付出的交易费用,即现金同有价证券之间相互转换的成本。转换成本与现金持有量之间成反比例关系,比如委托手续费、实物交割手续费、证券过户费、委托买卖佣金等,持有现金量越大,需要转换的金额或次数就越少,转换成本也就越低。

(3) 短缺成本。短缺成本是指现金持有量不足而又无法及时通过有价证券变现加以补充而给企业造成的损失,包括直接损失和间接损失。现金的短缺成本与现金持有量成反比例变动关系。

**二、最佳现金持有量的确定**

确定最佳现金持有量是现金管理的主要事宜,企业出于一定的动机,需要持有一定量的现金,但现金的收益性是最弱的,过多持有现金势必造成资源浪费,因此,出于成本和收益的考虑,必须要确定最佳现金持有量。确定现金最佳持有量的方法主要有以下几种:

1. 成本分析模型

成本分析模型是寻求持有现金相关总成本最低时现金的余额,即根据现金相关成本,分析预测其相关总成本最低时的现金持有量的一种方法。企业的现金相关总成本主要由机会成本、短缺成本、管理成本之和构成。

(1) 机会成本。企业因持有现金而失去的投资收益机会损失,就是企业持有现金将发生的机会成本。机会成本与现金持有量成正比例变动关系,在实际工作中,可用企业的资本成本替代,也可使用有价证券利率或报酬率。其计算公式如下:

机会成本 = 平均现金持有量 × 有价证券利率(或报酬率)

假如某企业的资本成本为10%,每年平均持有200万元的现金,则该企业每年持有现金的机会成本为:

$200 \times 10\% = 20$ 万元

企业现金持有量越大,机会成本就越高。企业根据自身实际情况需要持有一定量的现金,付出相应的机会成本是必要的,但如果现金持有量过多,造成机会成本代价过大就不合算了。

(2) 短缺成本。现金的短缺成本是因企业持有现金不足导致不能应付业务开支所需,从而使企业蒙受的损失或付出的代价。短缺成本与现金持有量成反比例关系,现金的短缺成本随着现金持有量的减少而上升,随着现金持有量的增加而下降。现金的成本同现金持有量之间的关系如图 8-1 所示。

(3) 管理成本。企业持有现金,就会发生管理费用,如管理人员工资、现金安全措施发生的费用等。

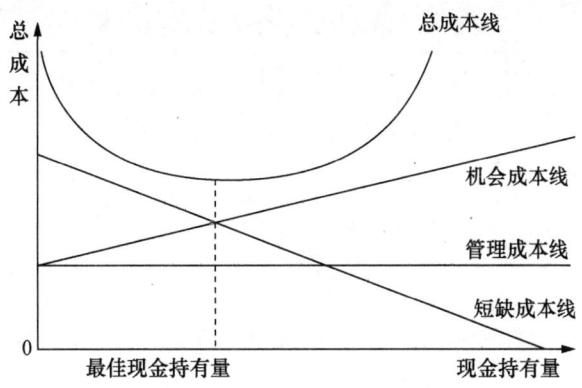

**图 8-1 最佳现金持有量的成本分析模式**

从图 8-1 可以看出,在成本分析模式中,现金最佳持有量为机会成本和短缺成本之和为最小值时的持有量,由于各项成本同现金持有量的变动关系不同,使得总成本曲线呈抛物线形,抛物线的最低点,即为成本最低点,该点所对应的现金持有量便是最佳现金持有量,此时总成本最低。

运用成本分析模型确定最佳现金持有量的步骤:①根据不同现金持有量测算各备选方案的有关成本数值。②按照不同现金持有量及有关部门成本资料,计算各方案的机会成本和短缺成本之和,即总成本,并编制最佳现金持有量测算表。③在测算表中找出相关总成本最低时的现金持有量,即最佳现金持有量。

【例 8-1】假如甲公司现有 A、B、C、D 四种现金持有方案,有关成本资料如表 8-1 所示。

**表 8-1 甲公司的备选方案资料**

| 项 目 | 现金持有量(万元) | 机会成本率(%) | 短缺成本(万元) |
|---|---|---|---|
| A | 200 | 6 | 30 |
| B | 300 | 6 | 10 |
| C | 400 | 6 | 5 |
| D | 500 | 6 | 0 |

根据表 8-1 计算的现金最佳持有量测算表如表 8-2 所示。

表8-2 甲公司现金最佳持有量测算表　　　　　　单位：万元

| 方　案 | 现金持有量 | 机会成本 | 短缺成本 | 相关总成本 |
| --- | --- | --- | --- | --- |
| A | 200 | 200×6%=12 | 30 | 12+30=42 |
| B | 300 | 300×6%=18 | 10 | 18+10=28 |
| C | 400 | 400×6%=24 | 5 | 24+5=29 |
| D | 500 | 500×6%=30 | 0 | 30+0=30 |

根据表8-1对比分析，B方案相关总成本最低，应该选择成本最低的B方案。

2. 存货模型

存货模式是将存货的经济订货批量模型①原理用于确定企业最佳现金持有量，其着眼点也是现金相关总成本最低，认为企业现金持有量与存货的经济订货批量模型在很多方面类似。这一模式最早由美国学者鲍默尔（W. J. Baumol）于1952年提出，故又称鲍默尔模型（Baumol Mode）②。

在存货的经济订货批量模型中，需要考虑建立一些假设前提，如不考虑短缺成本，只考虑持有现金的机会成本与转换成本，由于二者同现金持有量的关系不同，因此存在最佳现金持有量，使二者之和最低。

该模型的计算公式为：现金管理相关总成本＝持有机会成本＋转换成本

公式：$TC = \dfrac{Q}{2} \times K + \dfrac{T}{Q} \times F$

式中，$TC$代表现金管理相关总成本；$T$代表一个周期内现金总需求量；$Q$代表最佳现金持有量（理想的现金转换数量）；$K$代表有价证券的利率（机会成本）；$F$代表每次转换有价证券的固定成本。现金管理相关总成本与持有现金机会成本、转换成本的关系如图8-2所示。

从图8-2可以看出，持有现金的机会成本与现金持有量成正比。现金余额越小，持有现金的机会成本就越小，短期有价证券的转换次数就越多，转换成本相应也就越大。现金余额越大，持有现金的机会成本就越大，短期有价证券的转换次数就越少，转换成本相应也就越小。持有现金的机会成本与转换成本相等时，现金管理的相关总成本最低，由此可以得到现金最佳持有量为：

---

① 关于存货的经济订货批量模型，在本章下一节中阐述。

② William J Baumol. The transactions demand for cash：an inventory theoretic approach. The Quarterly Journal of Economics, 1952 November, 65：545-556.

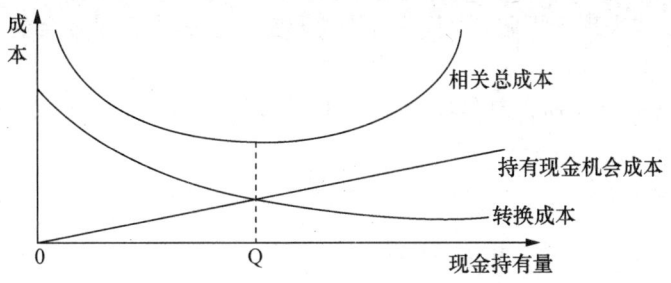

图 8-2 最佳现金持有量的存货模示

$$Q = \sqrt{\frac{2TF}{K}}$$

将上式代入总成本计算公式，得到最低现金管理相关总成本为：

$TC = \sqrt{2TFK}$

式中，$TC$ 代表现金管理相关总成本；$T$ 代表一个周期内现金总需求量；$K$ 代表有价证券的利率（机会成本）；$F$ 代表每次转换有价证券的固定成本。

【例 8-2】A 公司现金收支状况比较稳定，预计全年（按 360 天计算）需要现金 800 万元，现金与有价证券的转换成本为每次 4 000 元，有价证券的年利率为 10%，则该公司的最佳现金持有量是多少？最低现金管理相关成本是多少？

最低现金持有量为：$Q = \sqrt{\dfrac{2TF}{K}} = \sqrt{2 \times 8\,000\,000 \times \dfrac{4\,000}{10\%}} = 800\,000$（元）

最低现金管理相关成本为：$TC = \sqrt{2TFK} = \sqrt{2 \times 8\,000\,000 \times 4\,000 \times 10\%} = 80\,000$（元）

3. 随机模型

随机模型的基本原理是企业根据历史经验和现实需要，测算出一个现金持有量的控制范围，即制定出现金持有量的上限和下限，将现金余额量经常性地控制在上下限之内。上限代表现金持有量的最高点，下限代表现金持有量的最低点。现金流量在无规则变动的情况下，当现金余额下降到下限时，可以将短期有价证券转换成现金；当现金余额达到上限时，可以将现金转换成短期有价证券。

该模型是建立在假设企业无法确切地预知现金未来需求总量和每日现金实际收支的状况下，现金流量由外界决定，现金与证券之间互换较为方便的前提下来确定现金最佳持有量的一种方法。这一模型假定每日现金流量为正态分布，确定现金余额的均衡点 $Z^*$ 为：

$$Z^* = L + \left(\frac{0.75b\sigma^2}{r}\right)^{\frac{1}{3}}$$

式中，$L$ 代表现金下限，$b$ 代表证券交易成本，$\sigma$ 代表现金余额每日标准差，$r$ 代表投资日收益率。

下限的确定要受到公司每日的最低现金需要、管理人员的风险承受倾向等因素影响，最低可确定为零。

而上限 $H$ 为：

$$H = 3R - 2L = L + 3 \times \left(\frac{0.75 b\sigma^2}{r}\right)^{\frac{1}{3}}$$

这个模型计算出来的现金持有量比较保守。

【例 8-3】M 公司的日现金余额标准差为 180 元，每次证券交易成本为 120 元，现金的日收益率为万分之三，公司每日最低现金需要为零。则该公司的现金最佳持有量和现金持有量的最高上限各是多少？

最佳持有量为：

$$Z^* = L + \left(\frac{0.75 b\sigma^2}{r}\right)^{\frac{1}{3}} = 0 + \left(\frac{0.75 \times 120 \times 180^2}{0.000\ 3}\right)^{\frac{1}{3}} = 2\ 134 \text{（元）}$$

最高上限为：

$$H = L + 3 \times \left(\frac{0.75 b\sigma^2}{r}\right)^{\frac{1}{3}} = 0 + 3 \times 2\ 134 = 6\ 402 \text{（元）}$$

### 三、现金的日常管理

现金日常管理主要包括现金的回收管理和现金的支出管理。

1. 现金回收管理

现金回收管理的目的是尽快收回现金，加速现金周转。为此，企业应根据成本与收益比较原则选用适当方法加速账款的收回。现金回收采用的方法主要有邮政信箱法和银行业务集中法两种。

（1）邮政信箱法又称锁箱法。是西方企业加速现金流转的一种常用方法。企业可以在各主要城市租用专门的邮政信箱，并开立分行存款户，授权当地银行每日开启信箱，在取得客户支票后立即予以结算，并通过电汇将货款拨给企业所在地银行。该方法缩短了支票邮寄和在企业的停留时间，但成本较高。适用的条件是提前回笼现金产生的收益大于增加的成本。

（2）银行业务集中法。这是一种通过建立多个收款中心来加速现金流转的方法。在这种方法下，企业指定一个主要开户行（通常总部所在地）为集中银行，并在收款额较集中的若干地区设立若干个收款中心；客户收到账单后直接汇款到当地收款中心，中心收款后立即存入当地银行；当地银行在进行票据交换后立即转给企业总部所在地银行。该方法缩短了现金从客户到企业的中间周转时间，但在多处设立收账中心，增加了相应的费用支出。适用的条件是分散收账收益净额大于零。

$$\begin{matrix}\text{分散收账}\\\text{收益净额}\end{matrix} = \left(\begin{matrix}\text{分散收账前应}\\\text{收账款投资额}\end{matrix} - \begin{matrix}\text{分散收账后应}\\\text{收账款投资额}\end{matrix}\right) \times \begin{matrix}\text{企业综合}\\\text{资金成本率}\end{matrix} - \begin{matrix}\text{因增设收账中心}\\\text{每年增加费用额}\end{matrix}$$

2. 现金支出管理

现金管理的另一个方面就是决定如何使用现金，企业应根据风险与收益权衡原则选用适当方法延缓现金支付。

与现金收入的管理相反，现金支出管理的主要任务是尽可能延缓现金的支出时间。延期支付账款的方法一般有以下几种：

（1）合理利用"浮游量"。所谓现金的"浮游量"是指企业账户上现金余额与银行账户上所示的存款余额之间的差额。企业要预先估计好这一差额，谨慎控制好使用时间，否则会发生银行存款透支而遭致银行罚款。

（2）利用远程支付。企业为了延长支票结算时间，推迟支付应付款，人为制造浮账时间。这种支付方式会影响企业的信誉，应谨慎使用。

（3）采用汇票付款。在使用支票付款时，只要受票人将支票存入银行，付款人就要无条件地付款。但承付汇票并不是"见票即付"的付款方式，这样就有可能合法地延期付款。但是，同支票相比，银行通常会对汇票收取更高的手续费。

## 第三节  应收账款管理

应收账款是指企业因对外赊销产品、材料、供应劳务等而应向购货或接受劳务的单位收取的款项。企业在采取赊销方式促进销售、减少存货的同时，有时会因持有应收账款而付出一定的代价，主要包括管理成本、机会成本、坏账损失成本，但同时也会因销售增加而产生一定的收益。应收账款是构成企业流动资产的一部分，应收账款是企业为减少存货、扩大产品销路以增加收益而进行的一项必要投资。应收账款产生的根源是商业信用，应收账款的管理实质上是对信用的管理。

### 一、企业持有应收账款的原因

企业持有应收账款的原因主要有以下两个：

1. 扩大销售

激烈的市场竞争形成买方市场，赊销成为吸引顾客的营销策略。企业采用赊销方式以扩大销售规模,为顾客提供一些方便而增大市场占有份额。

2. 减少存货

应收账款增加,就意味着企业存货减少,存货的减少将增加企业的速动资产,提高即期偿债能力。另外存货的减少可以降低存货的储存费用、管理费用和保险费用等。

## 二、应收账款的成本

企业在采取赊销方式促进销售、减少存货的同时,会因持有应收账款而付出一定的代价,主要包括机会成本、管理成本、坏账成本。

1. 机会成本

应收账款的机会成本是指因资金投放在应收账款上而丧失的其他收入,如投资于有价证券等。这一成本的大小通常与企业维持赊销业务所需要的资金数量(即应收账款投资额)、资金成本率有关。其计算公式如下:

应收账款机会成本 = 维持赊销业务所需要的资金 × 资金成本率

公式中资金成本率一般可按有价证券利息率计算;

维持赊销业务所需要的资金 = 应收账款平均余额 × 变动成本率

$$应收账款平均余额 = \frac{年赊销额}{360} \times 平均收账天数 = 平均每日赊销额 \times 平均收账天数$$

式中,平均收账天数一般按客户各自赊销额占总赊销额比重为权数的所有客户收账天数的加权平均数计算。

$$变动成本率 = \frac{变动成本}{销售收入}$$

上式假设企业的成本水平保持不变(即单位变动成本不变,固定成本总额不变),随着赊销业务的扩大,变动成本会随之上升。

【例8-4】假设某企业预测的年度赊销额为 2 000 000 元,应收账款平均收账天数为 36 天,变动成本率为 60%,资金成本率为 15%,则应收账款机会成本可计算如下:

$$应收账款平均余额 = \frac{2\ 000\ 000}{360} \times 36 = 200\ 000\ (元)$$

维持赊销业务所需要的资金 = 200 000 × 15% = 30 000(元)

上述计算表明,企业投放 30 000 元的资金可维持 2 000 000 元的赊销业务,相当于垫支资金的 10 倍之多。这一较高的倍数在很大程度上取决于应收账款的收账速度。在正常情况下,应收账款收账天数越少,一定数量的资金所维持的赊销额就越大;应收账款收账天数越多,维持相同赊销额所需要的资金数量就越大，而应收账款机会成本在很大程度上取决于企业维持赊销业务所需要资金的多少。

2. 管理成本

管理成本是指企业对应收账款进行日常管理而耗费的开支，主要包括资信调查费用、应收账款账簿记录费用、收账费用等。

3. 坏账成本

坏账成本是指应收账款无法收回带来的损失。坏账成本一般与应收账款数量呈同方向变动，即应收账款收现期越长，数量越多，坏账成本就越大。为了避免发生坏账成本给企业带来风险，企业需要提取坏账准备。

坏账成本＝赊销额×预计坏账损失率

### 三、应收账款信用政策的构成要素

信用政策是企业对商业信用进行规划和控制的行为规范，亦即应收账款的管理政策，包括信用标准、信用条件和收账政策三部分内容。

1. 信用标准

信用标准是客户获得企业商业信用所应具备的最低条件，通常以预期坏账损失率来表示。信用标准的确定应考虑以下几个因素的影响：①同行业竞争对手的情况；②企业承担风险的能力；③客户的资信程度（通常从信用品质、偿付能力、资本、抵押品和经济状况五个方面进行评估）。

在充分考虑这些因素的情况下，可通过定性分析、定量分析或两者相结合的方法来确定信用标准。如果企业的信用标准过高，只对信誉很好、坏账损失率低的顾客赊销，虽然会减少坏账损失，减少应收账款的机会成本，但会使许多客户因达不到所设的标准而被拒之门外，这将不利于扩大销售量，甚至会使销售量减少；反之，如果信用标准较松，虽然有利于企业扩大销售，但会相应增加坏账损失和应收账款的机会成本，这样企业会承担更大的风险。因此，企业应根据具体情况来确定适宜的信用标准。

对信用标准进行分析，主要通过以下三个步骤来完成：

（1）设定信用等级的评价标准。

根据对客户信用资料的调查分析，确定评价信用等级的量化标准，以一组具有代表性、能够说明付款能力和财务状况的若干比率（如流动比率、速动比率、应收账款平均收账天数、存货周转率、产权比率或资产负债率、赊购付款履约情况等）作为信用等级指标，根据几年内最坏时的情况，分别找出信用好和信用差两类顾客的上述比率的平均值，依此作为衡量其他顾客的信用标准。

（2）利用既有或潜在客户的财务报表数据，计算各自的指标值，并与上述标准比较。

比较的方法是：若某客户的某项指标值等于或低于差的信用标准，则该客户的拒付风险系数（即坏账损失率）增加10个百分点；若客户的某项指标值介于好与差的信用标准之间，则该客户的拒付风险系数（坏账损失率）增加5个百分点；当客户的某项指标值等于或高于好的信用标准时，则视该客户的这一指标无拒付风险；此外，将客户各项指标的拒付风险系数累加，即作为该客户发生坏账损失的总比率。

（3）进行风险排队，并确定各有关客户的信用等级。

依据上述风险系数的分析数据，按照客户累计风险系数由小到大进行排序。然后，结合企业承受违约风险的能力及市场竞争的需要，具体划分客户的信用等级，如累计拒付风险系数在8%以内的为A级客户，在8%~12%的为B级客户，等等。对于不同信用等级的客户，分别采取不同的信用对策，包括拒绝或接受客户信用订单，以及给予不同的信用优惠条件或附加某些限制条款等。

2. 信用条件

信用条件是指企业接受客户信用订单时在对客户等级进行评价的基础上所提出的付款要求。

信用条件主要包括信用期限、折扣期限及现金折扣率等。信用期限是公司为顾客规定的最长付款时间；折扣期限是为顾客规定的可享受现金折扣的付款时间；现金折扣率是在顾客提前付款时给予的优惠。如账单上的"2/15，n/30"，就是一项信用条件，即在15天之内付款可以享受2%的折扣，而在15天之后、30天之内付款则没有折扣，全部款项必须在30天内付清。那么，30天为信用期限，15天为折扣期限，2%为现金折扣率。除上述表述的信用条件外，企业还可以根据需要，采取阶段性的折扣期与不同的现金折扣率，如"3/10，2/20，n/30"等等。意思是：给予客户30天的信用期限，客户若能在开票后的10日内付款，便可以得到3%的现金折扣；超过10日而能在20日内付款时，也可以得2%的现金折扣；否则，只能全额支付账面款项。关于信用条件备选方案的评价，如表8-3所示。

表8-3 信用条件备选方案的评价方法

| 总额分析法 | | 差额分析法（A-B） |
|---|---|---|
| 原方案A | 新方案B | |
| 年赊销额 | 年赊销额 | Δ年赊销额 |
| -现金折扣 | -现金折扣 | -Δ现金折扣 |
| -变动成本 | -变动成本 | -Δ变动成本 |
| =扣除信用成本前的收益 | =扣除信用成本前的收益 | =Δ扣除信用成本前的收益 |

续表

| 总额分析法 | | 差额分析法（A－B） |
|---|---|---|
| 原方案 A | 新方案 B | |
| －信用成本 | －信用成本 | －信用成本的差额 |
| （1）机会成本 | （1）机会成本 | （1）Δ机会成本 |
| （2）收账费用 | （2）收账费用 | （2）Δ收账费用 |
| （3）坏账损失 | （3）坏账损失 | （3）Δ坏账损失 |
| ＝扣除信用成本后的收益 | ＝扣除信用成本后的收益 | ＝Δ扣除信用成本后的收益 |
| 选扣除信用成本后贡献高的方案为最优方案 | | Δ扣除信用成本后收益＞0，可以改变决策 |

表8-3中的变动成本＝未扣除现金折扣的年赊销总额×变动成本率；表8-3中计算扣除信用成本前的收益，是假定各方案的固定成本相同，如果各方案的固定成本不同，在计算扣除信用成本前要扣除固定成本；当有两个以上方案进行比较时，用总额分析法比差额分析法简单，但差额分析法的原理更充分，更符合人们的思维习惯。

【例8-5】某企业预测2008年度赊销额为3 600万元，其信用条件是：n/30，变动成本率为50%，资金成本率（或有价证券利息率）为10%。假设企业收账政策不变，固定成本总额不变。该企业准备了三个信用条件的备选方案：

A：维持n/30的信用条件；

B：将信用条件放宽到n/50；

C：将信用条件放宽到n/70。

为各种备选方案估计的赊销水平、坏账百分比和收账费用等有关数据如表8-4所示。

表8-4 信用条件备选方案表　　　　　　　　　单位：万元

| 方案<br>信用条件<br>项目 | A<br>n/30 | B<br>n/50 | C<br>n/70 |
|---|---|---|---|
| 年赊销额 | 3 600 | 4 000 | 4 500 |
| 应收账款平均收账天数 | 30（天） | 50（天） | 70（天） |
| 应收账款平均余额 | 3 600÷360×30＝300 | 4 000÷360×50＝556 | 4 500÷360×70＝875 |
| 维持赊销业务所需资金 | 300×50%＝150 | 556×50%＝278 | 1 050×50%＝525 |
| 坏账损失/年赊销额 | 2% | 4% | 6% |
| 坏账损失 | 3 600×2%＝72 | 4 000×4%＝160 | 4 500×6%＝270 |
| 收账费用 | 40 | 80 | 120 |

根据以上资料，可计算相应的指标，如表8-5所示。

表8-5 信用条件分析评价表　　　　　　　　　　单位：万元

| 项目＼方案＼信用条件 | A<br>n/30 | B<br>n/50 | C<br>n/70 |
|---|---|---|---|
| 年赊销额 | 3 600 | 4 000 | 4 500 |
| －变动成本 | 2 000 | 2 300 | 2 500 |
| 扣除信用成本前收益 | 1 600 | 1 700 | 2 000 |
| 信用成本 | | | |
| －机会成本 | 150×10%＝15 | 278×10%＝27.8 | 525×10%＝52.5 |
| －坏账损失 | 72 | 160 | 270 |
| －收账费用 | 40 | 80 | 120 |
| 小　计 | 127 | 267.8 | 442.5 |
| 扣除信用成本后收益 | 1 473 | 1 432.2 | 1 557.5 |

根据表8-5中的资料可知，在这三种方案中，C方案（n/70）的获利最大，因此，在其他条件不变的情况下，应选择C方案。

3. 收账政策

收账政策是指当客户违反信用条件，拖欠甚至拒付账款时，企业所采取的收账政策与措施。主要包括收账方式和收账程序。

企业对拖欠的应收账款，无论采用何种方式进行催收，都需要付出一定的代价，即收账费用。如果企业采取积极的收账政策，则可能会减少应收账款投资，可以减少坏账损失，但会增加收账费用；如果采用较为消极的收账政策，则可能会增加应收账款投资，增加坏账损失，但会减少收账费用。因此，制定收账政策就是要在增加收账费用与减少坏账损失、减少应收账款机会成本之间进行权衡，若前者小于后者，则说明制定的收账政策是可取的。关于应收账款收账政策的决策方法，如表8-6所示。

表8-6 应收账款收款政策方法对比

| 总额分析法 | | 差额分析法（C-D） |
|---|---|---|
| 原方案C | 新方案D | |
| （1）机会成本 | （1）机会成本 | （1）Δ机会成本 |
| （2）收账费用 | （2）收账费用 | （2）Δ收账费用 |

续表

| 总额分析法 | | 差额分析法（C−D） |
|---|---|---|
| 原方案 C | 新方案 D | |
| （3）坏账损失 | （3）坏账损失 | （3）Δ坏账损失 |
| =收账成本合计 | =收账成本合计 | =Δ收账成本 |
| 选信用成本低的方案为最优方案 | | Δ收账成本<0，可以改变决策 |

【例 8−6】已知某企业应收账款现行收账政策和拟改变的收账政策如表 8−7 所示。假设资金利润率为 10%，根据表 8−7 中的资料，计算两种方案的收账总成本如表 8−8 所示。

表 8−7　收账政策备选方案资料

| 项目 | 现行收账政策 | 拟改变的收账政策 |
|---|---|---|
| 年收账费用（万元） | 100 | 150 |
| 应收账款平均收账天数（天） | 50 | 30 |
| 坏账损失占赊销额的百分比（%） | 3 | 2 |
| 赊销额（万元） | 8 000 | 8 000 |
| 变动成本率（%） | 50 | 50 |

表 8−8　收账政策分析评价表　　　　　单位：万元

| 项目 | 现行收账政策 | 拟改变的收账政策 |
|---|---|---|
| 赊销额 | 8 000 | 8 000 |
| 应收账款平均收账天数（天） | 50 | 30 |
| 应收账款平均余额 | 8 000÷360×50=1 111 | 8 000÷360×30=667 |
| 应收账款占用的资金 | 1 111×50%=555 | 667×50%=333 |
| 应收账款机会成本 | 555×10%=56 | 667×10%=67 |
| 坏账损失 | 8 000×3%=240 | 8 000×2%=160 |
| 年收账费用 | 100 | 150 |
| 收账成本合计 | 396 | 377 |

表 8−8 的计算结果表明，拟改变的收账政策的总成本小于现行收账政策的总成本，所以，改变收账政策的方案是可行的。

### 四、应收账款日常管理

对应收账款的日常管理主要采取以下措施。

1. 调查企业

应收账款管理的首要依据是对客户的信用情况进行调查,包括客户的付款历史、产品的生产状况、企业的经营状况、财务实力的估算数据、企业主要所有者及管理者的背景等,从而取得客户的信用资料。

2. 评估企业信用

搜集信用资料后,要对这些资料进行分析,并对顾客信用状况进行评估。信用评估的方法有很多,下面介绍两种常见的方法:5C评估法和信用评分法。

(1) 5C评估法。所谓5C评估法,是指重点分析影响客户信用的五个方面的一种方法。这五个方面的第一个英文字母都是C,故称为5C评估法。这五个方面是品质 (Character)、能力 (Capacity)、资本 (Capital)、抵押品 (Collateral) 和条件 (Condition)。以这五个方面为核心确定出客户的信用等级,供企业制定信用标准时作为主要参考依据:①品质因素指客户的信誉,即履行偿债义务的可能性。②能力指客户偿还货款的能力。主要指企业流动资产的数量和质量以及与流动负债的比例条件。③资本指客户的财务实力和财务状况,是客户偿付债务的最终保证。④抵押品指客户拒付款项或无力支付款项时被用作抵押的资产。⑤条件指可能影响客户付款能力的经济条件。

通过对这五个方面的分析,基本上可以判断客户的信用状况,是企业最后向客户提供商业信用的依据。

(2) 信用评分法。信用评分法是通过运用统计学方法,对一系列财务比率和信用情况指标进行评分,然后进行加权平均,得出客户综合的信用分数,并以此进行信用评估的一种方法。

进行信用评分的基本公式是:

$$Y = \beta_1 x_1 + \beta_2 x_2 + \cdots + \beta_n x_n$$

式中,$Y$代表某企业的信用评分;$\beta_i$代表事先拟定的对第$i$种财务比率和信用品质进行加权的权数;$x_i$代表第$i$种财务比率和信用品质的评分。

企业可以根据自身所处的行业环境、经营情况等因素确定不同财务比率和信用品质的重要程度,选择需要纳入公式的财务比率和信用品质。然后根据历史经验和未来发展预计对各财务比率和信用品质赋予相应的权数。将客户企业的具体资料代入公式后,最终计算得出客户企业的信用评分。

3. 应收账款账龄分析

企业已发生的应收账款时间长短不一,有的尚未超过信用期,有的则已逾期拖欠。一般来讲，逾期拖欠时间越长，账款催收的难度越大，成为坏账的可能性也就越高。应收账款账龄分析，就是考察、研究应收账款的账龄结构。所谓应收账款的账龄结构，是指各账龄应收账款的余额占应收账款总计余额的比重。

对于企业可能发生的坏账准备，要制定应收账款坏账准备金制度。所谓的坏账准备金制度，就是企业按照事先确定的比例估计坏账损失，计提坏账准备金，待发生坏账时再冲减坏账准备金。

4. 应收账款收现保证率分析

由于企业当期现金支付需要量与当期应收账款收现额之间不可能同时保证，比如企业必须用现金支付与赊销收入有关的增值税和所得税，弥补对应收账款资金的占用，这使得企业呈现出预付性与滞后性的差异特征，因此，企业必须对应收账款收现水平制定一个必要的控制标准，即应收账款收现保证率。

应收账款收现保证率是为适应企业现金收支匹配关系的需要，所确定出的有效收现的账款占全部应收账款的百分比，是两者应当保持的最低比例。公式为：

$$\frac{应收账款}{收现保证率} = \left( \frac{当期必要现金}{支付总额} - \frac{当期其他稳定可靠的}{现金流入总额} \right) \div \frac{当期应收账款}{总计金额}$$

公式中的当期其他稳定可靠的现金流入总额，是指从应收账款收现以外的途径可以取得的各种稳定可靠的现金流入数额，包括短期有价证券变现净额、可随时取得的银行贷款额等。

## 第四节 存货管理

存货是企业在日常生产经营过程中为销售或耗用而储备的各种有形资产。存货包括持有以备出售的产成品或商品、处在生产过程中的在产品、在生产过程中或提供劳务过程中耗用的原材料、燃料、包装物、低值易耗品、委托加工材料等。存货是企业流动资产的重要组成部分，掌握各种有效的控制存货的方法，可以使企业的资本得到有效的配置。

### 一、存货的储备功能

企业持有充足的存货，能够满足客户订货需要，节约采购费用，有利于生产的顺利进行。但过大的存货量必然占用企业的资金，使企业付出更大的持有成本。企业存货的储备具有以下功能：

1. 防止停工待料，保证生产或销售的需要

由于企业很少能做到根据实际需求随时购入各种所需物资，供货方可能会因

某些原因暂停或推迟供货，运输途中也会出现故障等。因此，适量的存货储备是企业进行正常生产的前提和保障。

2. 适应市场变化，增加生产或销售的弹性

适量的存货储备可以增加企业生产经营的弹性，增强企业销售的机动性以及适应市场变化的能力。零星采购价格往往较高，大量整批购入价格常会有优惠，有助于降低购货成本。在通货膨胀条件下，适当的存货储备也可以获得物价上涨带来的好处。

## 二、存货储备的成本

存货的成本主要包括取得成本、储存成本和缺货成本。

### 1. 取得成本

取得成本是指企业为取得存货而发生的全部成本，取得成本主要由购置成本和订货成本构成。

（1）订货成本。订货成本指企业为订购材料、商品而发生的费用。订货成本包括采购人员差旅费、手续费、运输费、检验费、邮资和电话电报费等。

（2）购置成本。购置成本等于采购数量乘以单价。在采购总量既定的条件下，购置成本通常是保持相对稳定的，与企业的采购次数无关。订货成本分为固定订货成本和变动订货成本，其中固定订货成本与订货次数无关；而变动订货成本与订货次数有关，如差旅费、邮资等，等于年订货次数乘以每次订货成本。

### 2. 储存成本

储存成本是指企业为持有存货而发生的全部成本，包括仓储费、搬运费、保险费、存货破损和变质损失费、存货占用资金应计的利息费等。

储存成本中有一部分与存货的占用量无关，称为固定储存成本，例如仓库保管员的工资、仓库折旧费等；另一部分与存货占用量有关，称为变动储存成本，如存货的保险费、破损费以及存货资金的应计利息等，它一般会随着平均存货量的增加而增加；变动储存成本＝年平均库存量×单位存货的年储存成本。

### 3. 缺货成本

缺货成本是指因存货不足而给企业造成的损失。由于存货不足，企业可能出现停产损失、丧失销售机会的损失、延误发货造成信誉损失等。

## 三、存货管理的方法

存货管理的方法主要有经济订货批量模型、存货 ABC 法和适时供应系统等。

### 1. 经济订货批量模型

经济订货批量模型有以下三种不同情况的模型：

（1）经济订货批量基本模型。经济订货批量是在不考虑缺货成本的情况下，能够使一定时期存货总成本达到最低的进货数量。经济订货批量的基本模型以下列假设为前提：①存货的耗用或者销售比较均衡，需求量稳定，企业一定时期的进货总量可以较为准确地予以预测；②存货集中到货，不是陆续入库，即送货时间为零；③存货的价格稳定，且不存在现金折扣和销售折扣，进货日期完全由企业自行决定，并且每当存货量降为零时，下一批存货均能马上一次到位；④仓储条件及所需现金不受限制；⑤不允许缺货，即没有缺货成本，因为良好的存货管理不应该出现缺货成本；⑥所需存货市场供应充足，不会因买不到所需存货而影响其他方面。

由于企业不允许缺货，每当存货数量降至为零时，下一批订货便会及时购入，所以不存在缺货成本，与存货订购批量、批次直接相关的就只有取得成本和储存成本两项，因此：

存货相关总成本 = 变动订货成本 + 变动储存成本

$$= \frac{存货全年计划进货总量}{每次进货批量} \times 每次进货费用 + \frac{每次进货批量}{2} \times 单位存货年储存成本$$

$$= \frac{A}{Q} \times B + \frac{Q}{2} \times C$$

从图 8-3 可以看出，当相关变动订货成本与相关变动储存成本相等时，存货相关总成本最低，此时的进货批量就是经济进货批量。

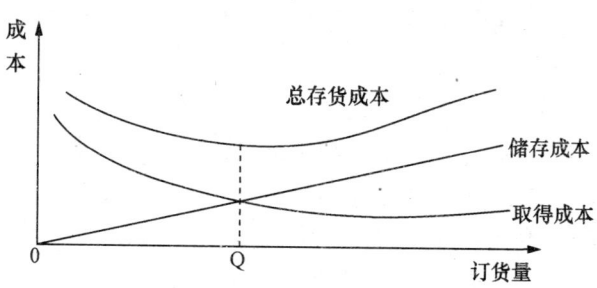

图 8-3　经济订货批量下的存货总成本

设 $Q$ 为经济进货批量；$A$ 为某种存货年度计划进货总量；$B$ 为平均每次进货费用；$C$ 为单位存货年度单位储存成本；$P$ 为进货单价。则：

经济进货批量（$Q$）$= \sqrt{\dfrac{2AB}{C}}$

经济进货批量的存货相关总成本（$T_c$）$= \sqrt{2ABC}$

经济进货批量平均占用资金（W）$=\dfrac{PQ}{2}=P\sqrt{\dfrac{AB}{2C}}$

每年最佳进货批次（N）$=\dfrac{A}{Q}=\sqrt{\dfrac{AC}{2B}}$

【例8-7】W公司每年需要某种木材4 000立方米，每次订货的成本为2 000元，每立方米木材年储存保管费用为100元，计算该公司的经济订货批量如下：

$$Q=\sqrt{\dfrac{2AB}{C}}=\sqrt{\dfrac{2\times 2\,000\times 4\,000}{100}}=400（立方米）$$

也就是说，W公司每次订货400立方米的木材时成本最低。

（2）实行数量折扣的经济批量模型。许多供应商为了鼓励更多的订货而提供数量折扣，即购买越多，所得到的价格优惠越多。此时，购货企业就在取得数量折扣得到的收益与增加的储存成本之间进行比较。如果增加订货得到的折扣收益大于增加的储存成本，则应增加订货量，反之，则应放弃折扣。

在经济进货批量基本模型的各种假设条件均具备的前提下，存在数量折扣时的存货相关总成本可按下式计算：

存货相关总成本＝存货购置成本＋相关订货成本＋相关存储成本

实行数量折扣的经济进货批量具体确定步骤如下：

第一步，按照基本经济进货批量模型确定经济进货批量。

第二步，计算按经济进货批量进货时的存货相关总成本。

第三步，计算按数量折扣的进货批量进货时的存货相关总成本。如果存在数量折扣的进货批量是一个范围，如进货数量在2 500~3 000千克之间可享受2%的价格优惠，此时按存在数量折扣的最低进货批量，即按2 500千克计算存货相关总成本。因为在存在数量折扣的进货批量范围内，无论进货量是多少，存货进价成本总额都是相同的，而相关总成本的变动规律是：进货批量越小，相关总成本就越低，即按2 500千克计算的存货相关总成本＜按2 501千克计算的相关总成本；按2 501千克计算的相关总成本＜按2 502千克计算的相关总成本；按2 502千克计算的相关总成本＜……＜按3 000千克计算的相关总成本。

第四步，比较不同进货批量的存货相关总成本，最低存货相关总成本对应的进货批量，就是实际数量折扣的最佳经济进货批量。

【例8-8】某企业水泥的年需要量为9 000吨，每吨标准价为20元。销售企业规定：客户每批购买量不超过1 000吨的，按照标准价格计算；每批购买量1 000吨以上，2 000吨以下的，价格优惠2%；每批购买量2 000吨以上的，价格优惠3%，已知每批进货费用800元，单位材料的年储存成本40元。

按经济进货批量基本模型确定的经济进货批量：

$$Q = \sqrt{2 \times 9\,000 \times \frac{800}{40}} = 600 \text{（吨）}$$

每次进货 600 吨时的存货相关总成本 = 9 000 × 20 + 9 000/600 × 800 + 600/2 × 40 = 204 000（元）

每次进货 1 000 吨时的存货相关总成本 = 9 000 × 20 × (1 − 2%) + 9 000/1 000 × 800 + 1 000/2 × 40

= 203 600（元）

每次进货 2 000 吨时的存货相关总成本 = 9 000 × 20 × (1 − 3%) + 9 000/2 000 × 800 + 2 000/2 × 40

= 218 200（元）

通过比较发现，每次进货为 1 000 吨时的存货相关总成本最低，所以此时最佳经济进货批量为 1 000 吨。

（3）允许缺货时的经济进货批量模型。在允许缺货的情况下，企业对经济进货批量的确定，就不仅要考虑订货成本与储存成本，而且还要考虑可能的缺货成本，当三项成本总和最低时的批量就是最佳经济进货批量。

设缺货量为 S，单位缺货成本为 R，其他符号同上。则有：

$$Q = \sqrt{\frac{2AB}{C} \times \frac{C+R}{R}}$$

$$S = \frac{Q \times C}{C+R}$$

允许缺货时的经济进货批量 =

$$\sqrt{2 \times \frac{\text{一定时期存货需要总量} \times \text{平均每次进货费用}}{\text{一定时期单位存货储存成本}} \times \frac{\text{一定时期单位存货储存成本} + \text{一定时期单位存货缺货成本}}{\text{一定时期单位存货缺货成本}}}$$

$$\text{平均缺货量} = \frac{\text{允许缺货时的经济进货批量} \times \text{一定时期单位存货储存成本}}{\text{一定时期单位存货储存成本} + \text{一定时期单位存货缺货成本}}$$

式中，缺货成本可以根据存货中断的概率和相应的存货中断造成的损失进行计算。

【例 8-9】某企业天然气的年需要量为 16 000 千克，每次进货费用为 15 元，单位储存成本为 5 元，单位缺货成本为 10 元。则允许缺货时的经济进货批量：

$$\text{允许缺货情况下的经济进货批量} = \sqrt{\frac{2 \times 16\,000 \times 15}{5} \times \frac{5+10}{10}} = 1\,200 \text{（千克）}$$

2. 经济订货批量模型的扩展

经济订货批量模型的扩展按以下三种情况进行分类：

(1) 再订货点（RP）。再订货点是指发出订货指令时尚存的原材料数量。再订货点（RP）的计算公式为：

再订货点 = 存货使用率 × 存货的在途时间 $RP = R \times DT$

式中，RP 代表再订货点；R 代表存货使用率；DT 代表存货在途时间或交时间。其中存货使用率是指每天消耗的存货数量。

存货使用率的计算公式为：

$$R = \frac{S}{T}$$

式中，S 代表年需要量；T 代表生产周期。

【例 8-10】东风公司生产周期为一年，该公司全年使用原材料 100 000 千克，则计算该公司的原料使用率如下：

$$R = \frac{S}{T} = \frac{100\,000}{360} = 278 \text{（千克）}$$

【例 8-11】假设东风公司订购上述原材料的在途时间一般为 5 天，则计算该公司的再订货点如下：

$RP = R \times DT = 278 \times 5 = 1\,390$（千克）

当东风公司的该种原材料库存数量降低到 1 390 千克时，就需要发出订货指令了。再订货点的操作可以用图 8-4 说明。

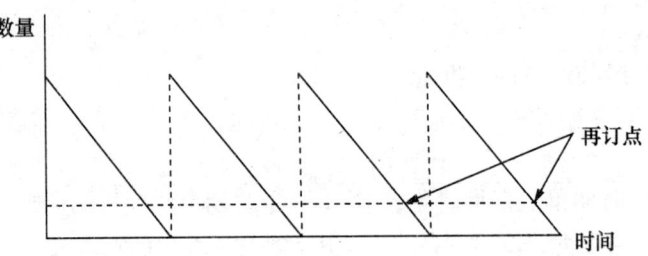

图 8-4 再订货点

从图 8-4 可以看出，当库存降低到 1 390 千克时，发出订货通知，当库存消耗到零时，所订存货恰好到达，刚好形成一个完整的过程。

这种情况只是一种理想状态，在现实经济生活中，很难做到准确计算存货使用率，也很难保证所订存货在途时间一直不变。所以，在这种理想的再订货状态下，一旦某个环节出现断裂，就很可能使企业的生产停止，造成损失。

(2) 订货提前期。订货提前期是指从发出订单到货物验收完毕所用的时间。订货提前期的计算公式为：

$$\text{订货提前期} = \frac{\text{预计交货期内存货的使用量}}{\text{存货使用率}}$$

【例 8-12】A 企业预计交货期内原材料的用量为 200 千克,原材料使用率为 20 千克/天,无延期交货情况。则该企业的订货提前期为:

$$t = \frac{200}{20} = 10 \text{(天)}$$

(3) 保险储备。实际工作中,每日需求量、交货时间均可能有变化。按照某一订货量和再订货点发出订单后,如果需求增大或送货延迟,就会发生缺货或供货中断的情况。为防止由此造成的损失,就需要多储备一些存货以备应急之需,称为保险储备。

经济订货批量的基本模型,假定每日需求量不变,交货时间也固定不变。实际中的企业在生产经营中要面对很多不确定的情况,因此很难做到如图 8-4 中均匀的原料使用和各订货批次之间的完美衔接。这就使保险储备显得极为重要,图 8-5 说明了保险储备的重要作用。

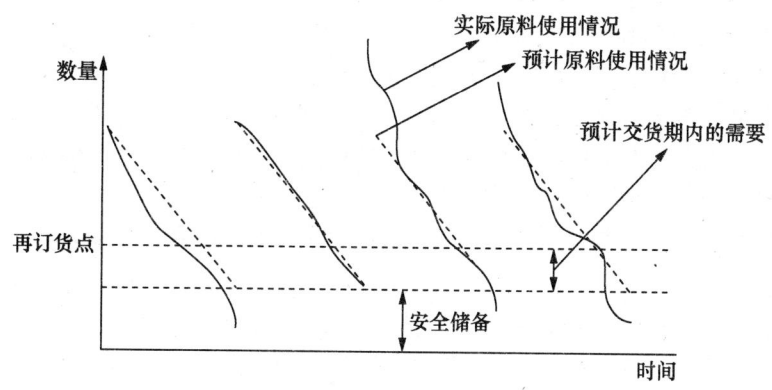

图 8-5 安全库存

图 8-5 显示了一段时期内,在保险储备和其他更为现实的条件下企业存货水平。企业在再订货点发出订货指令,但在所订货物到达之前有一段交货期,这时如果没有保险储备,企业将不得不中止生产,由此造成的损失就是缺货成本,而保险储备的存在避免了这种情况。企业面临的不确定性越大,需要的保险储备量就越多。但是,从另一个方面看,保险储备的存在虽然可以减少缺货成本,但增加了储存成本,最优的存货政策就要在这些成本之间权衡,选择使总成本最低的再订货点和安全储备量。

保险储备的存在不会影响经济订货批量的计算,但会影响再订货点的确定。

考虑保险储备情况下的再订货点计算公式如下：

$RP = R \times DT + SS$

式中，$SS$ 代表保险储备，$R$ 代表存货使用率，$DT$ 代表在途时间。

$$保险储备量 = \frac{1}{2}\left(\begin{array}{c}预计每天的\\最大耗用量\end{array} \times \begin{array}{c}预计最长\\订货提前期\end{array} - \begin{array}{c}平均每天的\\正常耗用量\end{array} \times \begin{array}{c}订货\\提前期\end{array}\right)$$

【例8-13】B企业平均每天正常耗用A材料15千克，订货提前期为8天，预计每天的最大耗用量为20千克，预计最长订货提前期为10天，则保险储备量为：

$$保险储备量 = \frac{1}{2} \times (20 \times 10 - 15 \times 8) = 40(千克)$$

3. 存货ABC分类管理

企业存货往往多达上万种，有些存货品种数量少，但单位金额巨大，如果管理不善，会给企业造成很大损失；有些存货虽然品种数量较多，但单位金额较小，从经济角度出发，如果花较大精力严加管理，势必加大管理成本。因此，应该分清主次，突出重点，提高存货整体管理水平。所谓ABC分类管理，就是按照一定的标准，将企业存货划分为A、B、C三类，分别实行按品种重点管理、按类别一般控制和按总额灵活掌握的存货管理方法。

存货ABC分类管理是意大利经济学家巴雷特于19世纪首创的，是一种实际应用较多的方法。经过不断发展和完善，ABC法已经广泛用于存货管理、成本管理和生产管理。

用ABC分类法对存货进行分类的标准主要有两个：一是金额标准；二是品种数量标准。其中金额标准是基本的，品种数量标准仅供参考。A类存货的特点是金额巨大，但品种数量较少；如珠宝、高档家具、大型健身器材、摩托车等。B类存货金额一般，品种数量相对较多；如床上用品、鞋帽、服装等。C类存货品种数量繁多，但价值金额却很小。如日用卫生品、针线、日杂用品等。一般而言，三类存货的金额比重大致为A:B:C=0.7:0.2:0.1，而品种数量比重大致为A:B:C=0.1:0.2:0.7。

运用ABC分类管理方法的具体步骤如下：①列示企业全部存货的明细表，并计算出每种存货的价值总额及占全部存货总额的百分比。②按每一种存货价值总额占全部存货总额百分比的大小顺序排列并累加百分比，编成表格。③当金额百分比累加到70%左右时，以上存货视为A类存货；百分比介于70%~90%的存货为B类存货，其余则为C类存货。④对A类存货进行重点规划和控制，对B类存货进行次重点管理，对C类存货只进行一般管理。

【例8-14】某公司共有20种材料，总金额为200 000元，按金额多少的顺序排列并按上述原则将其划分成A、B、C三类，如表8-9所示。各类存货金额百分比如图 8-6 所示。

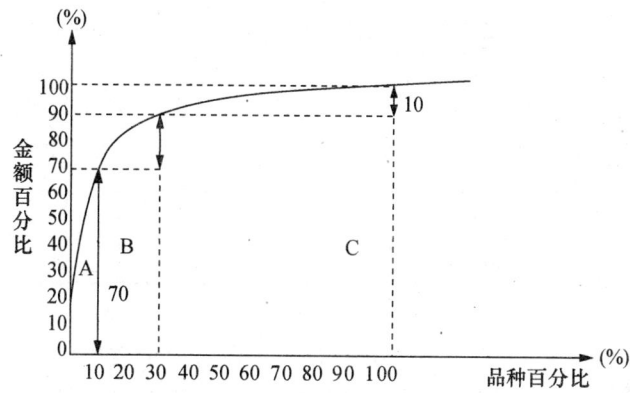

图 8-6 存货模式示意图

表 8-9 ABC 分类表

| 材料编号 | 金额（元） | 金额比重（%） | 累计金额比重（%） | 类别 | 各类存货数量比重（%） | 各类存货金额比重（%） |
|---|---|---|---|---|---|---|
| 1 | 80 000 | 40 | 40 | A | 10 | 70 |
| 2 | 60 000 | 30 | 70 | | | |
| 3 | 15 000 | 7.5 | 77.5 | | | |
| 4 | 12 000 | 6 | 83.5 | B | 20 | 20 |
| 5 | 8 000 | 4 | 87.5 | | | |
| 6 | 5 000 | 2.5 | 90 | | | |
| 7 | 3 000 | 1.5 | 91.5 | | | |
| 8 | 2 500 | 1.25 | 92.75 | | | |
| 9 | 2 200 | 1.1 | 93.85 | | | |
| 10 | 2 100 | 1.05 | 94.9 | | | |
| 11 | 2 000 | 1 | 95.9 | | | |
| 12 | 1 800 | 0.9 | 96.8 | | | |
| 13 | 1 350 | 0.675 | 97.475 | | | |
| 14 | 1 300 | 0.65 | 98.125 | C | 70 | 10 |
| 15 | 1 050 | 0.525 | 98.65 | | | |
| 16 | 700 | 0.35 | 99 | | | |

续表

| 材料编号 | 金额（元） | 金额比重（%） | 累计金额比重（%） | 类别 | 各类存货数量比重（%） | 各类存货金额比重（%） |
|---|---|---|---|---|---|---|
| 17 | 600 | 0.3 | 99.3 | | | |
| 18 | 550 | 0.275 | 99.575 | | | |
| 19 | 450 | 0.225 | 99.8 | | | |
| 20 | 400 | 0.2 | 100 | | | |
| 合计 | 200 000 | 100 | — | | 100 | 100 |

把存货分为 A、B、C 三大类，可以使得企业对存货占用资金进行有效管理。A 类存货种类虽少，但占用资金多，应集中主要力量管理，并进行严格的控制；由于 A 类存货种类较少，企业有能力对每一具体品种进行控制。C 类存货虽然种类繁多，但占用的资金不多，只需要灵活掌握就可以了；B 类存货介于 A 类和 C 类之间，也应给予相当的重视，但不必像 A 类那样进行非常严格的控制，可以通过划分类别的方式进行管理。

4. 及时生产的存货系统（Just-in-time System，JIT）

JIT 起源于 20 世纪 20 年代美国底特律福特汽车公司所推行的集成化生产装配线，后来在日本制造业得到有效的使用，随后又重新在美国推广开来。及时生产系统，通过合理规划企业的产供销过程，使从原材料采购到产成品销售，每个环节都能紧密衔接，减少制造过程中不增加价值的作业，减少库存，消除浪费，从而降低成本，提高产品质量，最终实现企业效益最大化。

及时生产存货系统的基本原理：只有在使用之前才从供应商处进货，从而将原材料或配件的库存数量减少到最小；只有在出现需求或接到订单时才开始生产，从而避免产成品的库存。及时生产的存货系统要求企业在生产经营的需要与材料物资的供应之间实现同步，使物资传送与作业加工速度处于同一节拍，最终将存货数量降低到最小限度，甚至实现零库存。

及时生产的存货系统为企业大大节省了储存成本，但是及时生产的存货系统要求企业必须建立一个全面协调的环境，一旦生产经营的需要和材料物资的供应之间无法实现同步，那么企业生产经营的稳定性将会受到影响，从而加大经营风险。为了能够按合同约定频繁少量配送，供应商可能要求额外加价，企业因此丧失了从其他供应商那里获得更低价格的机会收益。

# 复习思考题

## 一、简答题

1. 什么是营运资金?
2. 现金的持有动机有哪些?
3. 应收账款信用政策包括哪些?
4. 说明存货的成本包括什么?

## 二、计算题

1. 某企业全年需要现金 8 000 元,现金与有价证券的转换成本为每次 100 元,有价证券的利息率为 20%,则最佳现金余额是多少?

2. 某公司每年需要 A 材料 1 000 吨,每吨材料的年储存成本为 5 元,每次订货成本为 100 元。试求经济订货批量、最优订货次数、储存成本和订货成本的最低年成本合计。

3. 假设某企业原材料的安全储备量为 100 件,交货期为 10 天,每天原材料的耗用量为 5 件,则企业的再订货点是多少?

4. 某企业全年需要某种零件 1 200 个,每次订货成本为 400 元,每件年储存成本为 6 元,最优经济订货批量是多少?如果每件价格 10 元,一次订购超过 600 件可得到 2% 的折扣,则企业应选择以多大批量订货?

## 三、综合案例分析题

刘强是一家服装制造公司的财务主管,最近他接到公司销售部门提交的一份资料,资料显示,由于其他同类制造商的竞争,公司的订单正在受到威胁,并且已有下降的趋势。原来由于公司的产品销售较好,所以提供的信用条件是 n/30,平均收款期为 45 天,全年销售收入为 40 万元销售利润率(即利润占销售收入的百分比)为 20%,应收账款的机会成本为 14%。现在看来,公司为了保持市场份额,不得不针对不同的客户更改自己的信用条件。刘强正为此事发愁。

结合案例,请思考如下问题:

1. 公司在使用新的信用条件之前,都需要做哪些方面的考虑?
2. 假设销售部门提出了 A、B 两个有关信用条件的方案,见表 8-10,你认为刘强会选择哪个方案?

表 8-10　信用条件方案

| A 方案 | B 方案 |
| --- | --- |
| 1. 信用条件：n/45 | 1. 信用条件：2/10，n/30 |
| 2. 预计增加销售额：60 000 元 | 2. 预计增加销售额：100 000 元 |
| 3. 增加销售额的坏账损失率：7% | 3. 增加销售额的坏账损失率：5% |
| 4. 需付现金折扣的销售额占总销售额的比率：0% | 4. 需付现金折扣的销售额占总销售额的比率：50% |
| 5. 平均收账期：50 天 | 5. 平均收账期：20 天 |
| 6. 增加的收账费用：2 000 元 | 6. 增加的收账费用：3 000 元 |

3. 当公司因为信用条件放宽而发生货款迟迟难以收回的情况时，公司可以采取的措施有哪些?

# 第九章 财务分析

【本章学习目标】

□ 明确企业财务分析的含义、内容、步骤

□ 了解企业财务分析的常用方法

□ 掌握企业偿债能力、资产运营能力和盈利能力各项评价指标的计算与分析

□ 理解比较分析、趋势分析和杜邦分析体系

□ 熟练运用杜邦分析体系,分析企业各项财务指标变动的原因、评价企业总体财务能力和经营发展趋势

【章首案例】

近年来,我国不同的权威机构根据不同的评价标准对企业进行排序。中国企业联合会和中国企业家协会以营业收入为标准,评选了中国企业500强。某经济期刊依据营业收入和净利润两个标准,分别评选出中国民营企业100强。而中央电视台经济频道作为主办方,其根据税前利润同比增加值和每股经营现金流量两个标准,对上市公司分别进行了排序。总的来说,我国对企业排序的评价标准较多,但大都依据单一指标。

不同国家或权威机构也会排定最优秀公司的座次,如美国《商业周刊》、《财富》及英国《金融时报》等机构每年都会排定世界500强的座次。美国《商业周刊》是如何排定世界500强的座次?美国《财富》对500强又是如何界定的?英国《金融时报》评定世界500强又是以什么为标准呢?尽管不同权威刊物或机构给定的标准不尽相同,但是它们多数是依据多项财务指标而给出的综合评定。以美国《商业周刊》为例,它主要采用8个财务指标确定500强的座次。销售及利润增长率和股东收益率是首先考虑的指标,体现公司持续经营能力的指标

是其次考虑的指标；而公司本年的经营情况及公司最近3年的经营情况都在考虑之列。为了着重强调公司从经营中赚取最大利润的能力，利润率和权益收益率也是分析的指标之一。《商业周刊》将确定的各类指标划分为各种等级，前20%为A，稍次的20%为B，以此类推，最差的为F。然后，加总各类得分，再用销售数量加权平均得出最终的排名。《财富》主要依据资产规模、盈利能力、资产经营能力、增长潜力等各项财务指标的综合比较，挑选出表现最优秀的上市公司，对其进行排序。这些权威机构据此排定世界500强，销售及利润增长率、股东收益率、净利润增长率等财务指标经常被用来衡量公司业绩的好坏。

**【问题思考】**
通常不同国家或权威机构是如何排定最优秀公司的座次？常用的财务分析方法、财务分析体系、财务分析指标是怎样的？

## 第一节 财务分析概述

财务分析是项目决策分析与评价中为判定项目财务可行性所进行的一项重要工作，是项目经济评价的重要组成部分，是投融资决策的重要依据。

### 一、财务分析的含义

财务分析，又称财务评价，是依据财务报表及其他有关财务资料，对企业财务状况、经营成果和现金流量状况进行分析研究，从而评价企业经营前景，预测企业未来发展趋势的过程。通过这种评价，可以为企业财务决策、计划和控制提供依据。

一般认为，财务分析产生于19世纪末20世纪初。早期财务分析的目的是为银行信贷提供服务。这是因为当时的融资渠道主要为银行信贷。随着借贷资本在企业资本总额中的比重不断上升，银行需要对借款人的信用状况进行评价，以判断借款人的资信和偿债能力，减少银行信贷风险。这一时期的财务分析主要侧重于资信评级和偿债能力分析。

20世纪中期，随着资本市场的形成和发展，财务分析内涵发生了巨大变化，外界对财务分析产生了新的需求。此时财务报表不仅要为债权人提供信息服务，而且要为投资人提供投资服务。投资风险的客观存在，使投资人产生了对信息的更广泛需求。除了对偿债能力进行分析外，投资人更关心被投资方的资产营运能力、盈利能力和股利支付能力。出于服务目的的需要，此时财务分析的范围和内容更加广泛，分析体系更趋完善。

进入 20 世纪末，随着企业组织形式的变化和公司制的产生，投资人对被投资方产生了更高的获利要求。为提高公司的盈利能力、资产营运能力和偿债能力，满足公司筹资需求，公司的管理层需要利用内部信息，获取分析数据为管理服务。因此，财务分析成为加强企业内部管理的重要依据，并使财务分析由外部分析发展到了内部分析，财务分析的体系更加丰富和完善。

当前，随着经济与社会发展，财务信息在经济与社会生活中的作用越来越大，财务分析的应用范围越来越广，财务分析的影响因素也越来越复杂，实践中对财务分析的需求也越来越大。目前，特许财务分析师（Chartered Financial Analyst，CFA）是全球证券投资与管理界一致公认的最具权威性的职业资格称号。CFA 资格目前在美国金融与证券界具有很高的权威性，"美国投资咨询协会"、"美国投资银行家协会"和"纽约金融协会"等机构也都表示其成员应具有 CFA 资格。同时许多著名大学，包括美国 Richmond 大学、美国 Missouri – Columbia 大学、Boston 大学、新加坡国立大学等，已经将 CFA 的考试科目正式纳入它们的教学课程。

可见，现阶段的财务分析是财务管理的重要方法之一。其基本特点如下：

第一，财务分析的起点是财务报表。分析所使用的数据大部分来源于企业形成的财务报表。因此，财务分析的前提是准确、真实的企业财务报表。

第二，财务分析的结果是对企业的偿债能力、资产营运能力、盈利能力和抵御风险能力作出评价，或找出存在的问题。

第三，财务分析是一个过程。所谓"分析"，就是把研究对象分成较简单的组成部分，找出这些部分的本质属性和彼此间的关系，以达到认识对象本质的目的。财务分析是把整个财务报表的数据，分成不同部分和指标，并找出有关指标的关系，以达到认识企业偿债能力、资产营运能力、盈利能力和抵御风险能力的目的。

**二、财务分析的内容**

财务分析的内容十分丰富，按照不同的标准有不同的表述。

1. 按财务分析的主体不同

按财务分析的主体不同可分为内部分析和外部分析。

内部分析是指企业内部管理部门对本企业的生产经营过程、财务状况所进行的分析，此时的分析是为满足内部管理需要。

外部分析是指企业外部的利益集团（如投资方、借款人、政府等）根据各自的需求对企业经营现状、发展前景所进行的分析，此时的分析是为满足外部相关利益人的需要。

2. 按财务分析的对象不同

按财务分析的对象不同可分为资产负债表分析、利润表分析、现金流量表分析等。

资产负债表分析是以资产负债表为对象所进行的财务分析。最初的财务分析都是以资产负债表为中心，分析企业的资产流动状况、偿债能力等。

利润表分析是以利润表为对象所进行的财务分析。在分析企业的盈利状况和经营成果时，必须要从利润表中获取财务资料。而且，即使分析企业的偿债能力，也应结合利润表，因为一个企业的偿债能力同其获利能力密切相关，一般而言，获利能力越强，偿还债务的能力就越强。

现金流量表分析是以现金流量表为对象所进行的财务分析。现金流量表是资产负债表和利润表的中介，也是这两张表的补充。通过现金流量表的分析，可以了解企业资金运转状况，在一定时期内，有多少资金来源，是从何而来，又有多少资金被运用，运用到哪些方面。现金流量分析可以了解到企业财务状况变动的全貌。

3. 按财务分析的方法不同

按财务分析的方法不同可分为比率分析、比较分析和趋势分析等。

比率分析，是通过对各种财务比率指标的计算和分析，可以清楚地反映企业的财务状况和经营成果，为管理人员、投资人、债权人和社会有关人员提供实际价值的财务信息。比率分析是财务报表分析中的一种主要方法。

比较分析，是通过对财务报表的比较，把前后两期或更长期间的财务报表加以分析评比，据以分析各个项目的变化和发展趋势。比较财务报表的基本形式有两种：横向分析和纵向分析。

趋势分析，通常是将连续几年的财务报表中有关项目集中在一起加以比较，从而发现各个会计期间各项目和比率指标的变化和发展趋势，在比较中既可以进行绝对数比较，也可以进行相对数比较。

4. 按财务分析的目的不同

按财务分析的目的不同可分为偿债能力分析、资产营运能力分析和盈利能力分析。

其具体内容将在本章第二节至第四节中阐述。

### 三、财务分析的步骤

财务分析的基本程序是指分析公司财务状况的基本步骤和过程。科学的分析程序是保证财务分析得以顺利进行的重要条件。在实际生活中,尽管公司的经营者、投资者、债权人和公司报表的其他使用者分析公司财务状况的目的、重点、方法等不尽相同,但其分析程序则是基本相同的,都要经过以下几个步骤:

1. 确定分析目的和内容

要对公司财务状况进行分析,首先需要确定分析的目的和内容。公司财务报表的不同使用者,出于不同的目的和要求,对公司财务分析的内容也有着不同的要求。一般而言,公司经营者主要分析公司的全面财务状况,重点是进行资产营运能力分析;公司的股东和投资者更关注公司的盈利能力和发展前景,重点是进行公司盈利能力和资本结构分析;公司债权人则更关注公司的偿债能力和现金回收能力,重点是进行公司的长、短期偿债能力和流动性分析。

2. 收集与选取财务报表及信息资料

财务分析不是盲目的分析,而是建立在一定基础资料之上的分析。一般来说,需要收集和选取的基础资料包括以下几个部分:①主要财务报表,包括资产负债表、利润表和现金流量表。②其他财务辅助资料,包括财务报表附注、财务情况说明书和内部财务辅助资料等。

3. 评价财务报表及信息资料的真实性

收集与选取财务报表及信息资料仅仅是分析工作的准备阶段,而分析判断财务报表及信息资料的真实性程度对分析结果的影响至关重要。在信息完全对称的条件下,不存在财务报表及信息资料的失真问题,但由于多种原因,财务报表及信息资料失真的现象是客观存在的,这就使得作为分析依据的财务报表及信息资料缺乏可靠性。缺乏可靠性的财务分析资料,将不能对企业的财务状况、经营成果和现金流量状况做出客观、公正的评价和判断。为此,这就需要借助于一定的方法对财务报表及信息资料的真实性做出基本的判断和评价,使财务分析建立在资料可靠的基础上。

4. 选择适当的分析方法

财务分析方法多种多样,但财务分析目的不同,所选用的分析方法也不相同。常用的分析方法主要有比率分析法、比较分析法、趋势分析法和因素分析法等,这些方法各有特点,在实际分析时可以单一运用以上方法,也可综合运用以上方法,对企业的偿债能力、资产营运能力、盈利能力及其他项目的未来发展趋势作出分析预测。

5. 分析原因,查找财务管理中存在的问题

采用特定的方法,计算出有关财务指标,得出分析数据,可以将这些指标、数据进行归纳、推理,并将其与经验数据对比,与历史数据对比,与同行业对比,与本企业预定数据对比,发现差异,分析导致差异存在的根本原因,以查找

出企业财务管理中存在的薄弱环节，以便采取对策。

6. 提出改善财务状况的具体方案

财务分析的直接结果，就是对分析者所关心的问题提出比较清晰的结论，从而为自己的后期行为选择提供必要的依据。由于分析结论将直接影响分析者的行为选择，所以，这些分析结论应尽可能完整、准确、全面。

企业进行财务分析的最终目的是为财务决策提供依据。在查找到问题的基础上，提出改善财务状况的各种方案，然后权衡各种方案的利弊得失，从中选出最佳方案，以便不断改善企业财务状况，实现企业财务管理的目标。

**四、财务报表**

财务报表是从会计角度给出企业一定时期的经营成果和财务状况。企业基本财务报表包括资产负债表、利润表和现金流量表。这三种报表是企业最重要的财务报表，它们全面、系统、集中地反映了企业资金投入和使用、盈利取得、企业内部积累、债务的筹措、企业各项资产的形态和运用、股权的组成、红利的分配等有关方面的财务信息。

1. 资产负债表

资产负债表是反映企业某一特定时点财务状况的报表。它反映了企业资产的构成，以及构成这些资产的资金来源等。

表 9 - 1 给出了东方公司 2006 年、2007 年末简化了的资产负债表。资产负债表按照"资产 = 负债 + 所有者权益"的会计原理，分成资产、负债和所有者权益三大类。资产负债表左边反映的是资产总额，右边反映的是负债和所有者权益总额。在资产类中，按照流动性的大小，可分为流动资产、长期投资、固定资产和无形资产及其他资产；负债类中按照其支付顺序的先后可分为流动负债和长期负债；所有者权益类按照其形成的先后可分为股本、资本公积、盈余公积和未分配利润等。

**表 9 - 1 资产负债表**

编制单位：东方公司　　　　　2007 年 12 月 31 日　　　　　单位：万元

| 资产 | 年初数 | 年末数 | 负债与所有者权益 | 年初数 | 年末数 |
| --- | --- | --- | --- | --- | --- |
| 流动资产： | | | 流动负债： | | |
| 货币资金 | 1 634.91 | 2 107.41 | 短期借款 | 700.00 | 640.00 |
| 短期投资 | 120.00 | 121.80 | 应付账款 | 2 985.33 | 5 447.09 |
| 应收账款 | 6 634.31 | 8 830.93 | 预收账款 | 1 429.04 | 573.17 |
| 预付账款 | 1 697.73 | 1 949.57 | 应付工资 | 87.17 | 73.87 |

续表

| 资产 | 年初数 | 年末数 | 负债与所有者权益 | 年初数 | 年末数 |
|---|---|---|---|---|---|
| 其他应收款 | 114.47 | 261.42 | 应付股利 | 0.00 | 0.00 |
| 存货 | 4 531.25 | 5 266.53 | 其他应付款 | 1 527.53 | 870.63 |
| 待摊费用 | 66.68 | 39.66 | 预提费用 | 407.10 | 395.64 |
| 其他流动资产 | 106.02 | 150.43 | 其他流动负债 | 896.58 | 1 132.47 |
| 流动资产合计 | 14 905.37 | 18 727.75 | 流动负债合计 | 8 032.75 | 9 132.87 |
| 长期投资: | | | 长期负债: | | |
| 长期股权投资 | 1 187.52 | 1 022.42 | 长期借款 | 8 000.00 | 9 000.00 |
| 长期债权投资 | 0.00 | 0.00 | 其他长期负债 | 0.00 | 295.00 |
| 长期投资合计 | 1 187.52 | 1 022.42 | 长期负债合计 | 8 000.00 | 9 295.00 |
| 固定资产: | | | 负债合计 | 16 032.75 | 18 427.87 |
| 固定资产原值 | 45 609.45 | 48 463.70 | 股东权益: | | |
| 减:累计折旧 | 22 425.05 | 23 533.00 | 股本 | 16 000.00 | 16 000.00 |
| 固定资产净值 | 23 184.40 | 24 930.70 | 资本公积 | 3 747.33 | 4 186.50 |
| 在建工程 | 1 140.17 | 1 399.40 | 盈余公积 | 1 586.07 | 2 010.35 |
| 固定资产合计 | 24 324.57 | 26 330.10 | 未分配利润 | 3 051.31 | 5 455.55 |
| 无形资产及其他资产合计 | | | 股东权益合计 | 24 384.71 | 27 652.40 |
| 资产合计 | 40 417.46 | 46 080.27 | 负债与所有者权益合计 | 40 417.46 | 46 080.27 |

在分析资产负债表时,需要注意以下几点:

(1) 尽管所有的资产都是以货币来描述的,但只有现金和银行存款才能算是货币资金。

(2) 外界因素的变动所引起公司资产净值的上升或下降将直接影响所有者权益,而债务不受影响,即资产价值下降的损失由股东承担,资产价值上升(如通货膨胀)的利益也将由股东独占。

(3) 所有者权益包括普通股股东权益和优先股股东权益。在计算相关指标和分析财务状况时,应首先考虑其是否发行了优先股,如发行了优先股,应考虑本期应支付的优先股股利。普通股股东权益一般分解为普通股股本、资本公积、盈余公积和未分配利润四类。

(4) 固定资产折旧方法将影响财务报表。固定资产折旧方法主要有加速折旧法和直线折旧法,一般情况下,在固定资产使用的前期,采用加速折旧法计提的折旧额比采用直线折旧法计提的折旧额相对大些,反映在企业的财务报告中,前者所反映的成本相对高一些,企业获得的收益相对低一些。可见,折旧方法将影响企业的财务报表。

(5) 存货（库存）核算方法将显著影响财务报表。存货（库存）核算方法主要有先进先出法、后进先出法、加权平均法等。在物价上升时期，先进先出法使报表中的存货价值比后进先出法和加权平均法得出的要高，同时，先进先出法使售出商品的成本比后进先出法和加权平均法得出的成本要低，因此，报表所呈现出的利润相对要高些。

2. 利润表

利润表又称损益表，是反映企业在一定时期内（通常是一个会计年度）经营成果的报表，报告了企业在一定时期内的收入、成本和费用的发生，利润和亏损的情况，是一个动态的财务报表。

表9－2给出了东方公司2006年、2007年度的利润表。现行的利润表是按照"利润＝收入－费用"这一基本公式编制的多步式利润表，表中项目按照利润形成的各项目分项列示。从表9－2中可以看出，多步式利润表由主营业务收入、主营业务成本等八项构成，其中主营业务收入与主营业务成本相配比计算出主营业务利润，然后加上其他业务利润和减掉各项期间费用后，计算出营业利润，营业利润加投资收益、补贴收入和营业外收支净额，计算出利润总额。利润总额减去所得税，加上年初未分配利润，即得到可供投资者分配利润。这种分类方法将收入区分为主营业务收入和非主营业务收入，将支出分为主营业务支出和非主营业务支出，对于合理归集成本费用，进行成本效益分析具有重要的意义。同时由于多步式利润表将利润区分为营业利润、投资收益和营业外收支净额三部分，便于分析利润盈亏的主要原因，查找经营中的薄弱环节，提高管理水平，增强企业可持续发展能力。

表9－2 利润表

编制单位：东方公司　　　　2007年12月31日　　　　单位：万元

| 项　目 | 上年数 | 本年数 |
| --- | --- | --- |
| 一、主营业务收入 | 37 692.42 | 43 093.32 |
| 减：主营业务成本 | 30 702.45 | 34 404.62 |
| 　　主营业务税金及附加 | 307.28 | 312.30 |
| 二、主营业务利润 | 6 682.69 | 8 376.40 |
| 加：其他业务利润 | 29.07 | 59.10 |
| 减：营业费用 | 322.48 | 507.46 |
| 　　管理费用 | 2 404.20 | 2 743.25 |
| 　　财务费用 | 938.81 | 1 481.47 |
| 三、营业利润 | 3 046.26 | 3 703.31 |
| 加：投资收益 | | |
| 　　补贴收入 | 19.05 | 77.38 |

续表

| 项目 | 上年数 | 本年数 |
|---|---|---|
| 营业外收入 | 8.04 | 12.60 |
| 减：营业外支出 | 46.54 | 15.65 |
| 四、利润总额 | 3 026.82 | 3 777.64 |
| 减：所得税 | 720.53 | 949.12 |
| 五、净利润 | 2 306.29 | 2 828.52 |
| 加：年初未分配利润 | 2 090.97 | 3 051.31 |
| 六、可供分配的利润 | 4 397.26 | 5 879.83 |
| 减：提取法定盈余公积 | 230.63 | 282.85 |
| 提取法定公益金 | 115.31 | 141.43 |
| 七、可供股东分配的利润 | 4 051.31 | 5 455.55 |
| 减：应付优先股股利 | | |
| 提取任意盈余公积金 | | |
| 应付普通股股利 | 1 000.00 | |
| 转作资本的普通股股利 | | |
| 八、未分配利润 | 3 051.31 | 5 455.55 |

3. 现金流量表

现金流量表是反映企业一定会计期间内现金收入、现金支出和现金流量变动情况的会计报表。它由三大部分组成，即来自企业经营活动、投资活动和筹资活动所产生的现金流量。现金流量表是资产负债表和利润表以外的第三张极其重要的财务报表。

表9-3给出了现金流量表编制的格式和步骤。现行的现金流量表分为主表和补充资料两部分。主表反映的是按直接法编制的反映企业经营活动、投资活动和筹资活动的现金流量以及汇率变动所产生的现金流量。其中，投资活动所产生的现金流量是企业购建长期资产以及不包括在现金等价物范围内的投资及其处置活动所产生的现金流量；筹资活动所产生的现金流量是导致企业的资本、债务规模及其构成和结构发生变化的活动所产生的现金流量；经营活动所产生的现金流量是指除了投资活动和筹资活动以外的所有交易或事项产生的现金流量。补充资料主要反映了三项内容：一是将税后净利润调节为经营活动产生的现金流量净额部分；二是不涉及现金收支的投资和筹资活动的部分；三是现金及现金等价物净增加情况部分。

现行的现金流量表从企业经营活动、投资活动和筹资活动三个方面分别反映了现金流入量、现金流出量和现金净额的相关信息，有助于了解企业各项活动所产生的现金流量情况，并根据现金流量进行财务决策。

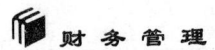

### 表9-3 现金流量表

编制单位：××公司　　　　20××年××月××日　　　　单位：×元

| 主　表　项　目 | 金额 | 补　充　资　料 | 金额 |
|---|---|---|---|
| 一、经营活动产生的现金流量 |  | 1. 将净利润调节为经营活动现金流量 |  |
| 　销售商品、提供劳务收到的现金 |  | 　净利润 |  |
| 　收到的税费返还 |  |  |  |
| 　收到的其他与经营活动有关的现金 |  | 　计提的资产减值准备 |  |
| 　现金流入小计 |  | 　固定资产折旧 |  |
| 　购买商品、接受劳务支付的现金 |  | 　无形资产摊销 |  |
| 　支付给职工以及为职工支付的现金 |  | 　长期待摊费用摊销 |  |
| 　支付各项税费 |  | 　待摊费用的减少（减：增加） |  |
| 　支付的其他与经营活动有关的现金 |  | 　预提费用的增加（减：减少） |  |
| 　现金流出小计 |  | 　处置固定资产、无形资产和其他长期资产的损失（减：收益） |  |
| 　经营活动产生的现金流量净额 |  | 　固定资产报废损失 |  |
| 二、投资活动产生的现金流量 |  | 　财务费用 |  |
| 　收回投资所收到的现金 |  | 　投资损失（减：收益） |  |
| 　取得投资收益所收到的现金 |  | 　递延税款贷项（减：借项） |  |
| 　处置固定资产、无形资产和其他长期资产所收回的现金净额 |  | 　存货的减少（减：增加） |  |
| 　收到的其他与投资活动有关的现金 |  | 　经营性应收项目的减少（减：增加） |  |
| 　现金流入小计 |  | 　经营性应付项目的增加（减：减少） |  |
| 　购置固定资产、无形资产和其他长期资产所支付的现金 |  | 　其他 |  |
| 　投资所支付的现金 |  |  |  |
| 　支付的其他与投资活动有关的现金 |  | 　经营活动产生的现金流量净额 |  |
| 　现金流出小计 |  |  |  |
| 　投资活动产生的现金流量净额 |  | 2. 不涉及现金收支的投资和筹资活动 |  |
| 三、筹资活动产生的现金流量 |  | 　债务转为资本 |  |
| 　吸收投资所收到的现金 |  | 　一年内到期的可转换公司债券 |  |
| 　取得借款所收到的现金 |  | 　融资租入固定资产 |  |
| 　收到的其他与筹资活动有关的现金 |  |  |  |
| 　现金流入小计 |  |  |  |
| 　偿还债务所支付的现金 |  | 3. 现金及现金等价物净增加情况 |  |
| 　分配股利、利润和偿付利息所支付的现金 |  | 　现金的期末余额 |  |
| 　支付的其他与筹资活动有关的现金 |  | 　减：现金的期初余额 |  |
| 　现金流出小计 |  | 　加：现金等价物的期末余额 |  |
| 　筹资活动产生的现金流量净额 |  | 　减：现金等价物的期初余额 |  |
| 四、汇率变动对现金的影响额 |  |  |  |
| 五、现金及现金等价物净增加额 |  | 　现金及现金等价物净增加额 |  |

## 第二节 偿债能力分析

偿债能力是指企业偿还到期债务的能力。偿债能力分析是企业财务分析的一个重要方面,它对于债权人判断企业的财务风险、投资人分析企业的股利支付能力、企业调整资本结构等都具有非常重要的作用。企业偿债能力分析包括短期偿债能力分析和长期偿债能力分析两个方面。

**一、短期偿债能力分析**

短期偿债能力,就是企业以流动资产偿还流动负债的能力。它反映企业偿付日常到期债务的实力、企业能否及时偿付到期的流动负债,是反映企业财务状况好坏的重要标志、财务人员必须十分重视短期债务的偿还能力,维护企业的良好信誉。流动负债是企业将于一年内偿还的债务,而用于偿还流动负债的资产来源于流动资产。

通常,评价企业短期偿债能力的财务指标主要有:流动比率、速动比率、现金流动比率和现金到期债务比率等。

1. 流动比率

流动比率是流动资产与流动负债的比率,它表明企业每一元流动负债有多少流动资产作为偿还的保证,反映企业用可在短期内转变为现金的流动资产偿还到期流动负债的能力。流动资产主要包括现金、短期投资、应收及预付款项、存货、待摊费用和一年内到期的长期债权投资;流动负债是指企业在一年内或者一年的一个营业周期内应当偿还的债务,包括短期借款、应付票据、应付及预收款项、应付工资、应付利润、应缴税金、其他应付款、预提费用、各种应交款项、一年内到期的长期负债等。流动比率的计算公式如下:

流动比率 = 流动资产/流动负债

一般情况下,流动比率越高,反映企业短期偿债能力越强,债权人的权益越有保证,流动比率高,不仅反映企业拥有的营运资金多,可用以抵偿债务,而且表明企业可以变现的资产数额大,债权人遭受损失的风险小;如果比例过低,则表明企业资金紧张,可能难以如期偿还债务。但是,流动比率也不能过高,过高则表明企业流动资产占用较多,会影响资金的使用效率和企业的获利能力。按照西方企业的长期经验,一般认为 2∶1 的比例比较适宜,它表明企业财务状况稳定可靠,除了满足日常生产经营的流动资金需要外,还有足够的财力偿付到期短期债务。

例如，根据表9-1的资料，东方公司2015年末流动比率计算如下：

流动比率 = 18 727.75 ÷ 9 132.87

　　　　 = 2.05

可见，该企业的流动比率超过一般公认标准，反映该企业具有较强的短期偿债能力。

流动比率的高低同营运资金的多少有着密切的联系。流动比率是流动资产对于流动负债的比率，而营运资金（又称无动资金净额），则是流动资产减去流动负债后的净额，计算公式如下：

营运资金 = 流动资产 - 流动负债

例如，根据表9-1的资料，东方公司2015年末营运资金计算如下：

营运资金 = 18 727.75 - 9 132.87

　　　　 = 9 594.88（万元）

营运资金数额的多少，一般能反映企业短期偿债能力的强弱。

但是，由于行业特点不同，该比率在不同的行业具有不同的特征，企业要通过对不同年份流动比率的计算、比较，发现其变化趋势；同时应将本企业流动比率与同业其他企业的流动比率进行比较，以了解企业在同行业中所处的水平。另外，在分析流动比率时还需注意流动资产的结构、流动资产的周转情况、流动负债的数量与结构等情况。

2. 速动比率

速动比率是企业速动资产与流动负债的比率。速动资产包括货币资金、短期投资、应收票据、应收账款、其他应收款项等流动资产。存货、预付账款、待摊费用等则不应计入，是因为存货是流动资产中变现较慢的部分，它通常要经过产品的售出和应收账款的收回两个过程才能变为现金，存货中还可能包括不适销对路从而难以变现的产品；而待摊费用和预付账款是无实物形态的资产，是前期已经花费需要摊销的费用，不能用于偿还债务。速动比率的计算公式如下：

速动比率 = 速动资产/流动负债

　　　　 = (流动资产 - 存货 - 预付账款 - 待摊费用)/流动负债

例如，根据表9-1的资料，东方公司2007年末速动比率计算如下：

速动比率 = 11 471.99 ÷ 9 132.87

　　　　 = 1.26

速动比率可作为流动比率的辅助指标。有时企业流动比率虽然较高，但流动资产中易于变现、可用于立即支付的资产很少，则企业的短期偿债能力仍然较差。因此，速动比率能更准确地反映企业的短期偿债能力。根据经验，一般认为速动比率 1∶1 较为合适，它表明企业的每一元短期负债，都有一元易于变现的资产作为抵偿。如东方公司 2007 年末速动比率为 1.26，高于传统比率，可见东方公司 2007 年末的短期偿债能力较强。

3. 现金流动比率

现金流动比率是企业现金类资产与流动负债的比率。现金类资产包括企业所拥有的货币资金和持有的有价证券（指易于变为现金的有价证券）。它是速动资产扣除应收账款后的余额。速动资产扣除应收账款后计算出来的金额，最能反映企业直接偿付流动负债的能力。现金流动比率计算公式如下：

现金流动比率 =（现金 + 有价证券）/ 流动负债

例如，根据表 9-1 的资料，东方公司 2007 年末现金流动比率计算如下：

现金流动比率 =（2 107.41 + 121.80）÷ 9 132.87

= 0.24

现金流动比率能反映企业的直接支付能力，该比率越高，表明企业的偿债能力越强，现金支付能力越好。但企业不可能、也无必要保留过多的现金类资产，如果这一比率过高，就意味着企业所筹集的流动负债未能得到合理运用，而经常以获利能力低的现金类资产保持着。

4. 现金到期债务比率

现金到期债务比率是企业经营活动产生的现金流量净额与将要到期债务之间的比率。一般来说，企业应主要依靠经营活动产生的现金净流量，并以此作为偿债的资金来源。该比率越高，表明企业通过经营活动产生的现金流量越好，偿债能力越强。现金到期债务比率计算公式如下：

现金到期债务比率 = 经营活动产生的现金流量净额 / 到期债务额

**二、长期偿债能力分析**

长期偿债能力是指企业偿还长期负债的能力。企业的长期负债主要包括长期借款、应付长期债券、长期应付款等。

通常，评价企业长期偿债能力的财务指标主要有：资产负债率、股东权益比率和权益总资产率、负债与股东权益比率、利息保障倍数等。

1. 资产负债率

资产负债率又称负债比率，是企业负债总额对资产总额的比率。该指标表明企业资产总额中，债权人提供资金所占的比重，以及企业资产对债权人权益的保障程度。资产负债比率计算公式如下：

资产负债比率 = 负债总额 / 资产总额

例如，根据表 9-1 的资料，东方公司 2007 年末资产负债比率计算如下：

资产负债比率 = 18 427.87 ÷ 46 080.27
           = 39.99%

资产负债率反映了企业偿还债务的保障程度，这个比率越低，表明企业的长期偿债能力越强；这个比率越高，表明企业的长期偿债能力越差。如东方公司 2007 年末资产负债比率为 39.99%，低于同类其他企业资产负债比率，可见，东方公司的长期偿债能力较强。

企业的债权人和股东往往从不同角度来评价资产负债率，如果股东提供的资本与企业资本总额相比，只占较小的比例，则企业的风险将主要由债权人承担，这对债权人来讲是不利的。因此，债权人希望债务比例越低越好，企业偿债有保障。而从股东的角度来看，由于通过举债筹措的资金与股东提供的资金在企业经营中发挥同样的作用。所以，股东所关心的是全部资产报酬率是否超过借入款项的利率，在资产报酬率高于借款利率时，负债比例越大越好，反之亦然。

2. 股东权益比率和权益乘数

股东权益比率是所有者权益同资产总额的比率。该比率反映企业资产中有多少是所有者投入的。股东权益比率的计算公式如下：

股东权益比率 = 所有者权益/资产总额

式中所有者权益和资产总额可以按期末数计算，也可以按本期平均数计算，一般而言，按期末数计算。

例如，根据表 9-1 的资料，东方公司 2007 年末股东权益比率计算如下：

股东权益比率 = 27 652.40 ÷ 46 080.27
           = 0.60

股东股益比率与负债比率之和按同口径计算应等于 1。股东权益比率越大，负债比率就越小，企业的财务风险也就越少。股东权益比率是从另一个侧面来反映企业长期财务状况和长期偿债能力的。

股东权益比率的倒数，称为权益乘数，又称权益总资产率。说明企业资产总额是股东权益的多少倍。该项比率越大，表明股东投入的资本在资产总额中所占的比重越小，对负债经营利用得越充分。权益乘数的计算公式如下：

权益乘数 = 资产总额/所有者权益

例如，根据表 9-1 的资料，东方公司 2007 年末权益乘数计算如下：

权益乘数 = 46 080.27 ÷ 27 652.40
        = 1.666

3. 产权比率

产权比率又称负债与股东权益比率，是负债总额与所有者权益之间的比率。

它反映企业投资者权益对债权人权益的保障程度。这一比率越低,表明企业的长期偿债能力越强,债权人权益的保障程度越高,承担的风险越小。在这种情况下,债权人就愿意向企业增加借款。产权比率计算公式如下:

产权比率 = 负债总额/所有者权益

例如,根据表9-1的资料,东方公司2007年末产权比率计算如下:

产权比率 = 18 427.87 ÷ 27 652.40

= 0.67

该项指标反映由债权人提供的资金与股东提供的资本的相对关系,反映企业基本财务结构是否稳定。一般而言,产权比率高,是高风险、高报酬的财务结构;产权比率低,是低风险、低报酬的财务结构。

4. 利息保障倍数

利息保障倍数又称已获利息倍数,是企业息税前利润和与利息费用的比率。它是衡量企业偿付负债利息能力的指标。利息保障倍数的计算公式如下:

利息保障倍数 = 息税前利润/利息费用

式中"息税前利润"是指利润表中的未扣除利息和所得税之前的利润。它可以用"利润总额加利息费用"来计算。其中"利息费用"是指企业本期发生的全部利息,不仅包括财务费用中的利息,还包括计入固定资产价值中已经资本化的利息。虽然资本化利息不反映在利润表的财务费用中,而是通过折旧的形式计入成本费用,但这部分费用也需要偿还,因此,在计算时还要加上资本化的利息部分。

例如,根据表9-2的资料,假定东方公司2007年度计入财务费用中的利息费用为850万元,资本化的利息费用为20万元,东方公司2007年利息保障倍数计算如下:

利息保障倍数 = (3 777.65 + 850 + 20)/(850 + 20)

= 5.34

利息保障倍数反映了企业所实现的利润偿付利息费用的能力。利息是企业举债必须付出的代价,当企业有足够的现金流量时,才不会出现支付利息和偿债困难。显然,该指标值越大,企业支付利息的能力越强;反之,企业支付利息的能力越弱。如东方公司2007年利息保障倍数为5.34,远高于同期其他企业该比率,可见其用利润偿付利息费用的能力相当强。在实务中,为分析本企业偿付利息的能力,可以与同行业该指标的平均水平进行比较,也可以对企业若干年份的该项指标进行比较,分析企业的付息能力是增强了还是减弱了。

# 第三节 资产营运能力分析

资产营运能力,也称资产管理能力。营运能力是指通过企业生产经营资金周转速度的有关指标所反映出来的企业资金利用的效率,它反映了企业的资产管理水平。资产营运能力分析主要用来分析企业存货的积压状况、应收账款的回收天数、资产结构是否合理等,这些都可以通过资产营运能力比率做出分析判断。按照企业的资产构成,与销售收入有关的资产主要包括流动资产和固定资产。因此,在实务中,资产营运能力分析,主要通过计算存货周转率、应收账款周转率、流动资产周转率、固定资产周转率和总资产周转率五项指标来分析。

## 一、存货周转率

存货在企业流动资产中所占比例较重,存货的流动周转情况将直接影响企业的流动比率。存货的流动周转情况可以通过存货周转率和周转天数两个指标来分析。

存货周转率是一定时期内企业销售成本与存货平均余额之间的比率。它是反映企业销售能力和流动资产流动性的一个指标,也是衡量企业生产经营各个环节中存货运营效率的一个综合性指标。存货周转天数反映的是从存货的购买到销售所占用的天数。存货周转率计算的有关公式如下:

存货周转率 = 销售成本/平均存货

平均存货 = (期初存货 + 期末存货)/2

存货周转天数 = 360 天/存货周转率

例如,根据表 9-1 和 9-2 的资料,东方公司 2007 年度存货周转率和周转天数计算如下:

存货周转率 = 34 404.62/(4 531.25 + 5 266.53)

= 7.02

存货周转天数 = 360/7.02

= 51.26(天)

一般而言,企业存货周转率越高,存货的周转天数就越少,说明企业的存货转为现金或应收账款的速度越快;反之,存货的周转速度就越慢。只有提高了存货的周转率,才能提高企业资产的变现能力。要提高存货周转率,需要扩大产品销售数量,增强销售能力。为此,就必须在原材料购进、生产过程中的投入、产品的销售和现金的收回等方面做到协调和衔接。因此,存货周转率不仅可以反映企业的销售能力,而且能用以衡量企业生产经营中各环节的管理水平以及和管理存货的工作水平,发现存货管理中存在的薄弱环节,加强对存货的管理。

另外,在分析存货周转情况时,还应对存货的结构以及影响存货周转速度的重要项目进行分析,如分别计算原材料周转率、在产品周转率等。原材料周转率和在产品周转率计算公式如下:

原材料周转率=耗用的原材料成本/平均原材料存货

在产品周转率=制造成本/平均在产品存货

## 二、应收账款周转率

应收账款是企业销售商品和提供劳务应向购货单位或接受劳务单位收取的款项。应收账款管理水平的高低可通过应收账款周转率和周转天数两个指标的计算作出判断。

应收账款周转率是反映应收账款周转速度的指标,它是赊销收入净额与会计期内应收账款平均余额的比率。应收账款周转天数即平均收现期,用一年的总天数(360 天)除以应收账款周转率即得应收账款周转天数。应收账款周转率计算的有关公式如下:

应收账款周转率=赊销收入净额/平均应收账款

赊销收入净额=赊销销售收入-销售折扣和折让

平均应收账款=(期初应收账款+期末应收账款)/2

应收账款周转天数=360 天/应收账款周转率

在计算应收账款周转率时,赊销收入净额是赊销收入总额减去赊销部分销售折扣和折让后的余额;赊销收入是企业当期销售收入扣除现金销售后的部分。在计算应收账款周转天数时,年度按 360 天计算。

例如,根据表 9-1 和 9-2 的资料,假定东方公司 2015 年度赊销收入净额为 25 000 万元,东方公司应收账款周转率和周转天数计算如下:

应收账款周转率=25 000/[(6 634.31+8 830.93)/2]

=3.23

应收账款周转天数=360/3.23

=111.34(天)

一般而言,企业应收账款周转率越高,其应收账款周转天数越少,说明企业的应收账款回收速度越快;反之,企业的应收账款回收速度越慢,过多的营运资金被占用在应收账款上,影响了企业的资金正常周转和盈利能力。

在分析判断企业应收账款周转率和周转天数时，可通过和同行业其他企业的周转率和周转天数指标的对比，通过本企业若干年份该指标的分析对比来进行。但在运用应收账款周转率和周转天数对企业应收账款管理情况进行分析评价时，也要考虑如下因素对这两项指标计算结果的影响，以免做出错误的判断，这些因素包括：①企业销售方式的影响。企业从不采用信用政策到采用信用政策，以及采用不同的信用政策，其得出的应收账款周转率和周转天数差异较大。如果企业信用政策比较宽松，其应收账款周转率相对较小，周转天数相对较大；反之，其应收账款周转率相对较大，周转天数相对较小。②季节性因素的影响。对于季节性经营的企业如运用该项指标不一定能准确反映企业的实际情况。③在年末出现销售的大量增加和减少情况。

### 三、流动资产周转率

流动资产周转率是反映企业流动资产周转速度的指标，它是销售收入净额与平均流动资产的比率。流动资产周转率的有关计算公式如下：

流动资产周转率 = 销售收入净额/平均流动资产

平均流动资产 = (期初流动资产 + 期末流动资产)/2

流动资产周转天数 = 360 天/流动资产周转率

式中"销售收入净额"是指销售收入总额扣除销售收入折扣和销售收入折让部分。

例如，根据表 9-1 和 9-2 的资料，假定东方公司 2007 年度销售收入折扣和折让发生额为 500 万元，东方公司流动资产周转率和周转天数计算如下：

流动资产周转率 = (43 093.32 - 500)/[(14 905.37 + 18 727.75)/2]
$$= 2.53$$

流动资产周转天数 = 360/2.53
$$= 142.13（天）$$

流动资产周转率反映了流动资产的周转速度。一般而言，流动资产周转率越高，周转天数越小，周转速度就越快，会相对节约流动资产，等于相对扩大了资产的投入，增强了企业的盈利能力；反之，周转速度缓慢，需补充流动资产参加周转，形成资产浪费，从而降低了企业的盈利能力。

### 四、固定资产周转率

固定资产周转率是指企业年销售收入净额与平均固定资产净值的比率。它是反映企业固定资产周转情况，从而衡量固定资产利用效率的一项指标。固定资产周转率和周转天数有关计算公式如下：

固定资产周转率＝销售收入净额/平均固定资产净值

平均固定资产净值＝(期初固定资产净值＋期末固定资产净值)÷2

固定资产周转天数＝360天/固定资产周转率

例如，根据表9-1和9-2的资料，东方公司2007年度固定资产周转率和周转天数计算如下：

固定资产周转率＝(43 093.32－500)/[(23 184.4＋24 930.7)/2]

＝1.77

固定资产周转天数＝360/1.77

＝203.34（天）

固定资产周转率反映了固定资产的周转速度。固定资产周转率越高，周转速度就越快，表明企业固定资产利用充分，同时也能表明企业固定资产投资得当，固定资产结构合理，能够充分发挥效率。反之，如果固定资产周转率不高，则表明固定资产使用效率不高，提供的生产成果不多，企业的营运能力不强。

运用固定资产周转率时，需要考虑固定资产净值因计提折旧而逐年减少、因更新重置而突然增加的影响；在不同企业之间进行分析比较时，还要考虑采用不同折旧方法对净值的影响等。

### 五、总资产周转率

总资产周转率反映总资产周转情况，它是企业销售收入净额与平均资产总额的比率。总资产周转率和周转天数有关计算公式如下：

总资产周转率＝销售收入净额/平均资产总额

平均资产总额＝(期初资产总额＋期末资产总额)/2

总资产周转天数＝360天/总资产周转率

例如，根据表9-1的资料，该企业总资产周转率和周转天数计算如下：

总资产周转率＝(43 093.32－500)/[(40 417.46＋46 080.27)/2]

＝0.98

总资产周转天数＝360/0.98

＝365.54（天）

该项指标值可反映企业对资产的管理水平。一般而言，资产周转率越高，资产周转速度就越快，表明企业能有效地运用资产创造收益；反之，则表明企业的资产利用效率较低，创造收益的能力较弱。因此，要提高资产创造收益的能力，其一是要提高销售收入，其二是在销售收入一定的条件下，要提高各项资产的利用程度或处理多余资产。

## 第四节　盈利能力分析

盈利能力是指企业获取利润的能力。利润是企业内外有关各方都关心的中心问题，利润是投资者取得投资收益、债权人收取本息的资金来源，是经营者经营业绩和管理效能的集中表现。但以会计方法确认的利润来评价企业的盈利能力有一定的局限性。因此，围绕利润和利润率对企业的盈利能力进行分析就显得十分重要。本节主要介绍企业盈利能力一般分析和股份公司盈利能力分析。

### 一、企业盈利能力一般分析

在实务中，反映企业盈利能力的指标主要有：销售净利润率、资产净利润率、股东权益净利润率、成本费用净利润率。

1. 销售净利润率

销售净利润率是企业利润总额与企业销售收入净额之间的比率，它反映了企业百元销售收入中利润所占的比重。销售利润率有三种表现形式，分别为销售净利润率、销售毛利率和销售息税前利润率。其计算公式如下：

销售净利润率 = 净利润/销售收入净额

销售毛利率 = 毛利/销售收入净额

销售息税前利润率 = 息税前利润/销售收入净额

例如，根据表9-2的资料，东方公司2007年度销售净利润率、销售毛利率和销售息税前利润率计算如下：

销售净利润率 = 2 828.53/（43 093.32 - 500）
　　　　　　 = 6.64%

销售毛利率 = 8 376.40/（43 093.32 - 500）
　　　　　　= 19.66%

销售息税前利润率 =（3 777.65 + 850 + 20）/（43 093.32 - 500）
　　　　　　　　　= 10.91%

一般而言，销售净利润率高，反映了企业以较低的成本或较高的价格提供了产品和劳务。可见，企业要获得较高的净利润，提高盈利能力，只有在增加收入和降低成本两方面做好管理。该项指标实际上是向管理者提供了这样的消息：企业的盈利能力变弱，应该从销售收入和生产成本两个方面分析原因，查找薄弱环节。

销售毛利率是指百元销售收入中毛利所占的比重。该项指标在商业零售和批发企业中具有重要的作用。能否获得较高的毛利，直接关系到企业当期利润的多少。

销售息税前利润率反映了企业的实际盈利能力，未考虑税率政策的影响。

2. 资产净利润率

资产净利润率是利润总额与平均资产总额之间的比率，即过去所说的资金利润率，这里的利润有净利润和息税前利润两种形式。该指标是反映企业资产综合利用效果的指标，也是衡量企业利用债权人和所有者权益总额所取得盈利的重要指标，其意义在于为不同企业提供了相同的可比基础，有助于企业提高存量资产的使用效率，有助于企业内部的业绩评价和考核。资产利润率有两种表现形式，分别为资产净利润率和资产息税前利润率。其计算公式如下：

资产净利润率 = 净利润/平均资产总额

资产息税前利润率 = 息税前利润/平均资产总额

平均资产总额 = （期初资产总额 + 期末资产总额）/2

例如，根据表9-1和9-2的资料，东方公司2007年度资产净利润率和资产息税前利润率计算如下：

资产净利润率 = 2 828.53/[（40 417.46 + 46 080.27）/2]
　　　　　　 = 6.54%

资产息税前利润率 = (3 777.65 + 850 + 20)/[(40 417.46 + 46 080.27)/2]
　　　　　　　　 = 10.75%

资产净利润率指标反映了企业运用全部资产获取净利润的能力，该指标值越高，表明资产利用的效益越好，企业整体获利能力越强，经营管理水平越高；反之，资产利用的效益越差，企业整体获利能力越弱，经营管理水平越低。企业可以通过不同年度、不同企业该项指标的对比，分析企业资产净利润率指标上升或下降的原因，以便查找管理中的薄弱环节，最大限度提高盈利能力。

3. 股东权益净利润率

股东权益净利润率是企业净利润总额与平均股东权益的比率，它是反映股东投资收益水平的指标。其计算公式如下：

股东权益净利润率 = 净利润/平均股东权益

平均股东权益 = （期初股东权益 + 期末股东权益）/2

例如，根据表9-1和9-2的资料，东方公司2007年度股东权益净利润率计算如下：

股东权益净利润率 = 2 828.53/[（24 384.71 + 27 652.4）/2]
　　　　　　　　 = 10.87%

股东权益净利润率反映了企业运用权益资本获取净利润的能力。该项指标值越高，表明股东投资的收益水平越高，获利能力越强；反之，股东投资的收益水平较低，获利能力较弱。

4. 成本费用净利润率

成本费用净利润率是指企业净利润总额与当期成本费用总额的比率，它是反映企业生产经营过程中发生的耗费与获得的净收益之间关系的指标。其计算公式如下：

成本费用净利润率＝净利润/当期成本费用总额

例如，根据表9－2的资料，假定东方公司2007年度成本费用发生额为34 000万元，其成本费用净利润率计算如下：

成本费用净利润率＝2 828.53/34 000

＝8.32%

成本费用净利润率反映了企业控制成本增强获取利润的能力，这个指标能直接体现企业增收节支、增产节约的效益。一般而言，该项指标值越高，企业耗费所取得的收益就越高，获利能力就越强；反之，企业耗费所取得的收益就越低，获利能力就越弱。可见，企业生产销售的增加和费用开支的节约，都能使这一比率提高，进而提高获取利润的能力。

## 二、股份公司盈利能力分析

股份公司盈利能力分析所用的指标很多，比较通用、能充分反映股份公司盈利能力的指标主要有每股利润、每股股利和市盈率。

1. 每股收益

股份公司中的每股利润是指普通股每股税后利润。该指标中的利润是利润总额扣除应缴所得税的税后利润，如果发行了优先股还要扣除优先股应分的股利，然后除以流通股数，即发行在外的普通股平均股数。其计算公式如下：

每股收益＝（净利润－优先股股利）/普通股股份总数

公式中"普通股股份总数"有两种计算方法，即全面摊薄法和加权平均法。

（1）全面摊薄法。全面摊薄法就是不考虑股份在年度中间的变化，完全以年末普通股股份总数作为计算每股收益的依据。其计算公式如下：

每股收益＝（净利润－优先股股利）/年末普通股股份总数

（2）加权平均法。加权平均法就是要求在计算普通股股份时，要考虑年度中间股份变动的影响，以股份实际持有时间进行加权平均后计算的总股份数作为计算每股收益的依据。其计算公式如下：

每股收益＝（净利润－优先股股利）/（股份变化前的总股本×持有时间＋股份变化后的总股本×持有时间）÷12

2. 每股股利

每股股利是股份公司股利总额与普通股股数的比率。股利总额是用于对普通股分配现金股利的总额，普通股股数就是年末普通股股数。其计算公式如下：

每股股利＝股利总额/年末普通股股数

每股股利是反映股份公司每一普通股获得股利多少的一个指标。每股股利的高低，一方面取决于企业获利能力的强弱，同时，还受企业股利发放政策与利润分配需要的影响。如果企业为扩大再生产，增强企业的后劲，则每股股利就少；反之，则多。

3. 市盈率

市盈率又称价格—盈余比率，是普通股每股市价与每股收益的比率。它是反映股票盈利状况的重要指标，也是投资者对从某种股票获得1元利润所愿支付的价格。其计算公式如下：

市盈率＝普通股每股市价/每股收益

市盈率是衡量股份公司盈利能力、股价高低和股票投资预期的一个重要指标。由于市盈率将股价与公司的盈利能力结合起来，其水平的高低真实反映了股票价格的高低，也直接反映了投资者对股票的投资预期。一般而言，市盈率越高，表明企业获利的潜力越大，真实股价越高，投资者对该股票的前景预期越乐观；反之，则表明投资者对该股票的前景预期并不乐观。例如，为了真实反映不同市场和不同行业股票的价格水平，也可以计算出每个市场的整体市盈率或者不同行业上市公司的平均市盈率。

## 第五节 比较分析和趋势分析

在财务分析中，除了对偿债能力、资产营运能力和盈利能力采用的比率分析外，还有多种其他分析方法和手段，下面仅介绍比较分析和趋势分析。

一、比较分析

比较分析通常是指对财务报表的比较分析，就是把前后两期或更长期间的财务报表加以分析比较，企业可据以分析各个项目的变化和发展趋势。比较财务报表有两种基本形式：横向分析和纵向分析。

1. 横向分析

横向分析通常是将本年度财务报表的各项目与上一年度或以前连续几年的财务报表中相同的项目进行比较，并计算出项目增减变动的金额与百分比。表9-4和表9-5分别给出了东方公司比较资产负债表和比较损益表。

表9-4 比较资产负债表

编制单位：东方公司　　　　　　　2007年12月31日　　　　　　　　单位：万元

| 项目 | 2007年12月31日 | 2006年12月31日 | 增加（减少）金额 | 百分比（%） |
|---|---|---|---|---|
| 流动资产： | | | | |
| 　货币资金 | 2 107.41 | 1 634.91 | 472.50 | 28.90 |
| 　短期投资 | 121.80 | 120.00 | 1.80 | 1.50 |
| 　应收账款 | 8 830.93 | 6 634.31 | 2 196.62 | 33.11 |
| 　预付账款 | 1 949.57 | 1 697.73 | 251.84 | 14.83 |
| 　其他应收款 | 261.42 | 114.47 | 146.95 | 128.37 |
| 　存货 | 5 266.53 | 4 531.25 | 735.28 | 16.23 |
| 　待摊费用 | 39.66 | 66.68 | -27.02 | -40.52 |
| 　其他流动资产 | 150.43 | 106.02 | 44.41 | 41.89 |
| 流动资产合计 | 18 727.75 | 14 905.37 | 3 822.38 | 25.64 |
| 长期投资： | | | | |
| 　长期股权投资 | 1 022.42 | 1 187.52 | -165.10 | -13.90 |
| 　长期债权投资 | 0.00 | 0.00 | | |
| 长期投资合计 | 1 022.42 | 1 187.52 | -165.10 | -13.90 |
| 固定资产： | | | | |
| 　固定资产原值 | 48 463.70 | 45 609.45 | 2 854.25 | 6.26 |
| 减：累计折旧 | 23 533.00 | 22 425.05 | 1 107.95 | 4.94 |
| 　固定资产净值 | 24 930.70 | 23 184.40 | 1 746.30 | 7.53 |
| 　在建工程 | 1 399.40 | 1 140.17 | 259.23 | 22.74 |
| 固定资产合计 | 26 330.10 | 24 324.57 | 2 005.53 | 8.24 |
| 无形资产及其他资产合计 | | | | |
| 资产合计 | 46 080.27 | 40 417.46 | 5 662.81 | 14.01 |
| 流动负债 | | | | |
| 　短期借款 | 640.00 | 700.00 | -60.00 | -8.57 |
| 　应付账款 | 5 447.09 | 2 985.33 | 2 461.76 | 82.46 |
| 　预收账款 | 573.17 | 1 429.04 | -855.87 | -59.89 |
| 　应付工资 | 73.87 | 87.17 | -13.30 | -15.26 |
| 　应付股利 | | | | |
| 　其他应付款 | 870.63 | 1 527.53 | -656.90 | -43.00 |
| 　预提费用 | 395.64 | 407.10 | -11.46 | -2.82 |
| 　其他流动负债 | 1 132.47 | 896.58 | 235.89 | 26.31 |
| 流动负债合计 | 9 132.87 | 8 032.75 | 1 100.12 | 13.70 |

续表

| 项目 | 2007年12月31日 | 2006年12月31日 | 增加（减少） | |
|---|---|---|---|---|
| | | | 金额 | 百分比（%） |
| 长期负债 | | | | |
| 　长期借款 | 9 000.00 | 8 000.00 | 1 000.00 | 12.50 |
| 　其他长期负债 | 295.00 | | 295.00 | |
| 长期负债合计 | 9 295.00 | 8 000.00 | 1 295.00 | 16.19 |
| 负债合计 | 18 427.87 | 16 032.75 | 2 395.12 | 14.94 |
| 股东权益 | | | | |
| 　股本 | 16 000.00 | 16 000.00 | 0.00 | 0.00 |
| 　资本公积 | 4 186.50 | 3 747.33 | 439.17 | 11.72 |
| 　盈余公积 | 2 010.35 | 1 586.07 | 424.28 | 26.75 |
| 　未分配利润 | 5 455.55 | 3 051.31 | 2 404.24 | 78.79 |
| 股东权益合计 | 27 652.40 | 24 384.71 | 3 267.69 | 13.40 |
| 负债与股东权益合计 | 46 080.27 | 40 417.46 | 5 662.81 | 14.01 |

表 9 – 5　比较利润表

编制单位：东方公司　　　　　　2007年12月31日　　　　　　单位：万元

| 项目 | 2007年数 | 2006年数 | 增加（减少） | |
|---|---|---|---|---|
| | | | 金额 | 百分比（%） |
| 一、主营业务收入 | 43 093.32 | 37 692.42 | 5 400.90 | 14.33 |
| 　减：主营业务成本 | 34 404.62 | 30 702.45 | 3 702.17 | 12.06 |
| 　　　主营业务税金及附加 | 312.30 | 307.28 | 5.02 | 1.63 |
| 二、主营业务利润 | 8 376.40 | 6 682.69 | 1 693.71 | 25.34 |
| 　加：其他业务利润 | 59.10 | 29.07 | 30.03 | 103.30 |
| 　减：营业费用 | 507.46 | 322.48 | 184.98 | 57.36 |
| 　　　管理费用 | 2 743.25 | 2 404.20 | 339.05 | 14.10 |
| 　　　财务费用 | 1 481.47 | 938.81 | 542.66 | 57.80 |
| 三、营业利润 | 3 703.32 | 3 046.27 | 657.05 | 21.57 |
| 　加：投资收益 | | | | |
| 　　　补贴收入 | 77.38 | 19.05 | 58.33 | 306.19 |
| 　　　营业外收入 | 12.60 | 8.04 | 4.56 | 56.72 |
| 　减：营业外支出 | 15.65 | 46.54 | –30.89 | –66.37 |
| 四、利润总额 | 3 777.65 | 3 026.82 | 750.83 | 24.81 |
| 　减：所得税 | 949.12 | 720.53 | 228.59 | 31.73 |

续表

| 项目 | 2007年数 | 2006年数 | 增加（减少） | |
|---|---|---|---|---|
| | | | 金额 | 百分比（%） |
| 五、净利润 | 2 828.53 | 2 306.29 | 522.24 | 22.64 |
| 加：年初未分配利润 | 3 051.31 | 2 090.97 | 960.34 | 45.93 |
| 六、可供分配的利润 | 5 879.84 | 4 397.26 | 1 482.58 | 33.72 |
| 减：提取法定盈余公积 | 282.85 | 230.63 | 52.22 | 22.64 |
| 提取法定公益金 | 141.43 | 115.31 | 26.12 | 22.65 |
| 七、可供股东分配的利润 | 5 455.56 | 4 051.32 | 1 404.24 | 34.66 |

通过以上编制的横向分析的比较资产负债表，可以清楚地表示东方公司2007年度各项财务指标的增减变动情况，比较容易分析有关业务状况的好坏程度。从比较资产负债表中可以看出，东方公司的资产总额2007年末相比2006年末增加了5 663万元，增长14%，这主要是由于应收账款和固定资产大幅增加所引起的。当然，为了满足资产的增加所需要的资金，所有者权益和负债方面也有了增加，东方公司主要通过增加债务来筹集所需资金，同比，应付账款和长期借款分别增加了2 461万元和1 000万元。从比较利润表中可以看出，胜龙公司2015年度主营业务收入相比2006年度增加了5 401万元，增长了14.33%，而净利润同比增加了751万元，增长了24.81%，这主要是由于经营成本的增长低于主营业务收入的增长速度。

2. 纵向分析

纵向分析，又称构成分析，就是将财务报表中某一重要项目作为比较基准。例如，资产负债表的资产总额或所有者权益总额，损益表中的主营业务收入等，计算出其他项目对基准项目的百分比，然后根据纵向各项目百分比的增减变化来分析变动的原因。

二、趋势分析

趋势分析，通常采用比较分析报表的方法，将连续几年的财务报表中有关项目集中一起加以比较，从而发现各个会计期间各项目和比率指标的变化和发展趋势，在比较中既可以进行绝对数比较，也可以进行相对数比较。

例如，东方公司2004年、2005年、2006年和2007年的税后净利润分别为1 000万元、1 300万元、1 400万元和1 200万元，其销售净利润率分别为6.31%、6.5%、6.68%和6.47%。可以编制净利润变动趋势表，如表9-6所示。

表 9-6  净利润变动趋势

编制单位：东方公司                                          单位：万元

| 项目 | 2004 年 | 2005 年 | 2006 年 | 2007 年 |
| --- | --- | --- | --- | --- |
| 税后净利润 | 1 000 | 1 300 | 1 400 | 1 200 |
| 比 2004 年增加额（定比） |  | 300 | 400 | 200 |
| 比上年增加额（环比） |  | 300 | 100 | -200 |
| 销售净利润率（%） | 6.31 | 6.50 | 6.68 | 6.47 |
| 比 2004 年增加（定比）（%） |  | 0.19 | 0.37 | 0.16 |
| 比上年增加（环比）（%） |  | 0.19 | 0.18 | -0.21 |

定比是以某一年作为比较的"基年"，将以后每年的数据与基年的数据进行比较，从而发现数据的总体发展趋势；环比是以前一年的数据作为基准，将后一年数据与其进行比较，基准随着比较的延伸，逐渐向后转移，由此寻找出数据增长幅度的变化趋势。

根据表 9-6 可以看出，东方公司税后净利润在前三年呈逐年上升的趋势，但增长幅度却呈下降趋势，直到 2007 年税后净利润开始下降；从销售净利润率来看，前三年逐年上升，但上升幅度逐年有所下降，直到 2007 年销售净利润率开始下降。经过以上分析，可见东方公司 2007 年税后净利润率和销售净利润率都呈现下降趋势，公司管理层应高度重视，并查找原因所在，及时采取措施，保持利润的逐年增长。

## 第六节  杜邦分析体系

在运用不同的财务指标对企业的偿债能力、资产营运能力和盈利能力进行分析时，可以看出，如果企业的资产管理水平高、资产营运能力强，就会提高企业的盈利能力，进而提高企业的偿债能力；反之，如果企业的资产管理水平低、资产营运能力弱，就会降低企业的盈利能力，进而降低企业的偿债能力。这说明，尽管各单项财务指标所起的作用不同，但企业的各项财务指标并不是孤立的，相互之间存在密切的联系。美国杜邦公司最先发现了这种联系，并设计和应用了一个财务比率分析的综合模型，称为杜邦分析体系。

杜邦分析体系以股东权益净利润率为核心，来说明财务杠杆、资产周转率及销售利润率对股东权益净利润率的影响。即以股东权益净利润率为基础，通过下列财务比率之间的关系,形成一个有机联系的分析框架。

总资产净利润率 = 净利润/平均总资产
　　　　　　　= (净利润/销售收入) × (销售收入/平均总资产)
　　　　　　　= 销售净利润率 × 总资产周转率

股东权益净利润率 = 净利润/平均股东权益
　　　　　　　　= (净利润/销售收入) × (销售收入/平均总资产) × (平均总资产/平均股东权益)
　　　　　　　　= 销售净利润率 × 总资产周转率 × 权益乘数

图9-1为东方公司的杜邦分析图。

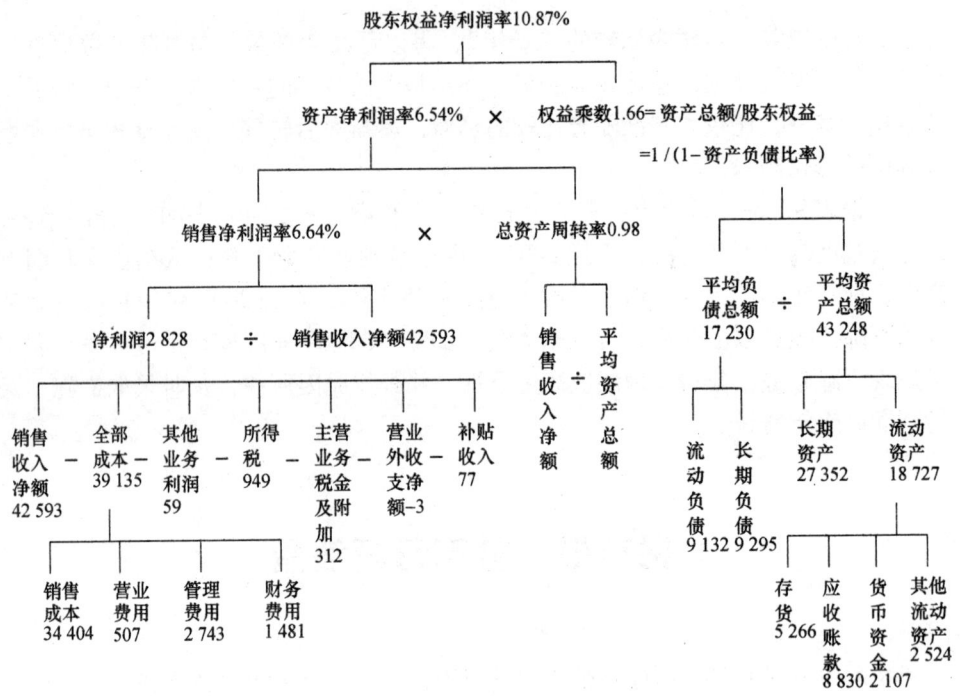

图9-1 东方公司杜邦分析图

从上述杜邦分析体系图可以得出如下结论:

第一,要提高股东权益净利润率,必须提高总资产净利润率和权益乘数。

第二,从总资产净利润率指标的分解中可以看出,要提高企业总资产的盈利能力,需要提高销售净利润率和提高资产的营运能力。但是,由于各种因素的影响,企业很难同时做到提高以上两项指标,但可以选择提高其中一项指标,如当企业不能提高总资产周转率时,就要想办法提高销售利润率。同时,将总资产净利润率分解为销售利润率和总资产周转率,有助于帮助企业制定正确的财务战略。

第三,要提高销售利润率,关键是要提高企业的销售收入,降低成本和费用支出,通过税收筹划合理避税。由此为企业提供了日常管理的信息,要求其将成本费用的控制作为日常财务管理的重点。

第四,要提高总资产周转率,就要减少资产占用,包括流动资产、固定资产和其他资产等的占用,加速资金的周转,提高总资产的使用效率。由此要求在企业流动资产方面加强对存货和应收账款的管理。

第五,要提高权益乘数,就需要合理负债,充分发挥财务杠杆的作用。财务杠杆对提高股东权益净利润率有重要作用,但只有在资产息税前利润率大于负债利率时,才能通过财务杠杆提高企业的股东权益净利润率。

总之,杜邦分析体系不仅有利于分析企业投资报酬率形成的原因,而企业也向企业展示了提高投资报酬率,提高偿债能力的途径,这为企业日后的财务管理工作提供了十分有价值的信息。

# 复习思考题

## 一、简答题

1. 什么叫财务分析?简述财务分析的一般方法?
2. 企业偿债能力分析的主要指标有哪些?如何评价这些指标?
3. 企业资产营运能力分析的主要指标有哪些?如何评价这些指标?
4. 企业盈利能力分析的主要指标有哪些?如何评价这些指标?
5. 如何理解杜邦分析体系?

## 二、计算题

1. 正泰公司 2008 年度的流动比率为 2,速动比率为 1,现金与短期有价证券占流动负债的比率为 0.5,流动负债为 2 000 万元,该企业流动资产只有现金、短期有价证券、应收账款和存货四个项目。

要求:计算存货和应收账款的金额?

2. 鸿源公司 2008 年资产总额期初数、期末数分别为 1 200 万元、1 275 万元,负债总额期初数、期末数分别为480万元、600万元,2008年公司实现主营业务收入(净额)7 500万元,净利润450万元。

要求:

(1)计算该公司2008年销售净利润率、总资产周转率、权益乘数和股东权益净利润率。

(2)说明上述指标之间的关系。

3.泰利公司2008年12月31日简易资产负债表如表9-7所示。

表9-7 泰利公司2008年12月31日资产负债表

| 资产 | 年初数 | 年末数 | 负债及所有者权益 | 年初数 | 年末数 |
|---|---|---|---|---|---|
| 货币资金 | 1 726 | 2 519 | 应付账款 | 1 676 | 2 016 |
| 应收账款 | 3 866 | 4 232 | 应付票据 | 424 | 561 |
| 存货 | 2 304 | 1 946 | 预收账款 | 1 173 | 1 105 |
| 其他流动资产 | 472 | 638 | 其他流动负债 | 420 | 686 |
| 固定资产净额 | 2 404 | 2 877 | 长期负债 | 1 200 | 1 000 |
| 无形资产及其他资产合计 | 138 | 161 | 股东权益 | 6 017 | 7 005 |
| 资产合计 | 10 910 | 12 373 | 负债及所有者权益合计 | 10 910 | 12 373 |

2008年泰利公司销售收入净额为11 890万元,净利润988万元。

要求:根据以上资料

(1)计算2008年年末的流动比率、速动比率、产权比率、资产负债率和股东权益乘数。

(2)计算2008年末的应收账款周转率、固定资产周转率和总资产周转率。

(3)计算2008年销售净利润率、资产净利润率和股东权益收益率。

(4)分析销售净利润率、固定资产周转率、总资产周转率和股东权益乘数对股东权益净利润率的影响。

4.新谷公司2008年的销售额62 500万元,比上一年提高2%,有关的财务比率如表9-8所示。

表9-8 新谷公司财务比率对照表

| 财务比率 | 2007年同业平均 | 2007年本公司 | 2008年本公司 |
|---|---|---|---|
| 应收账款回收期(天) | 35 | 36 | 36 |
| 存货周转率 | 2.5 | 2.59 | 2.11 |
| 销售毛利率 | 38% | 40% | 40% |
| 销售利润率(息税前) | 10% | 9.60% | 10.63% |

续表

| 财务比率 | 2007年同业平均 | 2007年本公司 | 2008年本公司 |
|---|---|---|---|
| 销售利息率 | 3.73% | 2.40% | 3.82% |
| 销售净利率 | 6.27% | 7.20% | 6.81% |
| 总资产周转率 | 1.14 | 1.11 | 1.07 |
| 固定资产周转率 | 1.4 | 2.02 | 1.82 |
| 资产负债率 | 58% | 50% | 61.30% |
| 已获利息倍数 | 2.68 | 4 | 2.78 |

备注：该公司正处于免税期。

要求：

（1）运用杜邦财务分析原理，比较2007年公司与同业平均的净资产收益率，分析其差异的原因。

（2）运用杜邦财务分析原理，比较本公司2008年与2007年的净资产收益率，分析其变化的原因。

### 三、案例分析题

潍柴动力股份有限公司是由原潍坊柴油机厂（2007年8月改制为"潍柴控股集团有限公司"）联合境内外投资者设立的符合现代企业制度的企业，是中国第一家在香港H股上市，并回归内地实现A股再上市的企业。截至2008年底，公司资产总额220亿元，总股本83 304万股，其中流通股28 082万股，职工3万余人，是中国最大的汽车零部件企业集团。

自创立之初起，公司即以打造国际化潍柴为使命，发展全面步入了快车道。主要经济指标连续多年实现翻番增长，创造了令人惊叹的"潍柴速度"。以成功吸收合并湘火炬汽车集团有限公司为标志，公司旗下拥有了由陕西重型汽车有限公司、陕西法士特齿轮有限责任公司、株洲湘火炬火花塞有限责任公司、牡丹江富通汽车空调有限公司等40家优质企业组成的子公司集群。构筑起了以动力总成（发动机、变速箱、车桥）、商用车、汽车零部件三大产业板块协同发展的新格局，业务区域遍及潍坊、陕西、株洲、重庆等省市，成为国内唯一同时具有三大业务板块的集团。整合后的公司三大业务板块齐头并进、协同发展，在国内各自细分市场均处于绝对优势地位。

其2007年度、2008年度和2009年上半年度资产负债表、利润表及现金流量表如表9-9、表9-10、表9-11所示。

**表 9-9 资产负债表**

编制单位：潍柴动力股份有限公司　　　　　　　　　　　　　　　单位：元

| 资产 | 2009年6月30日 | 2008年12月31日 | 2007年12月31日 |
|---|---|---|---|
| 货币资金 | 8 193 763 439 | 5 863 946 619 | 2 715 812 762 |
| 短期投资 | 0 | 0 | 0 |
| 　应收票据 | 4 983 640 713 | 3 995 709 175 | 4 220 450 732 |
| 　应收股利 | 3 040 000 | 3 040 000 | 3 040 000 |
| 　应收利息 | 0 | 0 | 0 |
| 　应收账款净额 | 4 778 262 993 | 2 934 299 120 | 1 884 247 357 |
| 　其他应收款净额 | 544 844 699 | 391 464 783 | 264 256 912 |
| 　坏账准备 | 0 | 0 | 0 |
| 　预付账款 | 834 770 385 | 905 658 028 | 1 066 471 986 |
| 　存货净额 | 4 998 606 038 | 5 850 616 532 | 4 323 010 500 |
| 　待摊费用 | 0 | 0 | 0 |
| 　待处理流动资产净损失 | 0 | 0 | 0 |
| 　一年内到期的长期债权投资 | 0 | 0 | 0 |
| 　其他流动资产 | 2 313 290 | 443 713 | 124 299 |
| 　流动资产合计 | 24 339 241 555 | 19 945 177 970 | 14 477 414 548 |
| 长期投资 | | | |
| 　长期股权投资 | 264 702 183 | 346 424 204 | 295 463 918 |
| 　长期债权投资 | 0 | 0 | 0 |
| 　其他长期投资 | 266 693 577 | 96 742 159 | 0 |
| 　长期投资合计 | 0 | 0 | 0 |
| 　长期投资减值准备 | 0 | 0 | 0 |
| 　长期投资净额 | 531 395 760 | 443 166 363 | 295 463 918 |
| 　固定资产净额 | 6 305 091 417 | 6 033 851 823 | 5 276 075 039 |
| 　工程物资 | 11 245 778 | 9 591 896 | 4 027 253 |
| 　在建工程净额 | 1 321 945 594 | 1 092 305 384 | 780 803 093 |
| 　待处理固定资产净损失 | 0 | 0 | 0 |
| 　固定资产清理 | 1 019 095 | 682 863 | 0 |
| 　固定资产合计 | 7 639 301 884 | 7 136 431 966 | 6 060 905 385 |
| 无形资产及其他资产 | | | |
| 　无形资产 | 1 113 583 468 | 1 119 192 548 | 1 151 574 800 |

续表

| 资产 | 2009年6月30日 | 2008年12月31日 | 2007年12月31日 |
|---|---|---|---|
| 开办费 | 0 | 0 | 0 |
| 递延资产 | 0 | 0 | 0 |
| 长期待摊费用 | 207 435 149 | 184 903 803 | 169 434 870 |
| 其他长期资产 | 0 | 0 | 0 |
| 无形资产及其他资产合计 | 1 321 018 617 | 1 304 096 351 | 1 321 009 670 |
| 递延税项 | 0 | 0 | 0 |
| 递延税项借项 | 444 102 204 | 438 862 430 | 267 869 774 |
| 资产总计 | 34 275 060 020 | 29 267 735 080 | 22 422 663 295 |
| 负债及股东权益 | | | |
| 流动负债 | | | |
| 短期借款 | 1 688 008 995 | 1 246 076 002 | 1 157 524 538 |
| 应付票据 | 5 583 212 929 | 4 185 776 225 | 1 920 298 734 |
| 应付账款 | 7 939 256 785 | 6 442 175 057 | 5 470 295 864 |
| 预收账款 | 553 468 715 | 1 052 874 237 | 559 739 805 |
| 代销商品款 | 0 | 0 | 0 |
| 应付职工薪酬 | 424 387 316 | 420 891 860 | 455 130 170 |
| 应付福利费 | 0 | 0 | 0 |
| 应付股利 | 170 399 766 | 79 776 109 | 31 764 797 |
| 应交税金 | 586 597 188 | 171 833 162 | 383 209 229 |
| 其他应交款 | 0 | 0 | 0 |
| 其他应付款 | 1 858 593 728 | 1 287 340 084 | 1 230 842 853 |
| 预提费用 | 0 | 0 | 0 |
| 预计负债 | 413 166 403 | 361 938 670 | 29 457 842 |
| 一年内到期的长期负债 | 24 080 000 | 62 228 000 | 523 903 600 |
| 其他流动负债 | 981 322 128 | 1 770 954 128 | 882 174 790 |
| 职工奖励及福利基金 | 0 | 0 | 0 |
| 国内票据结算 | 0 | 0 | 0 |
| 流动负债合计 | 20 222 493 953 | 17 081 863 534 | 12 644 342 222 |
| 长期负债 | | | |
| 长期借款 | 1 272 200 000 | 772 200 000 | 270 688 000 |
| 应付债券 | 0 | 0 | 0 |
| 长期应付款 | 36 986 120 | 36 877 700 | 29 007 700 |

续表

| 资产 | 2009年6月30日 | 2008年12月31日 | 2007年12月31日 |
|---|---|---|---|
| 住房周转金 | 0 | 0 | 0 |
| 专项应付款 | 0 | 0 | 0 |
| 其他长期负债 | 2 510 000 | 3 340 000 | 5 000 000 |
| 长期负债合计 | 1 311 696 120 | 812 417 700 | 304 695 700 |
| 递延税项贷项 | 56 859 857 | 46 975 984 | 66 033 965 |
| 负债合计 | 21 591 049 930 | 17 941 257 218 | 13 015 071 887 |
| 少数股东权益 | 3 424 832 277 | 3 328 724 020 | 3 026 258 628 |
| 股东权益 | | | |
| 股本 | 833 045 683 | 833 045 683 | 520 653 552 |
| 已归还投资 | 0 | 0 | 0 |
| 股本净额 | 833 045 683 | 833 045 683 | 520 653 552 |
| 资本公积金 | 2 130 747 250 | 1 988 135 839 | 2 375 569 407 |
| 盈余公积金 | 564 430 850 | 564 430 850 | 400 638 780 |
| 公益金 | 0 | 0 | 0 |
| 未确认的投资损失 | 0 | 0 | 0 |
| 未分配利润 | 5 739 658 578 | 4 625 923 673 | 3 087 710 707 |
| 货币换算差额 | -8 704 548 | -13 782 202 | -3 239 667 |
| 股东权益合计 | 9 259 177 813 | 7 997 753 842 | 6 381 332 780 |
| 负债及股东权益总计 | 34 275 060 020 | 29 267 735 080 | 22 422 663 295 |

**表9-10 利润表**

编制单位：潍柴动力股份有限公司　　　　　　　　　　　单位：元

| 项目 | 2009年上半年度 | 2008年度 | 2007年度 |
|---|---|---|---|
| 一、主营业务收入 | 15 797 265 704 | 33 127 784 386 | 29 260 968 284 |
| 主营业务收入净额 | 15 797 265 704 | 33 127 784 386 | 29 260 968 284 |
| 主营业务成本 | 12 397 146 779 | 26 429 031 849 | 22 352 363 534 |
| 主营业务税金及附加 | 66 529 888 | 134 125 437 | 128 325 410 |
| 二、主营业务利润 | 3 333 589 037 | 6 564 627 100 | 6 780 279 340 |
| 其他业务利润 | 0 | 0 | 0 |
| 存货跌价损失 | 0 | 0 | 0 |
| 营业费用 | 908 335 045 | 1 831 394 483 | 1 536 981 619 |
| 管理费用 | 741 307 428 | 1 796 092 758 | 1 543 467 075 |

续表

| 项目 | 2009年上半年度 | 2008年度 | 2007年度 |
| --- | --- | --- | --- |
| 财务费用 | 92 868 678 | 286 332 055 | 235 748 359 |
| 三、营业利润 | 1 591 077 886 | 2 650 807 804 | 3 464 082 287 |
| 投资收益 | 14 566 590 | −25 220 250 | −107 105 443 |
| 补贴收入 | 0 | 0 | 0 |
| 营业外收入 | 77 141 355 | 160 877 609 | 94 535 707 |
| 营业外支出 | 14 662 775 | 45 656 370 | 23 032 931 |
| 以前年度损益调整 | | | |
| 营业外收支净额 | 62 478 580 | 115 221 239 | 71 502 776 |
| 四、利润总额 | 1 668 123 056 | 2 740 808 793 | 3 428 479 620 |
| 所得税 | 246 491 602 | 328 989 043 | 479 565 140 |
| 财政返还 | 0 | 0 | |
| 少数股东权益 | 199 600 610 | 480 473 179 | 778 672 361 |
| 购买日前净利润 | 0 | 0 | |
| 未确认的投资损失 | 0 | 0 | |
| 五、净利润 | 1 222 030 844 | 1 931 346 571 | 2 019 408 859 |

表9−11 现金流量表

编制单位：潍柴动力股份有限公司　　　　　　　　　　　　　　单位：元

| 项目 | 2009年上半年度 | 2008年度 | 2007年度 |
| --- | --- | --- | --- |
| 一、经营活动产生的现金流量 | | | |
| 销售商品、提供劳务收到的现金 | 13 080 056 386 | 25 682 971 929 | 20 541 228 765 |
| 收取的租金 | 0 | 0 | |
| 收到的增值税销项税额和退回的税款 | 0 | 0 | |
| 收到的除增值税以外的其他税费返还 | 0 | 0 | |
| 收到的其他与经营活动有关的现金 | 598 451 889 | 601 126 642 | 364 127 682 |
| 经营活动现金流入小计 | 13 678 508 275 | 26 284 098 571 | 20 905 356 447 |
| 购买商品接受劳务支付的现金 | 10 443 313 586 | 19 225 124 613 | 14 204 715 331 |
| 经营租赁所支付的现金 | 0 | 0 | |
| 支付给职工以及为职工支付的现金 | 812 346 444 | 1 907 760 537 | 1 343 871 343 |

续表

| 项目 | 2009年上半年度 | 2008年度 | 2007年度 |
|---|---|---|---|
| 支付的增值税款 | 0 | 0 | |
| 支付的所得税款 | 0 | 0 | |
| 支付的除增值税所得税以外的税费 | 0 | 0 | |
| 支付的各项税费 | 905 317 326 | 1 918 588 599 | 1 694 336 623 |
| 支付的其他与经营活动有关的现金 | 688 066 427 | 1 357 727 942 | 1 359 429 819 |
| 经营活动现金流出小计 | 12 849 043 783 | 24 409 201 691 | 18 602 353 117 |
| 经营活动产生的现金流量净额 | 829 464 492 | 1 874 896 880 | 2 303 003 330 |
| 二、投资活动产生的现金流量 | | | |
| 收回投资所收到的现金 | 0 | 17 573 361 | |
| 取得投资收益所收到的现金 | 1 600 000 | 0 | 8 640 000 |
| 分得股利或利润所收到的现金 | 0 | 0 | |
| 取得债券利息收入所收到的现金 | 0 | 0 | |
| 处置固定无形资产和长期资产收回的现金 | 1 040 406 | 4 714 127 | 3 691 896 |
| 收到的其他与投资活动有关的现金 | 0 | 0 | 72 676 676 |
| 投资活动现金流入小计 | 8 606 783 | 22 287 489 | 85 008 572 |
| 购建固定无形和长期资产支付的现金 | 629 343 598 | 1 682 831 686 | 1 415 392 413 |
| 权益性投资所支付的现金 | 0 | 0 | |
| 债权性投资所支付的现金 | 0 | 0 | |
| 投资所支付的现金 | 9 915 687 | 270 129 434 | 49 479 643 |
| 支付的其他与投资活动有关的现金 | 9 501 | 9 160 142 | 29 300 |
| 投资活动现金流出小计 | 639 268 786 | 1 962 121 262 | 1 464 901 356 |
| 投资活动产生的现金流量净额 | -630 662 003 | -1 939 833 773 | -1 379 892 784 |
| 三、筹资活动产生的现金流量 | | | |
| 吸收权益性投资所收到的现金 | 0 | 0 | 308 119 886 |
| 发行债券所收到的现金 | 0 | 0 | |
| 借款所收到的现金 | 2 366 928 000 | 5 542 397 948 | 2 797 580 878 |
| 收到的其他与筹资活动有关的现金 | 158 212 006 | 140 286 235 | 30 464 679 |
| 筹资活动现金流入小计 | 2 525 140 006 | 5 692 861 423 | 3 136 165 443 |
| 偿还债务所支付的现金 | 2 232 930 400 | 4 399 438 278 | 3 065 696 225 |

续表

| 项目 | 2009半年度 | 2008年度 | 2007年度 |
|---|---|---|---|
| 发生筹资费用所支付的现金 | 0 | 0 | |
| 分配股利或利润所支付的现金 | 0 | 0 | 397 368 968 |
| 偿付利息所支付的现金 | 0 | 0 | |
| 融资租赁所支付的现金 | 0 | 0 | |
| 减少注册资本所支付的现金 | 0 | 0 | |
| 支付的其他与筹资活动有关的现金 | 138 153 019 | 191 659 854 | 13 119 175 |
| 筹资活动现金流出小计 | 2 516 419 861 | 4 986 362 587 | 3 476 184 368 |
| 筹资活动产生的现金流量净额 | 8 720 145 | 706 498 836 | -340 018 925 |
| 四、汇率变动对现金的影响 | -517 500 | -1 015 524 | -1 321 077 |
| 五、现金及现金等价物净增加额 | 207 005 135 | 640 546 419 | 581 770 543 |

**结合案例，请思考如下问题：**

1. 计算潍柴动力股份有限公司当前资产负债率、股东权益比率、应收账款周转率、存货周转率、固定资产周转率、总资产周转率、销售净利润率、资产利润率、股东权益净利润率、每股收益。

2. 评价潍柴动力股份有限公司近三年偿债能力、资产营运能力、盈利能力状况，并分析其偿债能力、资产营运能力、盈利能力的变化情况。

3. 编制潍柴动力股份有限公司2007年度、2008年度和2009年上半年度杜邦分析体系，分析这三年盈利能力变化成因，并从财务角度提出提高盈利能力的思路。

# 第十章 财务管理专题

【本章学习目标】
- 了解并购、清算、跨国公司财务管理的相关概念
- 理解企业并购动机、企业反并购策略、外汇风险的种类
- 熟知跨国公司筹资渠道、投资方式以及规避外汇风险的主要方法
- 掌握并购目标企业价值的评估方法以及企业解散清算和破产清算的程序

【章首案例】
2004年,上海汽车集团投资5亿美元正式收购韩国双龙汽车51%的股份。上海汽车集团此次兼并的目的如下:一是通过区域性兼并,尝试构筑全球经营体系;二是双龙汽车的SUV以及柴油发动机与上海汽车集团的产品体系有较强的互补性,重组后可以发挥双方在产品设计、开发、零部件采购和营销网络的协同效益,提升核心竞争力。然而事与愿违,收购后才知晓中韩汽车企业文化的沟壑有多深。一方面,韩国社会商业贿赂成风,经济犯罪成本极低,造成原管理层能力低下,且供应商与管理层和工会之间的利益关系也较为复杂;另一方面,韩国工会势力强大,动辄以罢工相要挟,要求分享管理层的利益。这些差异加上突如其来的金融危机,导致双龙汽车2009年1月9日申请破产保护,韩国法院于2009年2月6日正式宣布双龙汽车进入破产重组程序。上海汽车集团最终失去了对双龙的控制权,耗资5亿美元仅仅买了一个跨国并购的教训。

【问题思考】
导致此次并购最终失败的原因仅仅是文化差异和金融危机吗?上海汽车集团能否在双龙汽车破产重组中挽回部分损失呢?从这起失败的海外并购案例中能总结出哪些经验及教训?

一般而言，企业财务管理涉及投资管理、筹资管理、营运资金管理以及利润分配管理几个方面，随着企业经营多样化、全球化发展，不少企业的财务管理还涉及并购、清算和跨国公司财务管理等专题。

## 第一节　企业并购

在市场机制作用下，企业往往通过并购来获取战略机会、提高管理效率、获取规模经济、减轻竞争压力，以达到资本最大程度增值之目的。

**一、企业并购概述**

企业并购（Mergers and Acquisitions，M&A）包括兼并和收购两层含义。国际上习惯将兼并和收购合在一起使用，统称为 M&A，在我国称为并购。即企业之间的兼并与收购行为，是企业法人在平等自愿、等价有偿的基础上，以一定的经济方式取得其他法人产权的行为，是企业进行资本运作和经营的一种主要形式。

1. 兼并与收购

兼并（Merger），是指主并企业通过股权或资产收购、吞并目标企业的行为。主并企业称为兼并方，目标企业称为被兼并方，兼并之后，主并企业法人资格续存，目标企业法人资格消失。

收购（Acquisition），是指一个企业通过现款、债券或股票等购买另一个企业的股票或资产，从而获得对该企业或其资产控制权的行为。收购可以分为股份收购和资产收购。股份收购是指购买方通过购买目标企业已发行在外的股份或认购目标企业发行新股的方式，取得目标企业部分或全部股份，并根据持股比例与其他股东共同承担目标企业所有的权利和义务的一种收购方式。资产收购是指购买方通过购买目标企业部分或全部资产而取得控制权的行为。在资产收购方式下，购买方不需要承担目标企业的债务，如果购买了目标企业的全部资产，则目标企业应宣告解散。

企业兼并和收购有很多相同的地方，都是企业所有权或产权的有偿转让，都是为了获得目标企业的控制权而进行的产权交易活动，目的都是增强企业竞争能力，形成规模经济。但二者也存在差异，主要有以下两点：第一，兼并指一个企业与其他企业合并，被兼并方作为经济实体已不存在，由主并企业承担被兼并方的产权和义务;在股份收购中,目标企业作为经济实体仍然存在,仍保留其法人资格,购买方只是通过控股掌握了目标企业的部分所有权和经营决策权;在资产收购中,购买方不需要承担目标企业的债务,这也与兼并存在差异。第二,企业在进行兼并后,因被兼并方作为经济实体已不存在,一般要进行资产整合;而收购多是以股票市场为中介达到控股目的,收购后企业资产等状况变化不大。

在我国的实务操作中,没有对兼并与收购进行严格区分,在本章的以后讨论中,也不再区分兼并和并购,而是将它们统称为并购。

2. 并购的种类

并购按不同的划分标准可分为不同类型。

(1) 按并购双方所处行业间的关系划分。按并购双方所处行业间的关系,并购可分为横向并购、纵向并购和混合并购。

1) 横向并购。是指提供同类产品或服务的企业之间的并购。横向并购实际上是同行竞争对手之间的并购,可以迅速扩大生产规模,节约共同费用,有利于提高通用设备的使用效率,有利于在更大范围内实现专业分工与协作,有利于统一采购原材料和销售产品等。由此可见,横向并购的主要目的是谋求规模经济效益或垄断收益。

2) 纵向并购。是指生产过程或经营环节相互衔接、密切联系的企业之间,或者具有纵向协作关系的专业化企业之间的并购,纵向并购可分为上游并购、下游并购和上下游并购三种方式。上游并购是对生产流程前一阶段企业的并购,即并购供应商;下游并购是对生产原材料、零部件的企业并购加工、装配企业或生产商并购销售商,即并购客户;上下游并购是指将与企业生产经营互为上下游关系的企业同时并购进来。纵向并购的目的除了扩大生产规模外,主要是可以使生产过程各环节密切配合,加速生产流程,缩短生产周期,减少损失,节约资金和能源等。

3) 混合并购。是指在提供不同产品或服务的企业之间并购,即在行业或产品生产环节均没有联系的企业间的并购。这种并购的基本特点:并购双方处于不同的生产领域或部门,各自提供不同的产品或服务,彼此之间不存在生产经营或市场联系。混合并购的主要目的是谋求范围经济和规避经营风险。

(2) 按并购的实现方式划分。按并购的实现方式,并购可分为购买式并购、承担债务式并购、吸收股份式并购、管理层收购、杠杆收购和发行可转换债券收购。

1) 购买式并购。是指并购方出资购买目标企业的资产,以获得其产权的一种并购方式。这种方式一般以现金为购买条件,将目标企业的整体产权一次性买断。购买时,依据目标企业的整体资产价值确定购买价格。并购后,目标企业的法人主体地位随之消失。

2）承担债务式并购。是指并购方以承担目标企业的债务为条件，接受其资产并取得产权的一种并购方式。这种方式的特点是交易不以价格为准，而是以债务和整体产权价值而定，无须对目标企业进行资产评估。并购后，目标企业的法人主体地位也随之消失。

3）吸收股份式并购。是指并购企业通过吸收目标企业的资产或股权入股，使目标企业原有所有者或股东成为并购企业的所有者或新股东的一种并购方式。这种并购方式的特点：交易不以现金转移为必要条件，而以入股为必要条件，并购后，目标企业的所有者或股东与并购企业原所有者或股东共同享受和承担并购企业的权利和义务。

吸收股份式并购又可分为资产入股式和股票交换式两种。资产入股式是指目标企业将清产核资后的净资产作为股本投入并购企业，取得并购企业的部分股权，成为并购企业的所有者或股东，目标企业法人主体不复存在，亦称"以资产换股票"。这种方式常被非上市公司用于吸收上市公司的部分股份，从而达到"借壳上市"的目的。后者是指并购企业用自己的股票来收购目标企业股东所持有股票的一种方式。这种并购方式一般在上市公司之间进行，按双方确定换股比例实行并购。

4）管理层收购（Management Buy-Outs，MBO）。是指目标企业的管理者或经理层利用借贷所融资本购买本企业的股份，从而改变本企业所有者结构、控制权结构和资产结构，进而达到重组本企业目的，并获得预期收益的一种并购行为。

5）杠杆收购（Leveraged Buy-outs，LBO）。是指主要利用借贷资金收购股权或资产的行为，其实质在于举债收购。杠杆收购与一般收购的区别：一般收购中的负债主要由收购方的资本或其他资产偿还，而杠杆收购中引起的负债主要依靠目标企业今后内部产生的经营收益和现金流来偿还，投资者的资本只占其中很小一部分。这是一种以小博大、高风险、高收益、高技巧的企业并购方式。正是基于杠杆收购的特性，英美的投资银行家们将 MBO 与金融创新工具结合在一起，以垃圾债券、可转换债券等创新的金融手段应用于并购业务，成功解决了管理层的收购资金问题。

6）发行可转换债券收购。可转换债券是指一定时期内能转换成公司股票的债券。LBO 收购隐含着巨大的财务风险，万一收购不成功，巨大债务的清偿就无法得到保证，而发行可转换债券是一种可以在收购不成功的情况下，也能保证财务相对稳定的融资手段。发行可转换债券收购也可以说是 LBO 中的一种特殊并购方式。

(3) 按并购的动机划分。按并购的动机，并购可分为善意并购和恶意并购。

1) 善意并购。亦称友好并购，指目标企业的经营管理者同意并购企业提出的并购条件，接受并购。一般由并购企业确定目标企业，然后设法使双方高层管理者进行接触，商讨并购事宜，诸如购买条件、价格、支付方式和收购后企业地位及目标企业人员的安排等问题。通过讨价还价，在双方都可以接受的条件下，签订并购协议。由于双方是在自愿、合作、公开的前提下进行，故善意并购成功率较高。

2) 恶意并购。亦称敌意并购，是指并购企业不顾目标企业的意愿，采取非协商购买的手段，强行并购目标企业的一种行为。进行敌意收购时，并购企业往往以高于交易所股票的交易价格，向股东收购目标企业的股票，因此，对于收购方而言，收购需要大量的资金支持，在比较大规模的并购活动中，银行或证券商往往出面提供短期融资。同时，目标企业在得知并购企业的收购意图之后，可能采取一切反收购措施，以增加收购的成本和降低成功率。

(4) 按并购交易是否通过证券交易所划分。按并购交易是否通过证券交易所，并购可分为协议收购和要约收购。

1) 协议收购。是指并购企业不通过证券交易所，直接与目标企业取得联系，并与目标企业的所有者或股东反复磋商，达成协议，按照协议所规定的收购条件、价格、期限以及其他规定事项，收购目标企业股份的收购方式。协议收购易取得目标企业的理解与合作，有利于降低收购行为的风险和成本，但谈判过程中的契约成本较高。协议收购一般都属于善意收购。

2) 要约收购。是指并购企业通过证券交易所的证券交易，持有一个上市公司（目标企业）已发行股份的30%时，依法向目标企业所有股东发出收购要约，按照依法公告的收购要约中所规定的收购条件、价格、期限及其他规定事项，获取目标企业股权的收购方式。要约收购直接在股票市场中进行，受到市场规则的严格限制，风险较大，但自主性强，速战速决。要约收购一般属于敌意收购。

**二、企业并购的财务分析**

企业并购的财务分析主要包括目标企业的价值评估、并购成本分析以及并购风险分析几个方面。

1. 目标企业的价值评估

价值评估是指买卖双方对标的（股权或资产）做出的价值判断。通过一定的方法计算标的对自己的价值，可以为买卖是否可行提供价格基础。价值评估，是决定并购是否可行的先决条件，也是并购谈判的焦点。

目标企业价值评估的方法很多。一般而言，目标企业的价值评估主要取决于该企业未来持续经营的现金流量，尤其是目标企业与并购企业整合以后产生的协同效应，使得整合后的现金流量总和大于各个部分的现金流量。由于未来预期的不确定性，对目标企业的价值评估应根据并购后目标企业是否继续存在以及资料信息的充分与否等因素来确定采用何种估价方法。通常，评估目标企业的价值有如下三种方法：资产价值基础法、收益法和贴现现金流量法。

（1）资产价值基础法。资产价值基础法，是指通过对目标企业的资产、负债以及商誉进行估价来确定其价值的方法。采用该方法时，首先要对各项资产、负债进行评估，得出资产、负债的公允价值；其次是对目标企业的商誉进行评估；最后是将资产的公允价值之和减去负债的公允价值之和，再加上商誉的价值，最终得出目标企业的评估价值。确定目标企业的评估价值，选择合适的资产评估标准很重要。目前通用的资产评估价值标准有以下四种：

1）账面价值。账面价值是指会计核算中账面记载的资产价值，反映的是目标企业某一个时点的账面价值。当目标企业经营困难时，收购方可以账面价值作为收购价格。它不考虑资产的市场价值波动，也不考虑资产收益情况，因而是一种静态的估价标准。

2）市场价值。市场价值与账面价值不同，是指把资产作为一种商品在市场上公平竞争，在供求关系平衡状态下确定的价值。确定企业市场价值，最著名的是托宾（Tobin）的 $Q$ 模型，在 $Q$ 模型中，企业市值取为：

企业市值 = 资产重置成本 + 增长机会价值
　　　　 = $Q$ × 资产重置成本

式中，$Q$ 为企业市值/资产重置成本。

$Q$ 值的选择比较困难，因为即使从事相同的业务，其资产的结构也会有很大的不同。同时，企业的增长机会价值也很难确定。所以，在实践中，广泛使用 $Q$ 的近似值，即股票市值与企业净资产的比率。

3）清算价值。这是在企业作为一个整体，已经丧失增值能力、无法持续经营情况下，资产评估的一种方法。具体而言，清算价值是指在企业出现财务危机而破产或歇业清算时，把企业中的实物资产逐个分离出来，单独出售的资产价值。企业的清算价值，是清算资产、偿还债务以后的剩余价值。

4）续营价值。与清算价值相反，续营价值是指目标企业作为一个整体仍有增值能力，在保持其继续经营的条件下，以未来的收益能力为基础，来评估目标企业的价值。

5）公允价值。是指将目标企业在未来持续经营情况下的预期收益，按照设定的贴现率（市场资金平均利润率或平均收益率）折算出的现值。它把市场环境和企业未来的经营状况,与目标企业的价值联系起来,更适于评估目标企业的价值。

上述五种资产评估价值标准各有侧重,在实践中,应根据掌握的信息资料、目标企业的实际情况等因素,选择使用不同的资产评估标准。如果对目标企业的并购目的在于目标企业未来收益的潜能,那么公允价值是最重要的标准。如果其目的在于获得某项特殊的资产,那么清算价值或市场价值可能更为恰当。

(2) 收益法(市盈率模型)。收益法就是根据目标企业的收益水平和市盈率确定其价值的方法,也称为市盈率模型。市盈率指在一个考察期(通常为12个月)内,股票的价格和每股收益的比例,投资者通常利用市盈率来估算某股票的投资价值,或者用该指标在不同企业的股票之间进行比较。市盈率的确定非常复杂,它依赖于:企业的未来收益水平(包括成长性)、投资者希望从中得到的收益率、企业投资的预期回报及其趋势等。

采用收益法对目标企业估值的步骤如下:

1) 检查、调整目标企业近期的利润业绩。为了进行比较和分析,应充分考虑目标企业确认收入以及费用所采用的会计政策,必要时可以对目标企业已公布的会计报表进行调整,以便准确地评估目标企业的价值。如计提坏账准备的方法,以及计入待摊费用中的某些沉没成本等。

2) 选择、计算目标企业的年收益估计指标。考虑到经营的波动性,尤其是经营活动具有明显周期性的目标企业,采用最近三年税后利润的年平均值,作为年收益估计,较为适当。实际上,对目标企业的估价应更多地关注其被并购后的收益状况。

3) 选择标准市盈率。目标企业的市盈率,通常可选择如下几种:并购时点的市盈率,与目标企业具有可比性的公司市盈率,或目标企业所处行业的平均市盈率。如果目标企业是上市公司,并购后仍独立经营,则可直接选择其自身的市盈率。如果选择与目标企业具有可比性的公司市盈率,应确保在经营和财务以及风险与成长性等方面的可比性。在无法找到完全具有可比性的上市公司时,可以选择采用目标企业所处行业的平均市盈率。

4) 估算目标企业的价值。

目标企业的价值 = 年收益估计 × 标准市盈率

【例10-1】甲公司拟横向并购同行业的乙公司,假设双方公司长期负债利率均为10%,所得税率均为40%。按甲公司现行会计政策,对乙公司的财务数据进行了调整。双方的基本情况,如表10-1和表10-2所示。

表 10-1　甲、乙两公司基本的财务状况　　　　　　单位：万元

| 资产 | 甲公司 | 乙公司 | 负债及股东权益 | 甲公司 | 乙公司 |
|---|---|---|---|---|---|
| 流动资产 | 30 000 | 10 000 | 流动负债 | 10 000 | 5 000 |
| 长期资产 | 20 000 | 5 000 | 长期负债 | 10 000 | 2 000 |
|  |  |  | 负债合计 | 20 000 | 7 000 |
|  |  |  | 股东权益 |  |  |
|  |  |  | 股本 | 20 000 | 6 000 |
|  |  |  | 留存收益 | 10 000 | 2 000 |
|  |  |  | 股东权益合计 | 30 000 | 8 000 |
| 资产总计 | 50 000 | 15 000 | 负债及股东权益合计 | 50 000 | 15 000 |

表 10-2　甲、乙两公司并购前一年度的经营业绩　　　　　　单位：万元

| 指标 | 甲公司 | 乙公司 |
|---|---|---|
| 息税前利润 | 7 000 | 1 200 |
| 减：利息 | 1 000 | 200 |
| 税前利润 | 6 000 | 1 000 |
| 减：所得税 | 2 400 | 400 |
| 税后利润 | 3 600 | 600 |
| 其他指标 |  |  |
| 资本收益率 = 息税前利润 ÷（长期负债 + 股东权益） | 17.5% | 12% |
| 近三年平均利润 |  |  |
| 税前 | 5 000 | 800 |
| 税后 | 3 000 | 480 |
| 市盈率 | 20 | 16 |

由于并购双方处于同一行业，甲公司可以认为乙公司在并购后能达到甲公司的盈利水平，即可选择其自身的市盈率（20）为标准市盈率。在此基础上，选用不同的年收益估计，分别运用公式，计算并购后的目标企业（乙公司）价值如下：

①选用目标企业最近一年的税后利润作为年收益估计。

乙公司最近一年的税后利润 = 600（万元）

并购后的乙公司价值 = 600 × 20 = 12 000（万元）

②选用目标企业近三年的平均税后利润为年收益估计。

乙公司近三年的平均税后利润 = 480（万元）

并购后的乙公司价值 = 480 × 20 = 9 600（万元）

③假设目标企业并购后，能够获得与并购企业同样的资本收益率，以此计算出的目标企业并购后的税后利润作为年收益估计。

乙公司的资本额 = 长期负债 + 股东权益 = 2 000 + 8 000 = 10 000（万元）

并购后乙公司：

资本收益 = 10 000 × 17.5% = 1 750（万元）

减：利息 = 2 000 × 10% = 200（万元）

税前利润 = 1 750 - 200 = 1 550（万元）

减：所得税 = 1 550 × 40% = 620（万元）

税后利润 = 1 550 - 620 = 930（万元）

并购后的乙公司价值 = 930 × 20 = 18 600（万元）

由上述计算结果可以看出，年收益估计的选择不同，将大大影响目标企业的估价。并购企业应根据实际情况，尽可能选择合理的年收益估计，降低并购风险，提高并购收益。

(3) 贴现现金流量法。贴现现金流量法，是通过估算目标企业被并购后各年的现金流量，再用某一个选定的贴现率将预期的各年现金流量折为现值，从而确定目标企业价值的一种方法。贴现现金流量法是企业并购中评估目标企业价值最常见的方法。这一方法是由美国西北大学的阿尔弗雷德·拉巴波特创立的，因此又称为拉巴波特模型 (Rappatort Approach)。

采用贴现现金流量法对目标企业估值的步骤如下：

1) 对未来现金流量的预测。在进行预测时，应该检查目标企业的历史现金流量，并假定并购后目标企业的经营情况将发生变化，如假定目标企业并购后的销售额呈固定增长趋势。未来现金流量的计算公式如下：

$$CF_t = S_{t-1}(1 + G_t)R_t(1 - T_t) - (S_t - S_{t-1})(F_t + W_t)$$

式中，$CF_t$ 为 $t$ 年度现金流量；$S_t$ 为 $t$ 年度销售额；$G_t$ 为 $t$ 年度销售额年增长率；$R_t$ 为 $t$ 年度销售利润率；$T_t$ 为 $t$ 年度所得税率；$F_t$ 为 $t$ 年度销售额每增加 1 元所需追加的固定资本投资（全部固定资本投资扣除折旧）；$W_t$ 为 $t$ 年度销售额每增加 1 元所需追加的营运资本投资。

2) 估计贴现率或加权平均资本成本。贴现率或加权平均资本成本的估计，需要对各种长期成本要素进行估计，包括普通股、优先股和债务等。

目标企业股本（普通股和优先股）的成本估计，多数文献采用如下的资本资产定价模型法：

$$K = R_F + \beta(R_M - R_F)$$

式中，$K$ 为目标企业预期股本成本率；$R_F$ 为市场无风险报酬率（如国债收益率）；$\beta$ 为目标企业的贝他系数，指目标企业的风险程度；$R_M$ 为股票市场的平均报酬率；$(R_M - R_F)$ 为股票市场的风险报酬率；$\beta(R_M - R_F)$ 为目标企业股本的风险报酬率。

在对目标企业股本的成本进行估计后，还需对各项债务的成本进行估计，才可得到加权平均资本成本。由于债务成本的估计比较困难，通常将各种债务实际利息支付作为债务成本的近似值。在估计出各单个元素的资本成本 $K_i$ 后，即可根据并购企业预计的并购后资本结构，计算出加权平均资本成本。其计算公式为：

$$WACC = \sum_{i=1}^{n} K_j W_j$$

式中，$WACC$ 为加权平均资本成本；$K_j$ 为各单项资本成本；$W_j$ 为各单项资本所占的比重。

3）计算现金流量现值，估计购买价格。根据目标企业自由现金流量，对其估价为：

$$TV = \sum_{t=1}^{n} \frac{CF_t}{(1+WACC)^t} + \frac{V_n}{(1+WACC)^n}$$

式中，$TV$ 为并购后目标企业价值；$CF_t$ 为第 $t$ 年度目标企业的现金流量；$WACC$ 为加权平均资本成本；$V_n$ 为第 $n$ 年目标企业的终值。

【例 10-2】A 公司拟于 2012 年底并购同行业的 B 公司，为合理估计 B 公司并购价格，拟采用贴现金流量法计算 B 公司的价值。

第一，根据 B 公司的经营状况及其产品的市场状况，预测 B 公司被并购后 5 年的现金流量。

假定：（1）销售额年增长率为 10%；

（2）销售额每增加 1 元，所需追加的固定资本投资（全部固定资本投资扣除折旧）为 0.10 元；

（3）销售额每增加 1 元，所需追加的营运资本投资为 0.05 元；

（4）B 公司 5 年后，即 2017 年末的终值预计为 10 000 万元。

则 B 公司未来 5 年的现金流量如表 10-3 所示。

第二，估算贴现率。

B 公司未发行优先股，其普通股股本与长期负债的比例分别为 50% 与 50%。已知无风险收益率 $R_F$ 为 3%，风险报酬率 $(R_M - R_F)$ 为 6%，B 公司的贝他值为 1.5，其长期负债利率为 8%。于是：

表 10-3　B 公司被并购 5 年后的现金流量预测表　　　　　　单位：万元

| 年份 | 2012 | 2013 | 2014 | 2015 | 2016 | 2017 |
|---|---|---|---|---|---|---|
| 销售额 $S_t$ | 10 000 | 11 000 | 12 100 | 13 310 | 14 641 | 16 105.1 |
| 销售利润（销售利润率30%） |  | 3 300 | 3 630 | 3 993 | 4 392.3 | 4 831.5 |
| 所得税（所得税率30%） |  | 990 | 1 089 | 1 197.9 | 1 317.7 | 1 449.4 |
| 销售净利润 |  | 2 310 | 2 541 | 2 795.1 | 3 074.6 | 3 382.1 |
| 追加的固定资本投资（$F_t$=0.10元） |  | 100 | 110 | 121 | 133.1 | 146.4 |
| 追加的营运资本投资（$W_t$=0.05元） |  | 50 | 55 | 60.5 | 66.6 | 73.2 |
| 预测期末终值 |  |  |  |  |  | 10 000 |
| 净现金流量 |  | 2160 | 2376 | 2613.6 | 2874.9 | 13 162.5 |

B 公司的股本成本 = $R_F + \beta(R_M - R_F)$ = 3% + 1.5 × 6% = 12%

B 公司的加权平均资本成本：

WACC = 12% × 50% + 8% × 50% = 10%

第三，计算现金流量总现值，估计购买价格。

根据对未来现金流量的预测及加权平均资本成本的计算，运用上述公式，可得公司未来现金流量的总现值为：

$$TV = 2160/1.1 + 2376/1.1^2 + 2613.6/1.1^3 + 2874.9/1.1^4 + 13162.5/1.1^5$$
$$= 16027.4（万元）$$

贴现现金流量法，易受预测人员主观（乐观或悲观）的影响。合理预测未来现金流量以及选择贴现率（加权平均资本成本）的困难，可能影响贴现现金流量法的准确性。

2. 并购成本分析

企业并购包含一系列工作，随着各项工作的完成也会产生一系列成本。这些成本，既包括并购完成成本，又包括并购后的整合成本；既包括并购发生的有形成本，又包括并购发生的无形成本。在实际工作中，通常将并购成本分为并购完成成本、并购整合与营运成本、并购退出成本和并购机会成本四大要素。为了实现低成本扩张，企业必须了解和把握并购的各项成本要素。

（1）并购完成成本。并购完成成本，是并购行为本身所发生的直接成本（并购直接支付的费用）和间接成本。间接成本包括如下：

1）债务成本。在承担债务式并购、杠杆收购等并购中，开始很少实际支付收购费用，但必须为债务逐期支付本息，背上未来还本付息的负担。

2）交易成本。并购过程中发生的搜寻、策划、谈判、文本制作、资产评估、法律鉴定和公证等中介费用，发行股票还需要支付申请费、承销费等。

3）更名成本。并购成功后发生的重新注册费、工商管理费、土地转让费和公告费等。

（2）并购整合与营运成本。整合与营运成本，也被称作并购协调成本，是指并购企业为使目标企业按计划启动、发展生产所需的各项投资。当并购完成后，由于并购企业与目标企业作为两个不同的企业，在业务经营、管理模式、企业文化等方面都会存在显著的差异。要使它们成为一家企业，就必须对这些差异点进行整合，实现一体化运作。整合与营运成本主要包括如下两项：

1）整合成本。这项成本主要是为了实现经营战略、产业结构、组织人事以及企业文化等一体化而投入的各项管理成本。例如，派遣人员进驻、建立新的领导班子、安置原有领导班子和富余人员、剥离非经营性资产、淘汰无效设备和进行人员培训等。如果双方资源缺乏有效的互补性，或目标企业的管理资源过分缺乏，并购企业的管理成本将相当巨大。

2）注入资金的成本。企业进行并购决策时，应切实分析目标企业的经营现状，明确并购双方各项资源的互补性、充分估计目标企业在现有基础上是否能对其实施有效的资金投入，是否能通过有效的措施，促使目标企业实施制度创新、机制创新，与并购企业之间实现一体化。

整合与营运成本，具有长期性、动态性和难以预见性。所以，并购决策中应特别关注这项成本。

（3）并购退出成本。退出成本主要是指并购企业并购不成功，或当企业所处的竞争环境出现了不利变化，需要退出并购所发生的成本。一般来说，并购力度越大，可能发生的退出成本就越高。这项成本是一种或有成本，并不一定发生，但企业应该考虑到这项成本，以便在并购过程中对并购策略做出更合适的安排或调整。

（4）并购机会成本。并购的机会成本是指并购企业为完成并购活动所发生的各项支出，尤其是资本性支出相对于其他投资和收益而言的利益放弃。充分考虑这一项成本，可以对并购战略做出科学的判断。

3. 并购风险分析

企业并购可能带来巨额收益，同时也面临着巨大风险，在并购决策时，应重视对并购过程中的各种风险进行分析。

（1）营运风险。企业并购的完成，并不代表整个并购过程的终结，恰恰相反，这只是整个并购工程的前期工作，以后的工作更复杂、更艰巨，更具风险性。要在人、财、物等资源以及产品市场等方面进行整合与营运，以达到规模经营、谋求经营协同效应的目的。在某些情况下，并购方在并购完成后，由于对目标企业价值的预测与评估不当，对并购成本的估算不足，对并购后可能产生的并购收益过分乐观等，可能无法使整个企业集团产生经营协同效应、财务协同效应、市场份额效应，难以实现规模经济和经验共享互补，从而产生规模不经济，甚至拖累并购企业的发展，这样就出现了营运风险。

（2）信息风险。在并购战中，能否及时获取准确、有效的信息是决定并购行为成败的关键。如在并购前能全面了解和分析情况，则可以大大提高并购成功率。但是目标企业面对并购方的并购行动，决不会无动于衷，束手就擒，尤其是当对方强行实施收购时，目标企业就会千方百计地严守自己的商业秘密，从而使并购方无法获取到重要资料，给并购估价带来重重困难。在实际并购中，不少企业由于信息不准确盲目行动而惨遭失败，这就是经济学上所说的"信息不对称"的结果。

（3）融资风险。对并购后的企业进行整合和营运，势必注入大量资金，并购决策对企业的资金规模和资本结构将会产生重大影响。在实践中，并购动机以及目标企业并购前后资本结构的不同，还会造成并购所需的长期资金与短期资金、自有资金与债务资金投入比率的种种差异，甚至会影响企业的正常运转，发生资金大量短缺，无法偿还到期债务的风险。

（4）反收购风险。在通常情况下，目标企业对并购企业的收购行为往往持不欢迎和不合作态度，尤其在面临敌意收购时，他们可能会不惜一切代价实施反收购。一般说来，被并购企业主要是采取经济手段和法律手段来实施接管防御的，其反并购行动可能会对并购企业构成相当大的风险。

（5）法律风险。各国关于并购、重组的法律法规细则，一般都通过增加并购成本而提高并购难度，在我国，《中华人民共和国证券法》也对此进行了严格的规定和限制。严格的程序规定和限制条款，会给并购企业带来高收购成本和高收购风险，甚至导致收购行为违法而失败。一旦收购成功，还有可能使收购企业成为某一行业的垄断企业，致使收购企业受到国家有关反垄断法律或政策的限制。

（6）体制风险。在我国的国有企业资本经营过程中，有相当一部分企业的收购兼并行为都是由政府强行撮合而成。尽管大规模的并购活动需要政府的支持和引导，但并购行为毕竟是企业基于激烈市场竞争而自主选择的发展战略，是一种市场化的行为。政府依靠行政手段对企业并购大包大揽，不仅背离了经济规律和市场原则，难以达到预期的效果，往往还给并购企业带来极大的风险。比如，以非经济目标代替经济目标，过分强调"优帮劣、强管弱、富扶贫"的帮扶行为，使企业并购偏离资产优化组合的目标，从而使并购企业面临较大的体制风险。

### 三、企业反并购策略

股权分置是制约我国上市公司并购的制度障碍。在股权分置改革全面完成后，A股市场的全流通变革为并购与反并购创造了重要的条件，上市公司大股东对控制权的守护和掌控意愿进一步强化，未来反并购也将更加流行。善意并购不涉及反并购的问题，当恶意并购发生时，目标企业常常会采取各种不同的方式来防御或者抵制并购企业的恶意并购。

1. 企业反并购的防御策略

企业反并购的防御策略主要包括"金降落伞"计划、"毒丸"计划、适时修改公司章程、相互持股、员工持股。

（1）"金降落伞"计划。"金降落伞"计划是指目标企业与高级管理层签订协议，高管有权在企业因被收购或者失去控股权和管理权而导致失业时，可一次性领到巨额的退休金、股票选择权收入或额外津贴，以增加并购成本。"金降落伞"计划这一反收购措施涉及企业高级管理者的薪酬制度，我国对并购后的目标企业人事安排和待遇无明文规定，引入"金降落伞"计划，有可能导致变相瓜分企业资产或国有资产，应该从社会保险的角度解决目标企业管理层及职工的生活保障问题。

（2）"毒丸"计划。"毒丸"计划又称股权摊薄反并购策略，是一种提高并购成本，同时造成目标企业吸引力急速降低的反收购措施。"毒丸"计划在平时不会生效，只有当企业面临被并购威胁时，"毒丸"计划才启动。"毒丸"计划主要有负债毒丸计划和人员毒丸计划。

1）负债毒丸计划，是指目标企业在并购威胁下大量增加自身负债，降低企业被并购的吸引力。负债毒丸计划主要通过企业在发行债券或借贷时订立的"毒药条款"来实现。一旦企业遭到并购，债权人有权要求提前赎回债券、清偿借贷或将债券转换成股票。负债毒丸计划可以稀释并购者的持股比例，还能恶化目标企业的财务结构，令并购者在接收目标企业后面临着巨额的现金支出。

2）人员毒丸计划的基本方法则是企业的绝大部分高级管理人员共同签署协议，在企业被以不公平价格收购，并且这些人中有一人在收购后被降职或革职时，则全部管理人员将集体辞职。这一策略不仅保护了目标企业的股东利益，而且会使并购者慎重考虑收购后更换管理层对企业带来的巨大影响。企业管理层阵容越强大、越精干，实施这一策略的效果将越明显。

"毒丸"计划对于敌意收购来说，是一项有力的反收购对策，同时也是一种比较"毒辣"的反收购策略。虽然它能在很大程度上阻止收购，但同时也会伤害目标企业的元气，恶化经营现状，毁坏企业发展前景，损害股东利益，因而常常会遭到股东们的反对,引起法律诉讼。

(3) 适时修改公司章程。适时修改公司章程是企业对潜在并购者或诈骗者所采取的预防措施。反收购条款的实施、直接或间接提高收购成本、董事会改选的规定都可使并购者望而却步。常用的反收购公司章程包括董事会轮换制、超级多数条款、公平价格条款等。

1) 董事轮换制。是指在公司章程中规定,每年只能更换1/3(或其他比例)的董事。这意味着即使并购者拥有公司绝对多数的股权,也无法对董事会做出实质性改组,难以获得对董事会的控制权。此外,由于原来的股东掌握着多数表决权,控制着公司,即使公司被恶意收购,他们还可以决定采取增资扩股或其他办法来稀释收购者的股票份额以达到反收购的目的。

2) 超级多数条款。是指在公司章程中规定,公司的合并需要获得绝对多数股东的赞成票,并且这一反并购条款的修改也需要绝对多数的股东同意才能生效。超级多数条款一般规定,目标企业被并购必须取得2/3或80%以上的投票权,甚至高达90%以上。因此,如果敌意并购者想要获得具有绝对多数条款公司的控制权,通常需要持有目标企业很大比例的股权,这就在一定程度上增加了并购成本和并购难度。

3) 公平价格条款。公司制定一些可以接受的购买价格,而且这些价格都要经过股东批准。通常,这些价格都被限制在公司股票交易的历史水平上,也就是过去3~5年的平均价格水平。许多公平价格条款规定,一旦报价低于该水平,收购就需要经过大部分股东(2/3或75%以上)的同意。

4) 限制董事资格条款。即在公司章程中规定公司董事的任职条件,不具备某些特定条件者不得担任公司董事,具备某些特定情节者也不得进入公司董事会,通过这些条款增加并购企业恶意进入公司董事会的难度。

(4) 相互持股。国内目前的法律并未禁止上市公司间相互持股,因此上市公司可以通过与比较信任的公司达成协议,相互持有对方股份,并确保在出现敌意收购时不进行股权转让,以达到防御敌意收购的目的。

(5) 员工持股。这是基于分散股权的考虑设计的,上市公司可以鼓励内部员工持有本企业的股票,同时成立相应的基金会进行控制和管理。在敌意并购发生时,如果员工持股比例相对较大,则可控制一部分企业股份,增强企业的决策控制权,提高敌意并购者的并购难度。

2. 企业反并购的抗拒策略

企业反并购的抗拒策略主要包括邀请"白衣骑士"、"焦土"战术、帕克曼防御、发行限制表决权股票和法律诉讼。

(1) 邀请"白衣骑士"。如果对敌意收购者不满意,目标企业可以向满意的合作方（白衣骑士）发出邀请，以更高的价格参与收购，来对付敌意并购，造成第三方与敌意并购者竞价并购目标企业的局面。从目前的法规看，中国证券市场管理者还是比较倾向于这种反收购策略的，因为这将带来收购竞争，有利于保护全体股东的利益。一般而言，如果收购者出价较低，目标企业被"白衣骑士"拯救的希望就大。

（2）"焦土"战术。"焦土"战术主要包括出售"皇冠上的珍珠"和虚胖战术。跟"毒丸"计划一样，"焦土"战术的运用也会大伤元气，恶化企业经营状况，毁坏企业的长远发展，损害股东的利益。

1）"皇冠上的珍珠"。企业最有价值的部分最具并购吸引力（如技术秘密、专利权或关键人才、商标、某项业务或某个子公司等），通常被誉为"皇冠上的珍珠"。这些"皇冠上的珍珠"非常容易诱发其他企业的并购企图。针对这种情况，目标企业可以将"皇冠上的珍珠"出售或者抵押，从而降低敌意并购者的并购兴趣。

2）虚胖战术。虚胖战术的做法有多种，例如，购置大量与经营无关或盈利能力差的资产，令企业包袱沉重，资产质量下降；大量增加企业负债，恶化财务状况，加大经营风险；故意投资一些长时间才能见效的项目，使企业在短期内资产收益率大减。所有这些措施都会使企业从精干变得臃肿，原有的魅力消失，导致敌意并购者放弃并购。

（3）帕克曼防御。帕克曼防御是指目标企业威胁收购方进行反收购，并开始购买收购者的普通股，以达到保卫自己的目的。帕克曼防御的特点是以攻为守，使攻守双方角色颠倒，致对方于被动局面。目标企业还可以出让本企业的部分利益，策动关系密切的友好企业出面收购并购方股份，来达到围魏救赵的效果。从反收购效果来看，帕克曼防御往往能使反收购方进退自如，可攻可守。在运用帕克曼防御术时，要求并购者本身存在被收购的可能性，还要求目标企业有较强的资金实力和外部融资能力，否则风险很大。

（4）发行限制表决权股票。发行限制表决权股票是一种有效的反并购对策。目标企业发行股票，原股东所持股份比例就会下降，股权就会被稀释。当企业受到并购威胁时，原股东对企业的控制力就会削弱。而当上市公司发行限制表决权股票时，由于公司集中了投票权，就可以阻止敌意并购者通过收购发行在外的股票而控制公司，既能筹集到必要的资金，又能达到抵御其他企业并购的目的。

（5）法律诉讼。法律诉讼的目的是拖延并购交易完成的时间，鼓励其他竞争者参与并购，迫使并购者提高其收购价格，或者迫使并购者为了避免法律诉讼而放弃收购。实施诉讼策略的关键是先发制人，常见的诉讼理由有公开收购手续不完备、公开内容不充分、收购程序与有关法规相违背、收购方违反反垄断法等。随着相关法律法规的出台，违法并购将会得到有效制止，合法的反并购行动将会得到保护。

## 第二节 企业清算

当企业决定解散或被依法宣告破产时，需终结企业作为当事人的各种法律关系，并取消企业的法人资格，为此应进行企业清算。

企业清算是指在企业终止经营过程中，为保护债权人、所有者等利益相关者的合法权益，对企业财产进行清理、变卖，对企业债务进行清查、偿还，对剩余财产进行分配，以终止其经营活动，并依法取消其法人资格的行为。

企业清算是企业解体过程中最重要的业务事项，在清算期间，企业并未被视为终止，但在此期间，企业的权限仅限于清算范围内，凡以营业为前提的一切法律规定都不适用于被清算企业，企业及其职能部门的原有地位全由清算人所取代。

### 一、企业清算的种类

企业清算按不同的划分标准可分为不同类型。

1. 按企业清算的原因进行划分

企业清算按不同的清算原因，可分为解散清算和破产清算。

（1）解散清算是指根据公司章程或决议等解散企业而进行的清算。解散清算的原因主要包括：①经营期限届满或者公司章程规定的其他解散事由出现，如经营目的已达到，或未达到预定的经营目标，企业今后又没有发展前途；②企业股东大会决定解散；③企业合并或者分立需要解散；④违反国家法律、法规，危害社会公共利益，企业被依法撤销；⑤发生严重亏损或因不可抗力的灾害造成严重损失，企业无力继续经营；⑥投资一方或者多方未履行企业章程所规定的义务，或者外部经营环境变化，致使企业无法继续经营。

（2）破产（Bankruptcy）清算是指企业被依法宣告破产时适用的清算程序。

解散清算和破产清算的区别：①发生清算的原因不同。解散清算的原因有多种，而破产清算的原因是被依法宣告破产。②决定清算组成员的机关不同。如果是自愿解散的有限责任公司，企业清算组成员，是由全体股东组成，而股份公司由股东大会选举产生；强制解散的，由作出强制解散的主管机关决定清算组成员；破产清算组的组成人员必须由人民法院决定。③适用清算的程序不同。解散清算适用一般的清算程序；破产清算适用破产清算程序。④适用法律不同。根据企业的法律地位，解散清算适用《个人独资企业法》、《合伙企业法》以及《公司法》等，而破产清算适用《企业破产法》。

2. 按企业清算的不同性质进行划分

企业清算按不同的性质，可分为自愿清算、行政清算和司法清算。

（1）自愿清算是企业按照自己的意愿解散企业，清算企业债权债务，结束企业法人资格的清算。因股东会关于解散公司决议和公司章程规定解散公司事项出现而进行的清算就是自愿清算。

（2）行政清算是企业法人被依法撤销进行的清算，如企业违反有关法规被撤销而进行的清算。一般由有关主管部门负责组织清算机构并监督清算过程。

（3）司法清算主要是指破产清算，因企业不能清偿到期债务，由法院依据债权人或债务人的申请宣告企业破产，并依据有关法律规定组织清算机构对企业进行的清算。

3. 按是否自行组织进行划分

企业清算按是否自行组织，可分为普通清算和特别清算。

（1）普通清算，是指由企业自行组织清算机构依法进行的清算。普通清算一般适用于自愿解散的情况，往往是针对那些资产能够抵偿债务，并且能够自行组织清算工作的企业而采取的清算形式。

（2）特别清算，是指企业解散时自己不能组织进行普通清算，或进行普通清算过程中发生严重障碍，由有关政府机关或法院介入而进行的清算。

特别清算和普通清算的区别在于，后者是自行组织的清算，前者是有公共权力机关介入的清算。特别清算一般适用于强制解散的情况，但也可适用于由普通清算转变而来的情况。

由普通清算程序转为特别清算程序主要包括两种情况：①企业自愿解散后不能在规定的日期内成立清算组进行清算的，债权人可以申请人民法院指定有关人员成立清算组，进行清算。②在清算过程中发现企业资产不足以抵偿债务的，应当立即向人民法院申请宣告破产。

## 二、企业解散清算的程序

当企业解散时，通常要对企业的资产进行全面清算。无论企业解散的原因如何，企业清算的主要宗旨在于保护债权人合法权益不受侵犯。企业解散清算的基本程序通常包括以下几个方面：

1. 确定清算人或成立清算组

企业的解散清算不同于企业的正常经营活动，它不但涉及诸多法律问题，而且具有较强的专业性，因此，企业的解散清算工作往往是聘请包括专业人员（如律师、注册会计师等）在内的清算人或清算组负责具体执行。在我国，根据《合伙企业法》、《公司法》的有关规定，应在解散事由出现之日起15天之内成立清算小组。有限责任公司的清算组由股东组成，股份有限公司的清算组则由股东大会确定其人选。逾期不成立清算组的，人民法院可根据债权人的申请指定有关人士组成清算组对企业进行清算。当企业因违反法律法规被依法责令关闭而解散的，则由企业的主管机关组织股东、有关机关及有关专业人员组成清算组实施清算。

2. 债权人进行债权申报

企业解散清算的主要宗旨是为了保护债权人的合法权益，为此，企业在清算工作开始时，必须先对企业的债权人及其债权进行彻底的清理。在清算组成立或者聘请受托人后的一定期限内（我国《合伙企业法》和《公司法》规定为10日）通知债权人，债权人则应在法定的期限内对其债权进行申报。当然，债权人必须向清算组或者受托人说明其债权的有关事项，如其债权是否有财产担保，并提供证明材料，以便清算组或受托人进行债权登记。

3. 清理企业财产，编制资产负债表及财产清单

除了对企业债权进行登记外，清算组或者受托人还必须对企业的财产进行全面、彻底的清理。通常，对企业财产的清理工作是聘请有经验的注册会计师来帮助完成的。财产清理主要是对企业的现金、银行存款、实物资产、债权、投资以及待摊费用、开办费等递延费用的审查与核实。

清算组或者受托人在对企业的财产进行清理后，应根据清理的结果分别编制企业的财产清单以及资产负债表，即企业清算开始日的资产负债表。需要说明的是，在清理公司财产、编制资产负债表和财产清单后，发现公司财产不足清偿债务的，应当依法向人民法院申请宣告破产。在法院裁定并宣告破产后，企业的清算工作应由法院接管进行。

4. 在对企业资产进行估价的基础上制定清算方案

在对企业的资产进行估价之后，清算组或受托人即可制定企业的清算方案。清算方案主要包括清算的程序和步骤、财产定价方法及估计结果、债权收回和财产变卖的具体方案、债务的清偿程序、剩余资产的分配以及对企业遗留问题的处理等内容。

5. 执行清算方案

在清算方案的执行过程中需要特别注意清偿企业债务的顺序，尤其要严格区分有财产担保的债权人和无财产担保的债权人。企业财产的清偿顺序如下：①支付清算费用；②支付企业所欠职工工资和劳动保险费；③支付企业所欠税款；

④清偿企业有财产担保债权人的债务；⑤清偿企业无财产担保债权人的债务；⑥向优先股股东分配剩余财产；⑦向普通股股东分配剩余财产。

其中，财产不能够支付同一顺序要求的，按照比例分配。

6. 办理企业解散的法律手续

在清算工作全部结束后，企业即可向有关部门（如在我国为当地的工商行政管理部门）办理企业注销的手续，并向当地的税务部门注销税务登记。至此，企业解散清算的全部过程结束。

### 三、企业破产清算及程序

破产是指对丧失清偿能力的债务人，在法院的审理与监督之下，强制清算其全部财产，公平清偿全体债权人的法律制度。破产原因也称破产界限，指认定债务人丧失清偿能力、当事人得以提出破产申请、法院据以启动破产程序的法律事实。破产原因也是和解与重整程序开始的原因，但重整程序的原因更为宽松，企业法人有明显丧失清偿能力可能的，就可以依法申请重整。

企业破产清算必须按照法定程序进行，具体包括申请与受理、债权申报与确认、和解或重整、破产宣告、破产财产的变价与分配以及破产程序的终结几个方面。

1. 申请与受理

我国的《企业破产法》和《公司法》均对破产的申请与受理做了具体的规定。

（1）申请的提出。我国《企业破产法》规定，债务人发生破产原因，可以向人民法院提出重整、和解或者破产清算申请；债务人不能清偿到期债务，债权人可以向人民法院提出对债务人进行重整或者破产清算的申请。

我国《公司法》第一百八十八条第一款规定，"清算组在清理公司财产、编制资产负债表和财产清单后，发现公司财产不足以清偿债务的，应当依法向人民法院申请宣告破产"。

当事人的申请应向对破产案件有管辖权的人民法院提出，并按规定提交相关的证明材料。我国《企业破产法》规定，破产案件的地域管辖由债务人住所地人民法院管辖。

（2）破产申请的受理。债权人提出破产申请的，人民法院应当自收到申请之日起 5 日内通知债务人。债务人对申请有异议的，应当在收到人民法院的通知之日起 7 日内向人民法院提出。人民法院应当自异议期满之日起 10 日内裁定是否受理。除上述情形外，人民法院应当自收到破产申请之日起 15 日内裁定是否受理。特殊情况经上一级人民法院批准，可以延长 15 日。

人民法院决定受理破产申请的，应当将裁定自作出之日起5日内送达申请人。债权人提出申请的，人民法院应当将裁定自作出之日起5日内送达债务人。

人民法院决定不受理破产申请的，应当将裁定自作出之日起5日内送达申请人，并说明理由。申请人对裁定不服的，可以自裁定送达之日起10日内向上一级人民法院提起上诉。

2. 债权申报与确认

根据《企业破产法》的一般规定，破产案件受理后，债权人只有在依法申报债权并得到确认后，才能行使破产参与、受偿等权利。债权人行使各项权利，应依照《企业破产法》规定的程序进行。

(1) 债权申报。我国《企业破产法》规定，人民法院受理破产申请后，应当确定债权人申报债权的期限。债权申报期限自人民法院发布受理破产申请公告之日起计算，最短不得少于30天，最长不得超过3个月。

债权人应当在人民法院确定的债权申报期限内向管理人申报债权。债权人申报债权时，应当书面说明债权的数额和有无财产担保，并提交有关证据。申报的债权是连带债权的，应当说明。债务人的保证人或者其他连带债务人已经替债务人清偿债务的，以其对债务人的求偿权申报债权；尚未替债务人清偿债务的，以其对债务人的将来求偿权申报债权。未到期的债权，在破产申请受理时视为到期，债权人可以申报。

我国《企业破产法》第五十六条规定："在人民法院确定的债权申报期限内，债权人未申报债权的，可以在破产财产最后分配前补充申报；但是，此前已进行的分配，不再对其补充分配。为审查和确认补充申报债权的费用，由补充申报人承担。债权人未依照本法规定申报债权的，不得依照本法规定的程序行使权利。"这一规定体现了保护债权人权益的原则。

(2) 债权的确认。债权人申报的债权需经确认后才能在破产程序中行使权利。根据《企业破产法》的规定，管理人收到债权申报材料后，应当登记造册，对申报的债权进行审查，并编制债权表。

管理人依法编制的债权表，应当提交第一次债权人会议核查，经核查后，管理人、债务人、其他债权人对债权无异议的，列入债权表。债权表由人民法院裁定确认，其确认具有与生效判决同等的法律效力。经核查后仍存在异议的债权，由人民法院裁定该异议是否成立。

《企业破产法》规定，管理人、债务人、债权人对债权表记载的债权有异议的，可以向受理破产申请的人民法院提起诉讼。

3. 和解或重整

和解和重整均可独立于破产之外单独申请，但此处不进行详细阐述，只就破

# 第十章 财务管理专题

产申请受理后被申请和解或重整的情况进行讨论。

(1) 申请和解。和解是预防债务人破产的法律制度之一。在发生破产原因时,债务人可以提出和解申请及和解协议草案,由债权人会议表决,如能获得通过,再经法院裁定认可后生效执行,可以避免被宣告破产。

和解申请只能由债务人一方提出,在我国《企业破产法》中规定,债务人可以依法直接向人民法院申请和解,也可以在人民法院受理破产申请后、宣告破产前,向人民法院申请和解。申请和解的原因是债务人发生破产的原因。

债权人会议通过和解协议的,由人民法院裁定认可,终止和解程序,并予以公告。和解协议草案经债权人会议表决未获得通过,或者已经债权人会议通过的和解协议未获得人民法院认可的,人民法院应当裁定终止和解程序,并宣告债务人破产。

经人民法院裁定认可的和解协议,对债务人和全体和解债权人均有约束力。和解债权人是指人民法院受理破产申请时对债务人享有无财产担保债权的人。

因债务人的欺诈或者其他违法行为而成立的和解协议,人民法院应当裁定无效,并宣告债务人破产。债务人不能执行或者不执行和解协议的,人民法院经和解债权人请求,应当裁定终止和解协议的执行,并宣告债务人破产。

为尊重当事人的自主决定权,我国《企业破产法》规定,人民法院受理破产申请后,债务人与全体债权人就债权债务的处理自行达成协议的,可以请求人民法院裁定认可,并终结破产程序。

(2) 申请重整。我国《企业破产法》规定,债务人或者债权人可以依法直接向人民法院申请对债务人进行重整。债权人申请对债务人进行破产清算的,在人民法院受理破产申请后、宣告债务人破产前,债务人或者出资额占债务人注册资本 1/10 以上的出资人,可以向人民法院申请重整。人民法院经审查认为重整申请符合法律规定的,应当裁定债务人重整,并予以公告。

当事人的重整申请被受理后,债务人或者管理人应当自人民法院裁定债务人重整之日起 6 个月内,同时向人民法院和债权人会议提交重整计划草案。期限届满,经债务人或者管理人请求,有正当理由的,人民法院可以裁定延期 3 个月。债务人或者管理人未按期提交重整计划草案的,人民法院应当裁定终止重整程序,并宣告债务人破产。

人民法院应当自收到重整计划草案之日起 30 日内召开债权人会议,对重整计划草案进行表决。重整计划草案未获得通过且未依照法律规定获得人民法院的强制批准,或者已通过的重整计划未获得批准的,人民法院应当裁定终止重整程序,并宣告债务人破产。

自人民法院裁定债务人重整之日起至重整程序终止,为重整期间。在重整期

· 259 ·

间，债务人的财产管理和营业事务执行，可以由债务人或管理人负责。在重整期间，债务人的出资人不得请求投资收益分配，债务人的董事、监事、高级管理人员不得向第三人转让其持有的债务人的股权，但经人民法院同意的除外。

在重整期间，有下列情形之一的，经管理人或者利害关系人的请求，人民法院应当裁定终止重整程序，并宣告债务人破产：①债务人的经营状况和财产状况继续恶化，缺乏挽救的可能性；②债务人有欺诈、恶意减少债务人财产或者其他显著不利于债权人的行为；③由于债务人的行为致使管理人无法执行职务。

债务人不能执行或者不执行重整计划的，人民法院经管理人或者利害关系人的请求，应当裁定终止重整计划的执行，并宣告债务人破产。

4. 破产宣告

破产宣告是指法院依据当事人的申请或法定职权裁定，宣布债务人破产，以清偿债务的活动。债务人被宣告破产后，在破产程序中的有关称谓也会发生相应的变化，债务人称为破产人，债务人财产称为破产财产，人民法院受理破产申请时对债务人享有的债权称为破产债权。

5. 破产财产的变价与分配

破产财产的分配以货币分配为基本方式，所以，在破产宣告后，管理人应当及时拟订破产财产变价方案，提交债权人会议讨论。管理人应当按照债权人会议通过的或者人民法院依法裁定的破产财产变价方案，适时变价出售破产财产。变价出售破产财产应当通过拍卖方式进行，但债权人会议另有决议的除外。

破产财产的分配是指将破产财产按照法律规定的债权清偿顺序和案件实际情况决定的受偿比例进行清偿的程序。破产财产的分配应当遵守法定的分配顺序和分配方法。我国《企业破产法》第一百一十三条规定："破产财产在优先清偿破产费用和共益债务后，依照下列顺序清偿：①破产人所欠职工的工资和医疗、伤残补助、抚恤费用，所欠的应当划入职工个人账户的基本养老保险、基本医疗保险费用，以及法律、行政法规规定应当支付给职工的补偿金。②破产人欠缴的除前项规定以外的社会保险费用和破产人所欠税款。③普通破产债权。"

破产财产不足以清偿同一顺序的清偿要求的，按照比例分配。

破产企业的董事、监事和高级管理人员的工资按照该企业职工的平均工资计算。

此外，其他立法对破产分配顺序有特别规定的，依其规定执行。

6. 破产程序的终结

我国《企业破产法》规定的破产程序终结方式有三种。第一，因和解、重整程序顺利完成而终结；第二，因债务人的破产财产不足以支付破产费用而终结；第三，因破产财产分配完毕而终结。在破产清算程序中仅涉及后两种情况。

破产人无财产可供分配的,管理人应当请求人民法院裁定终结破产程序。在破产人有财产可供分配的情况下,管理人在最后分配完结后,应当及时向人民法院提交破产财产分配报告,并提请人民法院裁定终结破产程序。人民法院应当自收到管理人终结破产程序的请求之日起 15 日内做出是否终结破产程序的裁定。裁定终结的,应当予以公告。

## 第三节 跨国公司财务管理

随着信息技术以及生产力的发展,企业跨国经营已成为必然,财务管理活动也开始跨越国界,跨国公司财务管理也随之诞生。由于各国的文化背景、法规制度等差异,致使跨国公司财务管理涉及的环境更加复杂,面临的风险也更高。

### 一、跨国公司财务管理概述

跨国公司(Multinational Company)财务管理,是指根据国际惯例和跨国公司财务收支的特点,对跨国公司的资金运用及其体现的各种经济关系进行计划、组织、指挥、协调和控制的一系列管理工作。由于跨国公司在理财环境、资金来源、投资机会等方面与一般企业存在着差异,因此,跨国公司财务管理具有自身的特点。

1. 理财环境的复杂性

跨国公司财务管理通常涉及多个国家和地区,可能同时与多个国家或地区的经济主体发生财务关系,而不同国家在政治、经济、法律和文化环境等方面均存在巨大差异,跨国公司在进行财务决策时,要对国际形势和有关国家的理财环境进行具体分析,尽量减少财务及经营风险。

2. 理财活动的高风险性

与一般企业比较而言,跨国公司财务管理由于面临新的不确定因素,相应也面临新的风险来源,致使跨国公司理财活动面临高风险性。这些新的风险主要包括政治风险和外汇风险。政治风险是指各种政治力量使一个国家的经营环境发生超过某种程度变化的可能性,如发生战争等。外汇风险是指一个经济实体或个人的债权债务在以外币计价时,由于汇率变动引起价值变化而蒙受损失或丧失预期收益的可能性。

3. 筹资渠道的可选择性

跨国公司在资金来源和筹资方式等方面均具有较强的选择性。跨国公司既可以利用母国的资金，也可以在经营地所在国筹集资金；既可以在母国资本市场上筹集资金，也可以在经营地所在国资本市场上融资；同时，跨国公司可根据自身情况，选择母国以及经营地所在国的多种筹资方式。

4. 投资机会的多样性

跨国公司除了在母国以及经营地所在国寻求投资机会外，还可以到其他国家和地区捕捉投资机会，甚至可以同时在几个国家进行相同的投资项目。

**二、跨国公司的筹资管理**

跨国公司筹资管理是指跨国公司为实现其财务目标，跨越国界，利用一定的方式在全球范围内筹集其生产经营所需资金的一项管理活动。与国内企业相比，跨国公司筹集资金的渠道和机会相对较多，但筹资中所受影响的因素也较多，而且大部分因素都处于不断变化之中，不确定性也较大。因此，跨国公司的融资风险也较大。

1. 跨国公司筹资的渠道

跨国公司的筹资渠道主要包括集团内部的资金来源、母国的资金来源、东道国的资金来源以及其他外部资金来源几个方面。

（1）跨国公司集团内部的资金来源。是指母公司与子公司之间、子公司与子公司之间相互提供的资金。由于跨国公司的经营规模较大，在跨国公司集团内部常常设有许多子公司和分支机构，集团内各公司及分支机构存在的保留盈余和折旧基金的数额相对较多，这些资金构成了集团内部资金的广泛来源。跨国公司集团内部筹资的主要方式如下：①母公司对子公司的股权投资，让母公司的资金流向子公司。②集团内部公司之间贷款，互相帮助、提供资金。③通过子公司向母公司上交管理费的形式，实现资金从子公司向母公司的流动。④利用集团内部公司之间的商业信用，即通过赊购、赊销等方式向集团内部其他子公司提供商业信用，达到跨国公司集团内部筹资的目的。

（2）跨国公司母国的资金来源。跨国公司通常对母国的金融市场和法规政策比较熟悉，与母国的金融机构及政府的关系也比较密切，可以充分利用母国政府对鼓励对外投资和商品出口等优惠政策，通过发行股票、发行债券、直接借款等方式从母国筹集到所需要的资金。

（3）东道国的资金来源。跨国公司可以根据东道国的经济状况和金融、法律环境筹集到所需资金，如通过当地的证券市场进行股权或债券筹资，也可以通过当地银行取得借款。东道国资金是跨国公司补充资金的重要来源，不仅政治风险、外汇风险低，还可以同当地的金融机构建立良好的关系，但其不足之处在于东道国提供的资本量有限，还可能削弱母公司对子公司的控制权。

(4) 其他外部资金来源。主要指跨国公司除其集团内部、母国本土、子公司东道国以外的任何第三国或第三方提供的资金。

2. 跨国公司筹资的方式

跨国公司筹资的方式主要有发行国际股票、发行国际债券、申请国际贷款、利用国际贸易信贷和利用国际租赁五种。

(1) 发行国际股票。随着世界经济的全球化，股票发行已超越了国界，不少大企业特别是大型跨国公司都纷纷到国际金融市场发行股票，筹集资金。跨国公司通过国外子公司在当地发行股票筹集资金，属于发行国际股票。如在中国香港上市发行的H股，在纽约上市发行的N股，在新加坡上市发行的S股，在伦敦上市发行的L股等。发行国际股票能较快地筹集到资金，还可以提高公司的知名度，有利于加快公司国际化发展的速度。

(2) 发行国际债券。一国政府、金融机构、公司等在另一国家发行的，以另一国家货币为面值的债券，称为国际债券。国际债券可以分为外国债券和欧洲债券两种。外国债券是指债券发行人在某一外国债券市场上发行的，以发行地所在国的货币为面值的债券，其特点：发行人属于一个国家，发行地和债券面值所使用的货币同属于另一个国家。欧洲债券是指债券发行人在其本国以外的债券市场上发行的不是以发行地所在国的货币为面值的债券，其特点：发行人为一个国家，发行地在另一个国家，债券的面值使用的是第三国的货币或者综合货币单位（如特别提款权）。

(3) 申请国际贷款。国际贷款是一国借款人向外国政府、国外金融组织借入资金的信贷行为。国际贷款按贷款来源的不同，可以分为外国政府贷款、国际金融组织贷款、国际商业贷款和混合贷款等。国际贷款主要包括国际商业银行贷款、政府贷款、外国政府混合贷款以及国际金融机构贷款等。

(4) 利用国际贸易信贷。国际贸易信贷也称跨国企业进出口信贷，是指一国为支持和扩大本国出口，增强国际竞争力，通过对本国出口给予利息补贴或提供信贷担保的方法，鼓励本国银行对本国的出口商或外国进口商提供利率较低的贷款，来解决本国出口商营运资金困难，或满足国外进口商对本国出口商支付货款需要的一种信贷方法。国际贸易信贷是跨国公司筹资的一种重要方式。国际贸易信贷按贷款期限分为短期信贷和中长期信贷。短期信贷是指期限在1年以内的信贷；中长期信贷是指期限在1年以上的信贷。由于国际贸易中的中长期信贷目的是为了扩大出口，故又称之为出口信贷。

(5) 利用国际租赁。国际租赁是跨国公司按租约的规定分期付给出租人一定的租赁费，从而取得一定时间内租赁物使用权的一种筹资方式。通过国际租赁，跨国公司可以以少量的投入，直接、迅速地获得国外资产，较快地形成生产能力。但国际租赁也存在租赁费较高,不能随意处置租赁物等弊端。

### 三、跨国公司的投资管理

跨国投资又称"境外投资"或"国际投资",是指跨国公司将其资本投放到母国之外的国家或地区,以获取收益的经济活动。

*1. 跨国投资的特点*

跨国公司的国际投资可依据其是否拥有对企业的控制权与经营权而分为直接投资和间接投资(或称对外证券投资)。与一般公司相比,跨国投资具有以下几个特点:

(1)面临的风险更大。跨国投资的环境比较复杂,比如政治、经济、法律、宗教文化以及民族冲突等,都应特别关注,这也使得跨国投资面临更大的风险。

(2)具有较强的互补性。各国或地区在经济发展形势、法律等方面均存在较大的差异,相同产品在不同的国家或区域的市场需求等也有所不同。跨国公司对外投资以国际市场为背景,在全球参与投资活动,投资机会选择较多,投资地域也相当广,比国内投资更能促进资金、技术以及管理等方面的互补性。

(3)投资目的更具战略性。跨国投资在较多情况下不是纯粹为了追求利润,跨国投资的目的更为复杂,可能是为了分散集团风险、获取东道国资源、占领一定份额的市场,甚至涉及到政治原因等。因此,与一般投资相比较,跨国投资的目的更具战略性。

(4)投资资金的来源更具多样化。从跨国筹资的渠道和方式可以看出,跨国公司投资所需的资金可以从更多的渠道和方式获取,因此,与一般投资相比较,跨国投资的资金来源更具多样性。

*2. 跨国投资的方式*

跨国投资的方式多种多样,随着科技的不断发展,投资方式也在不断创新,目前主要有以下四种跨国投资方式。

(1)跨国合资投资。跨国合资投资是指一跨国公司与另外一国或地区的投资者,通过组建合资经营企业的形式所进行的投资。合资经营企业通常是指两个或两个以上的不同国家或地区的投资者按照共同出资、共同经营、共负盈亏、共担风险的原则所建立的企业,属于一种股权式的经营形式。合资投资的最大优点在于有利于分散风险,还可能会享受到东道国对本国企业的优惠政策。

(2)跨国合作投资。跨国合作投资是指通过组建合作经营企业的形式所进行的投资。合作经营企业又称契约式的合营企业,是指国外投资者与东道国投资者通过签订合同、协议等形式来规定各方的责任、权利和义务而组建的企业。合作投资的最大优点就是比较灵活,能根据具体情况签订合同或协议,在充分调查了解的基础上可以适度降低经营风险。

(3) 跨国独资投资。跨国独资投资是指跨国公司可以根据某国的法律规定，经该国政府批准，在其境内全额投资兴办企业的一种跨国投资形式。独资投资的最大优点在于经营决策等方面拥有充分的自主权，不受他方干涉，同时也有利于学习东道国的先进技术和管理经验，还可通过内部转移价格等形式达到合理避税的目的。但其缺点在于对东道国的各种经营环境了解比较困难，投资者面临的风险也比较大。

(4) 跨国证券投资。跨国证券投资是一国投资者，将其资金投资于其他国家或地区的公司、企业或者其他经济组织发行的证券上，预期在未来获取收益的一种投资方式。这种投资方式的最大优点在于投资灵活、方便，且投资的变现能力及流动性较强，面临的风险相对较低，但其缺点在于收益也较为有限。

3. 跨国投资的程序

跨国公司在进行跨国投资时，面临的风险比国内投资更大，因此，必须按照科学的程序进行管理。跨国投资的程序一般包括如下步骤。

(1) 明确跨国投资的目标。跨国公司在进行国际投资时，一般应根据自身的经营特点以及国际经济、国际市场等状况，提出跨国投资的目标。一般而言，跨国公司进行跨国投资的目标主要有以下几种：

1) 获取更高的利润。企业经营目标无论从长远还是近期来看，主要是获取利润，跨国公司也不例外。

2) 占领国际市场。在经济日益全球化的当今，各国出于政治等目的纷纷采取各种贸易保护措施，致使国际竞争逐渐加剧，跨国公司占领国际市场越来越难，但通过国际投资，在国外直接办厂生产或设店销售，则为尽快占领国际市场提供了方便条件。

3) 取得东道国的先进技术和管理经验。跨国公司在进行跨国投资时，一般要聘请子公司所在国的技术人员和管理人员，通过聘请的人员，跨国公司可以迅速获得东道国的先进技术和管理经验。

跨国公司进行跨国投资的目的还很多，比如说合理避税等，还可能是出于政治原因。

(2) 对跨国投资环境进行分析、评价。只有在充分熟悉东道国甚至多个国家的政治、经济、法律、文化习俗等环境之后，才能做出科学合理的投资决策。跨国投资环境是指在国外投资时所面临的特定生产经营条件。各国的政治、经济、法律、社会、文化不完全一样，会对投资效益产生不同的影响，因此，需要用特定的方法，对跨国投资环境进行全面分析，以选择好的国家或地区进行投资，降低投资风险，提高投资收益。

(3) 确定合适的跨国投资方式。一般而言，各个国家对不同的投资方式在税收等政策方面有着不同的规定，也就影响着不同投资方式下的收益。因此，在确定跨国投资目标、进行投资环境分析之后，应结合不同跨国投资方式的特点以及东道国的政策法规，采用科学的方法，进行认真分析和研究，选择最为合适的跨国投资方式。

(4) 对投资项目的经济效益进行评价。在选择合适的投资方式之后，可采用净现值、内部收益率、现值指数等指标对投资项目的经济效益进行评价，并与投资目标进行对比，看能否实现预期目标。在选择这些方法进行评价时，必须采用双重评价法，即先用东道国的货币对投资项目进行评价，然后按一定汇率折算成母公司所在国的货币，再从母公司的角度对投资项目的经济效益进行评价。也就是说，跨国投资的项目可行性分析要比国内投资复杂。

**四、外汇风险管理**

外汇风险管理是国际财务管理的一个重要内容，跨国公司财务管理中的筹资管理、投资管理等都涉及外汇风险问题。因此，外汇风险管理是跨国公司财务管理中的一个基本问题。

1. 概述

外汇风险的防控首先要掌握外汇、外汇汇率以及外汇风险等基本概念。

(1) 外汇。外汇（Foreign Exchange）是以外币表示的用来进行国际间结算的支付手段。主要包括：外国货币、外币有价证券（包括外国政府发行的公债、国库券、外国公司发行的债券、股票、息票）、外币支付凭证（包括外国银行的存单、外国邮政储蓄凭证、商业汇票、银行汇票、银行支票等）和其他外汇资本（如特别提款权）等。

(2) 外汇汇率。汇率（Rate of Exchange）是指一种货币用另一种货币来表示的价格，是外汇买卖的折算标准。外汇汇率有两种标价方法：直接标价法和间接标价法。

1) 直接标价法（Direct Quotation）。直接标价法又称应付标价法，即以本国货币表示每单位外币的价格。如"1美元＝7.1元人民币"的标价方法就是直接标价法，它将一个货币单位的外国货币值等于多少本国货币直接表示出来。在直接标价法下，一个单位的外国货币折算的本国货币增多，表示外汇汇率上涨，说明外币升值或本币贬值；反之，一个单位的外国货币折算的本国货币减少，表示外汇汇率下跌，说明外币贬值或本币升值。世界上绝大多数国家采用直接标价法，我国外汇管理局和中国银行公布的外汇牌价，采用直接标价法。

2) 间接标价法（Indirect Quotation）。间接标价法又称应收标价法，即以一定单位的本国货币来计算应收若干单位的外国货币,亦即以外国货币表示本国货币的价格。如"1元人民币=0.14美元"的标价方法就是间接标价法,它将一个货币单位的本国货币值等于多少外国货币表示出来。在间接标价法下,一个单位的本国货币折算的外国货币增多,表示汇率上涨,说明本币升值或外币贬值;反之,一个单位的本国货币折算的外国货币减少,说明本币贬值或外币升值。间接标价法是直接标价法的倒数。

(3) 外汇风险。外汇风险(Foreign Exchange Risk)也称汇率风险,是指在国际经济活动中,以外币计价或定值的债权债务、资产及负债,由于汇率变动而引起货币价值的上升或下降,致使交易双方中任意一方遭受经济损失的可能性。通常还将承受外汇风险的外币金额称为"受险部分"。只有在以下三个条件同时满足时,才可能产生外汇风险:①企业发生业务的时间与结算时间不一致,存在时间差异;②在该时间差中汇率发生了变动;③企业发生的业务涉及外币和本币。

2. 外汇风险的种类

外汇风险基本上可以分为三大类:交易风险(transaction exposure)、折算风险(conversion exposure)和经济风险(economic exposure)。

(1) 交易风险。交易风险是指企业在各种外币交易中,由于外汇汇率的变化使得实际支付或收到的本币现金数额增加或减少的风险。这种外汇风险主要是伴随着商品及劳务买卖的外汇交易而发生的,并主要由进行交易的一般企业所承担。具体来说,交易风险包括商品进出口交易的汇率风险、外汇借款的汇率风险、外汇买卖的汇率风险、远期外汇交易的汇率风险以及对外投资中外汇汇出、利润汇回和资本撤回的汇率风险等。

(2) 折算风险。折算风险又称外汇评价风险或会计风险,它是指企业在进行外币债权、债务结算和财务报表的会计处理时,对于必须换算成本币的各种外汇计价项目进行评议所产生的风险。对于国外子公司,通常要以本国货币表示一定时期的营业状况和财务内容,子公司的外币资产、负债、收益和支出,都需按一定的会计准则换算成本国货币来表示,换算过程中会因所涉及的汇率水平不同,致使资产、负债的评价存在差异,损益状况也不一样,因而就会产生一种外汇评价风险。比如说,中国一家跨国公司在美国的子公司于2008年初购得一笔价值为10万美元的资产,按当时汇率US $ 1 = ¥7.10,这笔美元资产价值为71万元人民币,到2008年年底,汇率变为US $ 1 = ¥7.00,于是在2008年年底,跨国公司的财务报表上,这笔美元资产的价值仅为70万元人民币,比开始时资产价值减少了1万元人民币,这种由于折算时使用的汇率与当初入账时使用的汇率不同造成的折算损失就是会计折算风险。

（3）经济风险。经济风险是指由于意料之外的汇率变化导致企业未来价值发生变化的外汇风险。经济风险的大小取决于汇率变化对企业产品未来的价格、销量以及成本的影响程度。潜在的经济风险直接关系到海外企业经营的效果，因此对企业而言，经济风险较之其他外汇风险更为重要，因为其影响是长期的，而交易风险和折算风险都是一次性的。

经济风险的分析是一种概率分析，是企业从整体上进行预测、规划和进行经济分析的一个具体过程，其中必然带有主观成分。因此，经济风险不是出自会计程序，而是来源于经济分析。经济风险的分析主要取决于预测能力，预测是否准确直接影响生产、销售和融资等方面的战略决策。

3. 外汇风险管理的程序

外汇风险管理程序也被称为外汇风险管理的实施步骤，一般包括风险识别、风险衡量、风险控制与决策以及风险评价四个环节。

（1）风险识别。风险识别是指涉外经济主体对尚未发生的外汇风险进行鉴定、认识、归类，实施全面的分析研究，认真分析汇率等变动方向、变动幅度以及变动时间等因素，还要结合国际收支变化、贸易额变化、通货膨胀以及国家金融政策等情况，以便准确揭示潜在的风险及其性质，了解和预测可能带来的损失。

（2）风险衡量。风险衡量是外汇风险管理中最关键的一个环节，是对特定风险发生的可能性和损失的范围与程度进行估计和衡量。风险管理政策的制定、具体措施的选择都必须以风险的衡量为依据，在实践中投机的失败、风险管理的重大失误，最重要的原因几乎都是对风险估计、判断失误造成的。

（3）风险控制与决策。通过对风险的识别和衡量，根据各自不同的外汇风险管理目标，跨国公司需要选择适当的风险管理工具，并进行最优组合，有效地控制和处置风险，减少或避免损失。

（4）风险评价。在实施风险管理的过程中，涉外经济主体要不断地通过信息反馈系统，动态监控风险管理决策的实施情况，适时调整、协调、修正风险管理方法，使之尽可能趋近于风险管理的目标。

4. 规避外汇风险的主要方法

规避外汇风险的主要方法包括选择有利的计价货币、平衡资产和负债数额、进行远期外汇买卖、风险分摊、灵活掌握收付时间几种。

（1）选择有利的计价货币。外汇风险的大小与外币币种有着密切的联系，交易中收付货币币种的不同，所承受的外汇风险会有所不同。在外汇收支中，原则上应争取用硬货币收汇，用软货币付汇。例如，在进出口贸易中，进口支付争取用软货币，出口收汇争取用硬货币；在借用外资时，争取借软货币，所承受的风险就比较小。

（2）平衡资产和负债数额。它是指采用特定的方法，使企业的外币风险资产与外币风险负债尽可能地相等，致使汇率变动带来的影响同时出现在资产、负债两个方面，数额相等，方向却相反，让收益和损失自动抵消，这样就能将汇率变动带来的折算风险尽可能地降到最低程度。

（3）进行远期外汇买卖。它是指外汇买卖的双方根据外汇买卖合同约定的日期，按约定的汇率进行交割，它是国际贸易中最传统的以固定进出口成本来避免外汇风险的方法。通过进行远期外汇买卖，进出口企业可以事先将某一项目的外汇成本固定下来，一方面便于成本核算，另一方面可以避免汇率波动带来的损失，达到外汇保值的目的。

（4）风险分摊。它是指交易双方按签订的协议分摊因汇率变化造成的风险。其主要过程：确定产品的基价和基本汇率，确定调整基本汇率的方法和时间，确定以基本汇率为基数的汇率变化幅度，确定交易双方分摊汇率变化风险的比率，根据情况协商调整产品的基价。

（5）灵活掌握收付时间。在国际金融市场瞬息万变的情况下，提前或推迟收款、付款，对外贸企业来说会产生不同的利益效果。因此，企业应根据实际情况，及时与对方协商，尽可能地灵活掌握收付时间。作为出口商，当计价货币坚挺，即汇率呈上升趋势时，由于收款日期越向后推就越能得到汇率收益，故企业应在合同规定的履约期限内尽可能推迟出运货物，或向外方提供信用，以延长出口汇票期限。若汇率呈下跌趋势时，应争取提前结汇，即加速履行合同，如以预收货款的方式在货物装运前就收汇。反之，当企业作为进口商时，则做出相应调整。

# 复习思考题

## 一、简答题

1. 企业并购时应关注哪些财务问题？
2. 企业并购应主要考虑哪些风险？
3. 常用的企业反并购策略有哪些？
4. 企业清算和破产清算主要有哪些区别？
5. 跨国公司财务管理具有哪些特点？

6. 跨国公司筹资方式有哪些?
7. 规避外汇风险主要有哪些方法?

## 二、计算题

1. A 公司拟横向并购同行业的 B 公司,假设双方公司长期负债利率均为 8%,所得税率均为 24%,A、B 公司所处行业的平均市盈率为 20。按 A 公司现行会计政策,对 B 公司的财务数据进行了调整。双方的基本情况如表 10-4,表 10-5 所示。

表 10-4　A、B 两公司基本的财务状况　　　　　　　单位:万元

| 资产 | A 公司 | B 公司 | 负债及股东权益 | A 公司 | B 公司 |
| --- | --- | --- | --- | --- | --- |
| 流动资产 | 60 000 | 20 000 | 流动负债 | 20 000 | 10 000 |
| 长期资产 | 40 000 | 10 000 | 长期负债 | 20 000 | 4 000 |
|  |  |  | 负债合计 | 40 000 | 14 000 |
|  |  |  | 股东权益 |  |  |
|  |  |  | 股本 | 40 000 | 12 000 |
|  |  |  | 留存收益 | 20 000 | 4 000 |
|  |  |  | 股东权益合计 | 60 000 | 16 000 |
| 资产总计 | 50 000 | 30 000 | 负债及股东权益合计 | 100 000 | 30 000 |

表 10-5　A、B 两公司并购前一年度的经营业绩　　　　单位:万元

| 指标 | 甲公司 | 乙公司 |
| --- | --- | --- |
| 息税前利润 | 15 000 | 2000 |
| 减:利息 | 1 200 | 160 |
| 税前利润 | 13 800 | 1 840 |
| 减:所得税 | 3 312 | 441.6 |
| 税后利润 | 10 488 | 1 398.4 |
| 其他指标 |  |  |
| 资本收益率=息税前利润÷(长期负债+股东权益) | 18.75% | 10% |
| 近三年平均利润 |  |  |
| 税前 | 9 000 | 1 200 |
| 税后 | 6 840 | 912 |

请以 B 公司近三年的平均税后利润为年收益,估计、计算在收益法规定下并

购后的 B 公司价值。

2. 甲公司拟于 2012 年底并购同行业的乙公司。乙公司 2009 年的销售额为 2 000 万元，销售利润率（含税）为 20%，所得税率为 24%。其他相关数据测定如下：

（1）收购后乙公司销售额年增长率为 10%。

（2）因销售额增加每年需追加固定资本投资（全部固定资本投资扣除折旧）200 万元、营运资本投资 100 万元。

（3）乙公司 5 年后，即 2017 年末的终值预计为 20 000 万元。

（4）乙公司未发行优先股，其普通股股本与长期负债的比例分别为 40% 与 60%。已知无风险收益率 $R_F$ 为 4%，风险报酬率 $(R_M - R_F)$ 为 5%，B 公司的贝他值为 1.5，其长期负债利率为 7%。

根据以上数据，请预测乙公司未来 5 年的现金流量，计算出在贴现现金流量法规定下，甲公司可以接受的收购价格。

### 三、案例分析题

**北京第一机床厂并购德国科堡公司**

1. 并购方

北京第一机床厂（以下简称"北一"），具有 50 余年机床生产历史，产品远销世界 50 多个国家和地区。

2. 目标企业

瓦德里希·科堡公司（以下简称"科堡公司"），科堡公司是世界著名的重型机床企业，有"世界机床皇冠上的明珠"的美誉。

3. 并购背景

科堡公司经营状况良好，但由于其母公司英格索尔（Ingarsoll）集团破产，将其在德国的两个子公司瓦德里希·科堡和瓦德里希·济根捆绑拍卖，在竞拍中海库勒斯（Herkules）集团一举收购两家公司。但作为世界轧辊磨床的主要生产企业，Herkules 集团的根本目的在于收购瓦德里希·济根公司，于是决定出售科堡公司。Herkules 集团在充分考察了北一之后，首先向北一提出协议转让的建议。

北一与科堡公司有近 20 年的合作关系，两家利用北一零件制造成本低和科堡公司整机技术水平高的互补优势，多年共同承接国内订单，因此互相有一定了解。在这一基础上，北一聘请专业的中介机构对科堡公司进行了详细的调查，并与当地政府积极沟通，与当地工会组织保持良好关系，而且保留德方管理层并给予其独立营运的权利，最终制订出整合采购、销售、研发、售后服务等系统的详尽计划。

4. 并购后的整合经营策略

（1）稳定市场。北一尽量不大肆宣传此次并购活动，迅速与原母公司 Herkules 的销售体系分割，成立独立的销售公司，并与新上任的科堡公司高管拜访公司的重要客户，让对方知道公司的营运正常。

（2）克服文化差异。针对科堡公司透明式的管理风格、强调信息的共享、尊重个人的知情权等文化理念，北一审时度势，决定在公司决策、管理中以简洁明了的透明式管理风格，说到做到，做不到的不说，尽全力做到讲信誉。

（3）巧用工会鼓舞士气。为处理好与员工间的利益关系，北一以负责任的态度，从维护工人的切身利益和企业的长远发展出发，主动召开员工代表大会，正面沟通，直面提问，让对方了解北一的想法，鼓舞士气，树立员工对中国股东的信心，形成凝聚力。

（4）优化经营模式。利用双方采购渠道的优势，降低采购成本；利用科堡公司的全球服务体系、北一的人员优势，增强双方服务全球的能力；充分利用科堡公司的研发能力和北一的制造能力，提升产品研发和生产能力；通过技术交流和人员培训，提高北一的技术水平；建立双方在销售方面的信息交换、协同配合机制，稳定、拓展产品市场。

5. 并购成效

并购3年后，北一的销售收入已达到收购前的3倍，订单合同是收购时的10倍，利润总和是收购前的5倍。德国当地政府对并购后经营正常、职工就业稳定、地方税收增加表示十分满意，社会舆论、媒体评价很好。曾有权威人士评价说："收购科堡公司，北一在财务上实现了盈利，战略上实现了全球化，销售上实现了国际化。成功的收购整合，为中国国有企业进行海外并购提供了生动的案例，成为研究以小吃大的经典范本。"

**结合案例，请思考如下问题：**

1. 请谈谈北一并购科堡公司的并购动机。
2. 请简单叙述此次跨国并购面临的风险，针对每种并购风险，北一分别采取了哪些具体应对措施。